U0567347

吉林省社科基金项目
吉林大学文学院高水平学术著作资助计划

两周金文语法研究

武振玉 著

商务印书馆
The Commercial Press

图书在版编目（CIP）数据

两周金文语法研究 / 武振玉著 . —北京：商务印书馆，2023

ISBN 978－7－100－22880－0

Ⅰ.①两… Ⅱ.①武… Ⅲ.①金文—语法—研究—中国—周代 Ⅳ.① K877.34

中国国家版本馆 CIP 数据核字（2023）第 165991 号

两周金文语法研究

武振玉　著

商 务 印 书 馆 出 版
（北京王府井大街 36 号　邮政编码 100710）
商 务 印 书 馆 发 行
北京艺辉伊航图文有限公司印刷
ISBN 978－7－100－22880－0

2023 年 11 月第 1 版　　　开本 850×1168　1/32
2023 年 11 月北京第 1 次印刷　印张 11¾

定价：68.00 元

目　录

第一章　绪论

第二章　两周金文实词

第三章　两周金文虚词

第四章　两周金文句子成分

第五章　两周金文特殊句式

第一章 绪论

第一节　两周金文的语料价值

两周金文作为语料的价值在很长时间内一直未被充分认识到，何定生《汉以前的文法研究》[①]始专列"彝器文"一节，介绍金文在汉以前文法研究中的价值以及利用金文进行文法研究时应注意的问题。全面系统论及古文字资料（包括金文）语料价值的当属裘锡圭先生，其《谈谈古文字资料对古汉语研究的重要性》谓：

长期以来，国内古汉语研究工作所凭借的资料多偏重于自古流传下来的文献，地下发现的古文字资料多多少少有些被忽视。……但是另一方面，古文字资料显然有比传世古书优越的地方：一、不少古书的年代问题聚讼纷纭，因此它们所记录的语言的时代也成了问题。地下发现的古文字资料，年代绝大部分比较明确。……二、古书屡经传抄刊刻，错误很多，有的经过改写删节，几乎面目全非。地下发现的古文字资料，除去传抄的古书以外，很少有这种问题。就是传抄

---

① 《汉以前的文法研究》，《中山大学语言历史研究周刊》第31、32、33期，1928年。

的古书，通常也要比传世的本子近真。三、古书里保存下来的商代、西周和春秋时代的作品很贫乏。……古文字资料里有数量很多的商代后期的甲骨文和西周、春秋时代的金文，正可以补古书的不足。四、流传下来的古书绝大多数是自古以来一直受到封建士大夫重视的典籍。地下发现的古文字资料，品种比较杂，往往有在古书中很难看到的内容。……随着古文字学的发展，从本世纪二十年代末开始，就出现了一些比较系统地利用古文字资料来研究古汉语的著作。但是总的来看，我国语言学界对古文字资料是不够重视的。大量古汉语研究者所使用的资料，基本上局限在流传的古书的范围里；即使使用古文字资料，也往往是很不完备的第二手材料。解放以后，这方面的情况有所改进，但是并没有根本的变化。……总之，古文字资料对于古汉语研究的各个方面都能提供重要的材料，并且还能解决不少仅仅依靠古书难以解决的问题。对于古汉语研究，古文字资料绝不是可有可无的，而是必不可少的。目前我们所能看到的古文字资料，数量已经相当可观。……随着我们考古事业的发展，古文字资料一定还会不断地丰富起来，古文字资料对古汉语研究的重要性自然也会越来越增加[①]。

此后陆续有不少学者论及这一问题，如黄德宽、陈秉新

---

① 《谈谈古文字资料对古汉语研究的重要性》,《中国语文》1979 年第 6 期 437-438、442 页。

《汉语文字学史》谓：

> 商周金文在古文字学上占有重要地位。……这些铭文涉及当时社会活动的各个方面，而且有不少长篇铭文和有韵铭文，提供了研究上古词汇、语法、训诂、音韵的丰富资料，也为采用各种辅助手段全方位研究古文字，开辟了更广阔的天地[①]。

唐钰明《四十年来的古汉语语法研究》谓：

> 出土文献保持了历史的原貌，比辗转传抄、屡经后人增删移易的传世文献更足信据，是研究上古、中古汉语的可靠资料。四十年来这些资料系统地应用于古汉语语法研究，为解决一些关键性的问题提供了确凿的新证据[②]。

第二节　两周金文语法研究现状

两周金文是上古汉语语料的一个重要组成部分，但在早期并未受到充分重视，表现为早期的研究在形式上多是零散的，在目的上多以佐证传世文献为主，在方法上多为例证式，

[①] 《汉语文字学史》240 页，安徽教育出版社 1990 年。

[②] 《四十年来的古汉语语法研究》，载《著名中年语言学家自选集·唐钰明卷》5 页，安徽教育出版社 2002 年。

针对语言本身的研究比较有限。但近年来，这种状况有了很大改观，随着出土文献（包括金文）的大量增多，学界已越来越注意到出土文献的语料价值，越来越重视出土文献的本体语言研究，以及出土文献与传世文献的互证互补研究，取得了比较丰硕的成果。

　　针对两周金文的语法研究成果，涉及词类研究和句法研究两部分。词类研究包括实词和虚词研究，句法研究主要是句式研究。

一　词类研究概况

（一）实词研究

1. 名词研究

（1）指物名词研究，全面研究的有洪莉《殷周金文名物词研究》（2007）。与两周金文密切相关的是器名，故相关研究相对集中，如杜廼松《金文中的鼎名简释——兼释尊彝、宗彝、宝彝》（1988）、张亚初《殷周青铜器鼎器名、用途研究》（1992）、陈剑《青铜器自名代称、连称研究》（1999）、陈双新《青铜乐器自名研究》（2001）、张再兴《〈殷周金文集成〉青铜器定名问题》（2003）、苗利娟《〈殷周金文集成〉器名补校》（2006）、黄锦前《东周金文"石沱"正解》（2016）、查飞能《商周青铜器自名疏证》（2019）、李琦《东周青铜器称谓与功用整理研究》（2019）。黄然伟《殷周青铜器赏赐铭文研究》（1978）、凌宇《金文所见西周赐物制度及用币制度初探》（2004）、吴红松《西周金文赏赐物品及其相关问题研究》（2006）等则系统地论及了赏赐物品类名词。其他名物词研究，如吴红松《西周金文名物考释三则》（2012）、刘书芬《西周金文中的"册""典""书"》（2012）、杜廼松《青铜器铭文中的金属名称考释》（2015）、雒萌萌《西周金文中的车马与车马器研究》（2016），刘兴钧、周文德、龚韶《商周金文名物词厘析》（2020）等。

（2）指人名词研究，如吴镇烽《金文人名汇编》（1987）、杨小召《西周金文中的祖先称谓》（2009）、曹定云《周代金文中女子称谓类型研究》（1999）、石岩《周代金文女子称谓研究》（2004）、穆海亭《周代金文中的妇名》（2007）、陈英杰《金文中"君"字之意义及其相关问题探析》（2007）、董珊《释西周金文的"沈子"和〈逸周书·皇门〉的"沈人"》（2011），蒋玉斌、周忠兵《据清华简释读西周金文一例——说"沈子"、"沈孙"》（2011）等。

（3）指地名词研究，如宋镇豪《甲骨金文中所见的殷商建筑称名》（2013）、曹建敦《甲金文中所见族、地名合证》（2000）、徐世权《出土商周时期青铜器铭文中的国名考察》（2009）、王自兴《殷周金文所见地名辑释》（2014）。

（4）时间名词研究，如刘启益《西周金文中月相词语的解释》（1979）、叶正渤《月相和西周金文月相词语研究》（2002）、张闻玉《西周金文"初吉"之研究》（1999）、《再谈金文之"初吉"》(2000)，程鹏万《释东周金文中的"成日"》(2006)、朱人瑞《大盂鼎铭文"妹辰"的涵义及其源流演变》(1957)、蒋红《两周金文时间范畴研究》(2015)等。

（5）抽象名词研究，如杜廼松《西周铜器铭文中的"德"字》(1981)、连劭名《金文所见西周初期的政治思想》(1992)、徐难于《西周金文伦理语词与伦理思想研究》(2001)、董珊《谈士山盘铭文的"服"字义》(2004)、吴振武《试释西周再簋铭文中的"馨"字》(2006)等。全面研究的有朱丹《商周金文名词初探》(2005)。

2. 动词研究

全面研究的有闫华《西周金文动词研究》(2008)、寇占民《西周金文动词研究》(2009)、武振玉《两周金文动词词汇研究》(2017)、蒋书红《金文动词性义项集注》(2019)。涉及专类动词的，如徐中舒《金文嘏辞释例》(1936)、刘雨《西周金文中的祭祖礼》(1989)、陈公柔《西周金文诉讼辞语释例》(1997)、刘雨《西周金文中的军礼》(1998)、徐正考《殷商西周金文"尊"字正诂》(1999)、邓飞《西周金文军事动词研究》(2003)，商艳涛《金文中的俘获用语》(2007)、《金文中的巡省用语》(2007)，庄惠茹《两周金文"克V"词组研究》(2002)，武振玉《两周金文助动词释论》(2008)、《两周金文中的祈求义动词》(2008)、《两周金文心理动词试论》(2009)、《殷周金文中的征战类动词》(2009)、《两周金文中的运动类动词》(2009)，吴红松《西周金文赏赐动词初探》（2016）、谢明文《谈谏簋"今余唯或𤔲（嗣）命汝"中所谓"𤔲（嗣）"——兼论西周金文中表"继"义的"嗣""赓""纘/�纂"的异同》（2017）等。

另，如凌宇《金文所见西周赐物制度及用币制度初探》（2004）、应萌《金文所见西周贡赋制度及相关问题的初步研究》（2004）、吴红松《西周金文赏赐物品及其相关问题研究》（2006）、金信周《两周颂扬铭文及其文化研究》（2006）、吴红松《西周金文土地赏赐述论》（2008）一类论文也多系统论及相关专类动词。

助动词研究如汤馀惠《金文中的"敢"和"毋敢"》（1999）、庄惠茹《两周金文助动词词组研究》（2003）、陈英杰《金文中"叚"字及其相关文例的讨论》（2005）、王子虎《助动词"暇"的来源和发展》（2006）、孟蓬生《师袁簋"弗叚组"新解》（2009）、单育辰《试论〈诗经〉中"瑕"、"遐"二字的一种特殊用法》（2009）、王晓鹏《释"弗叚组"及相关词语》（2010）、沈培《再谈西周金文"叚"表示情态的用法》（2010）。

除上述外，多数为针对单个动词的研究，其中对疑难歧释动词的释读相对集中，如关于蔑历、对扬、追孝、孝享、㦰、贾、申就、奉（祷）的讨论，其他如曹锦炎、吴振武《释䓭》（1982）、《释"受"并论盱眙南窑铜壶和重金方壶的国别》（1986）、《释"沥"》（1990），王人聪《战国记容铜器刻铭"赓"字试释》（1991）、黄德宽《释金文遶字》（1998），裘锡圭《西周铜器铭文中的履》（1992）、《释"叟"》（1998），唐兰《论彝铭中的"休"字》（1995）、季旭昇《说金文中的"在"字》（1998），陈剑《释西周金文的"赣"字》（1999）、《说慎》（2001），陈英杰《谈金文中矗、召、邵、邵等字的意义》（2001）、张振林《金文"易"义商兑》（2002）、邓飞《甲骨文、金文"追、逐"用法浅析》（2002）、陈美兰《谈"慎"字的考释及典籍中四个"慎"字的误字》（2003）、陈英杰《两周金文之"追、享、乡、孝"正义》（2006）、王晶《西周金文"讯"字解》（2007）、张玉金《甲骨金文"尊"字补释》（2007）和《释甲骨金文中的"宜"字》（2008）、陈剑《甲骨金文旧释"蠹"之字及相关诸字新释》（2008）、陈英杰《金文"顺"字说略》（2009）、商艳涛《金文军事用语释义二则》（2009）和《金文中的"征"》（2009）、徐难於《〈尚书〉"雍"与金文"雝"义新解》（2009）、杨怀源《金文常用词"休"及其赐予义同义词》（2010）、李春桃《说䀇簋铭文中的"䣃"字》（2010）、刘桓《重释金文"摄"字》（2010）、刘洪涛《叔弓钟及镈铭文"划"字考释》（2010）、张世超《西周诉讼铭文中的"许"》（2011）、黄锦前《谈两周金文中的"余"和"舍"》（2011）、杨安《"助""更"考辨》（2011）、李学勤《由沂水新出盂铭释金文"总"字》（2012）、刘书芬《西周金文中"休"的词义和句法》（2014）、黄庭颀《论金文"祷"及"祷＋器名"》（2015）、任家贤《金文嘏辞中的易、害（割）释读补议》（2017）、何景成《西周金文誓语中的诅咒》（2018）、喻遂生《两周金文"至"语法研究》（2020）、郭永秉《魏国青铜器记容铭文中的"戴"和"膚"》（2020）、何景成《西周铜器铭文"毋望"含义说解》（2020）。

3. 形容词研究

如马薇顾《彝铭中所加于器名上的形容字》（1972）、陈双新《乐器铭文"龢、协、锡、雷、霝"释义》（2006）、杨明明《殷周金文集成所见叠音词的初步研究》（2006）、蔡伟《释"慎圣"》（2009）、程鹏万《蔡侯尊、盘铭文"慎良"试释》（2010）、傅华辰《西周金文形容词的系统性》（2011）和《西周金文形容词的句法功能》（2011）、王宝利《殷周金文颜色词探析》（2011）、张崇礼《释史墙盘的"臧"字》（2011）、傅华辰《从西周金文看形容词的发展及其影响》（2012）、王丹娜《西周金文单音节形容词研究》（2012）、刘书芬《西周金文中的颜色形容词》（2012）、谢明文《从语法的角度谈谈金文中"穆穆"的训释等相关问题》（2013）、何翎格《西周金文形容词研究》（2017）、沈培《新出曾伯桼壶铭的"元屖"与旧著录铜器铭文中相关词语考释》（2018）、蒋玉斌《释甲骨金文的"蠢"兼论相关问题》（2018）等。

4. 数量词研究

如黄载君《从甲文、金文量词的应用考察汉语量词的起源与发展》（1964）、马国权《两周铜器铭文数词量词初探》（1979）、杨五铭《两周金文数字合文初探》（1981）、陈双新《编钟"堵""肆"问题新探》(2001)、赵鹏《春秋战国金文量词析论》(2004)、《西周金文量词析论》(2006),林宛蓉《殷周金文数量词研究》(2006)、杨州《金文"品"及"裸玉三品"梳析》(2007)、徐力《春秋金文量词考析》(2007)、张桂光《商周金文量词特点略说》(2009),邓日飞、杨琴《西周时期数量短语与中心名词考察》(2008),吴铮《殷周汉语名量词辨析》(2009)等。

5. 代词研究

如容庚《周金文中所见代名词释例》(1929)、韩耀隆《金文中称代词用法之研究》(1967)、马国权《两周铜器铭文代词初探》(1981)、唐钰明《其、厥考辨》(1990)、大西克也《谈谈"我"字在列国金文中的一个特殊用法》(1998)、高岛谦一《金文和〈尚书〉中指示词乓、厥字研究》(2001)、朱其智《西周金文"其"的格位研究》(2002)、张玉金《西周金文中"乓"字用法研究》(2004)、夏先培《两周金文的第二人称代词及一些相关问题》(2007)、余沛芝《东周金文代词研究》(2016)等。

(二)虚词研究

全面研究的有梁华荣《西周金文虚词研究》(2005)、武振玉《两周金文词类研究·虚词篇》(2006)、李山川《西周金文虚词系统研究》(2007年)。

1. 副词研究

如罗瑞《金文中"勿"跟"毋"两个否定词在用法上的区别》（1992）、朱凤瀚《论周金文中"肇"字的字义》（2000）、郭莉《两周金文副词初探》（2004）、武振玉《殷周金文范围副词释论》（2010）、李秀丽《殷周金文否定副词"毋"之用法》（2010）、沈培《试论西周金文否定词"某"的性质》（2012）、杨薇薇《浅谈无定代词的产生及其与否定副词的关系——以甲骨、金文中"亡"字类否定词及相关问题为例》（2016）等。

2. 介词研究

如黄伟嘉《甲金文中"在、于、自、从"四字介词用法的发展变化及其相互关系》（1987）、郭锡良《介词"于"的起源和发展》（1997）和《介词"以"的起源和发展》（1998）、贾燕子《金文介词"于"用法补议》（2002）、潘玉坤《试论西周铭文介词"于""以"的互补作用》（2005）、武振玉《金文"于"字用法初探》（2005）和《金文"于"并列连词用法辨正》（2005）、李山川《金文介词"于"的语法功能》（2006）、刘攀峰《浅析"于"字在甲金文中的用法及比较》（2008）、武振玉《两周金文中的偕同义介词》（2008）等。

3. 连词研究

如裘锡圭《说金文"引"字的虚词用法》（1988）、王辉《古文字中记数使用"又"字的演变及其断代作用考》（1991）、李杰群《连词"则"的起源和发展》（2001）、潘玉坤《西周铜器铭文中连接分句的连词》（2005）、武振玉《两周金文中的并列连词》（2010）、柳菲菲《浅论西周金文联合短语的归类及连接词有无的影响因素》（2011）、喻遂生《两周金文"眔"字语法研究》（2020）等。

4. 语气词研究

如张振林《先秦古文字材料中的语气词》（1982）、陈永正《西周春秋铜器铭文中的语气词》（1992）、黄德宽《说"也"》（1997）、张玉金《甲骨金文中"其"字意义的研究》（2001）、沈培《西周金文中的"繇"和〈尚书〉中的"迪"》（2004）、吴振武《试说平山战国中山王墓铜器铭文中的"旃"字》（2006）、范常喜《金文"唯"字纪时句断代研究》（2006）、张振林《"则繇佳"解》（2006）、王晓鹏《西周纪时格式中的"越"和"越若"》（2009）、周鹏《大盂鼎铭文"巳"字辨析》（2013）等。

5. 涉及两种以上词类的研究

如杨五铭《西周金文连接词"以"、"用"、"于"释例》（1983）、陈永正《西周春秋铜器铭文中的联结词》（1986），武振玉《金文"以"字用法初探》（2005）、《两周金文"及"字用法试论》（2007）、《两周金文"暨"字用法释论》（2008），罗端《从甲骨、金文看"以"字语法化的过程》（2009）、张素格《再谈殷周金文中的"雪"》（2009年）、张丽莉《甲金文中实词虚化问题研究——以现代汉语常用单音节虚词为例》（2012）。

　　另外，如徐力《春秋金文词汇系统研究》（2007）、刘翠翠《战国金文词汇研究》（2010）、邵琦《春秋金文语义研究》（2010）、丁瑛《西周金文语义系统研究》（2010）等词汇研究成果也多涉及各类实词或虚词。

　　此外，还有很多专著或集释类成果（特别是学位论文），亦多涉及一些实词和虚词的释读，虽然不是专门的词类研究，但却是词类研究的基础。如唐兰《西周青铜器铭文分代史征》（1986）、李零《楚国铜器铭文汇释》（1986）、王辉《秦铜器铭文编年集释》（1990）、赵世纲《淅川下寺春秋楚墓青铜器铭文考索》（1991）、董楚平《吴越徐舒金文集释》（1992）、杨树达《积微居金文说（增订本）》（1997）、于省吾《双剑誃吉金文选》（1998）、冯胜君《战国燕青铜礼器铭文汇释》（1999）、陈双新《两周青铜乐器铭辞研究》（2002）、李晓峰《天马—曲村晋侯墓地出土青铜器铭文集释》（2003）、祝振雷《安徽寿县蔡侯墓出土青铜器铭文集释》（2005）、马丽《〈近出殷周金文集录〉释文校订》（2005）、李刚《三晋系记容记重铜器铭文集释》（2005）、王辉《商周金文》（2006）、邹芙都《楚系铭文综合研究》（2007）、陈剑《甲骨金文考释论集》（2007）、郭国权《河南淅川县下寺春秋楚墓青铜器铭文集释》（2007）、陈英杰《西周金文作器用途铭辞研究》（2009）、程鹏万《安徽寿县朱家集出土青铜器铭文集释》（2009）、黄锦前《楚系铜器铭文研究》（2009）、王沛《西周重要法律金文资料集释及研究》（2010）、朱凤瀚《新出金文与西周历史》

（2011）、赵平安《金文释读与文明探索》（2011）、张艳辉《洛阳金村古墓出土器铭集释》（2011）、陈林《秦兵器铭文编年集释》（2012）、丁军伟《毛国铜器铭文汇释》（2012）、陈梦兮《新出铜器铭文研究》（2013）、田珂萌《近十三年新发表殷商西周金文的整理与研究》（2013）、张晨《〈近出殷周金文集录〉和〈二编〉西周金文整理与研究》（2013）、王晶《西周涉法铭文汇释及考证》（2013）、李学勤《新出青铜器研究（增订版）》（2014）、石伟《〈殷周金文集成〉钟镈类铭文校释》（2014）、杜迺松《春秋吴国具铭青铜器汇释和相关问题》（2015）、张晗《楚铜器铭文整理与研究》（2015）、杨坤《战国晋系铜器铭文校释及相关问题初探》（2015）、刘俊俊《新出铜器铭文的整理与研究》（2015）、石帅帅《毛公鼎铭文集释》（2016）、马超《2011—2016年新刊出土金文整理与研究》（2017）、马飞《西周成王时期铜器铭文集释》（2017）、汤梦甜《班簋铭文集释》（2017）、王睿《殷周金文集成（修订增补本）鼎类铭文释文校订及相关问题研究》（2017）、王赛《战国记容铭文的整理与研究》（2017）、王丽娜《子范编钟集注与释义》（2017）、刘晓苗《近十年新出青铜器及铭文整理》（2018）、吴毅强《晋铜器铭文研究》（2018）、王祎伟《殷周金文集成（修订增补本）七类青铜容器铭文校订》（2018）、徐子黎《西周关涉土地制度类金文集注及疑难字词专题研究》（2018）、敖弦弦《新出钟镈类重器铭文集释》（2019）、刘漪迪《眉县杨家村窖藏青铜器铭文集释》（2019）、于洋《西周涉祭礼铭文校释与研究》（2019）、王晓美《吴越文化圈列国金文整理与研究》（2019）、王文亚《近出商周铜器铭文的整理与研究》（2020）、武玉博《新见商周金文整理与研究（2015—2019）》（2020）、王欢《商周青铜器铭文暨图像集成续编著录青铜器及铭文分期整理研究》（2021）等。

二　句法研究概况

全面研究的有管燮初《西周金文语法研究》（1981）、陈美琪《西周金文字词文例研究》（2001）、邓章应《西周金文句法研究》（2004）、潘玉坤《西周金文语序研究》（2005）、梁春妮《春秋战国铭文句法研究》（2010）、王依娜《西周金文句式研究》（2018）、邓佩玲《新出两周金文及文例研究》（2019）等。

涉及被动句的有杨五铭《西周金文被动句式简论》（1982）、周清海《两周金文里的被动式和使动式》（1992）、张国光《两周金文被动句于字式质疑》（1997）、潘玉坤《西周金文中几个与被动表述有关的句子》（2004）。涉及双宾语句的有沈春晖《周金文中之双宾语句式》（1936）、时兵《古汉语双宾结构研究——殷商至西汉年代相关地下语料的描写》（2002）和《两周金文的双宾语结构研究》（2003），张美兰、刘宝霞《西周金文的双宾语》（2011）。其他句式研究有陈初生《试论西周金文主谓句式的发展》（1978）、陈邦怀

《周金文句读举隅》（1979），赵平安《两周金文中的后置定语》（1990年）、《论金文中的一种特殊句型》（1991）、《试论铭文中"主语＋之＋谓语＋器名"的句式》（1994），王人聪《西周金文"严在上"解—并述周人的祖先神观念》（1998）、沈林《金文中数量词组作主要谓语的情况初探》（1998）、张景霓《西周金文的连动式和兼语式》（1999）、唐光荣《西周金文"曰"字句型二题》（2000）、胡云凤《甲金文双重否定句比较研究》（2002），潘玉坤《金文"严在上，异在下"与"敬乃夙夜"试解》（2003）、《西周金文中的宾语前置句和主谓倒装句》（2003），王冠英《再说金文套语"严在上，异在下"》（2003）、潘玉坤《西周金文中的同位语结构及其语序》（2005）、张昌平《"择其吉金"金文辞例与楚文化因素的形成与传播》（2006）、潘玉坤《西周铭文介宾结构补语考察》（2007）、刘影《两周金文先王先祖修饰语及相关问题研究》（2007），武振玉《两周金文宾语前置句简论》（2008）、《两周金文中的特殊句型》（2009），邱冬梅、温远鹤《两周金文中评价语的使用考察》（2012），柳菲菲《西周金文几种短语及其相关语序研究》（2012）、龙正海《西周赏赐铭文用词与句式研究》（2012）、王依娜《西周金文兼语句研究》（2017）和《西周金文连动式研究》（2018）、王苛《周代青铜容器自名限定语研究》（2020）等。

综上，殷周金文语法研究的各方面是不平衡的，一是词类研究和句法研究相比，前者成果明显多于后者，这与金文本身相对程序化的语言形式有很大关系（即金文的句法形式相对简单）；二是词类研究中虚词研究所受关注早于且多于实词，这与传统语言学重视虚词研究有关；三是实词研究中，代词的受关注程度高于其他类词（除了专门的金文代词研究外，针对先秦或上古汉语代词的研究也多注意引用金文用例，甚至将金文作为一个重要的时期加以考察，而名词、动词等则较少受到重视），且相关研究基本都是语言层面的。与之不同的是与名词、动词相关的研究则较少从语言角度切入，如涉及名词的相关研究，多是为佐证历史、礼制等问题服务的；动词研究集中于疑难词语和金文特有词语，其直接目的是为了通读铭文；数量词、形容词研究则很有限。

从研究方法看，早期多为训诂式的，侧重一词一器的个体研究，近年来则多致力于全面而系统的研究，在研究方法上有很大突破：一是比较研究法的广泛应用，如除了注意与甲骨文的历时比较、与《尚书》《诗经》的共时比较外，更将范围扩大到其他文献语料（如战国出土文献、先秦其他传世文献等）；二是定量统计与定性分析相结合方法的运用，与早期的例证式不同，近年来的研究多采用穷尽性数量统计的方法，并在此基础上进行定性分析；三是现代语言学理论的引入，如应用词汇系统理论分析同义词类聚，应用实词虚化理论探讨某些典型词语由实至虚的演化轨迹等。

第二章 两周金文实词

第一节　名词

一　名词的类别

名词是表示人和事物、时间、处所等名称的词。关于名词的分类，学界曾有以下三种标准：一是以意义为标准进行分类，早期的语法著作大都采用这种做法；二是以语法功能为标准进行分类；三是根据意义和功能相结合的方法进行分类。目前学界多采用第三种方法，但是分类结果也仍有不同，总体上看一种是一次性分类，一种是两次分类。一次性分类如：杨伯俊、何乐士（1992）[①]分为普通名词、抽象名词、专有名词、时地名词四类；殷国光（1997）[②]分为普通名词、专有名词、方位名词、时间名词四类；张文国（1998）[③]分为专有名词、有生名词、物质名词和抽象名词四类；张世禄（2005）[④]分为普通名词、专有

---

① 《古汉语语法及其发展》，语文出版社 1992 年。

② 《〈吕氏春秋〉词类研究》，华夏出版社 1997 年。

③ 《〈左传〉名词研究》，中国社会科学出版社 1998 年。

④ 《古代汉语教程》，复旦大学出版社 2005 年。

名词、时间名词、方位名词四类；周光庆（2001）①分为专有名词、普通名词、抽象名词、时间名词、方位名词五类；张玉金（2004）②分为称人名词（含普通称人名词和专有称人名词）、指物名词、处所名词（含普通处所名词和专有处所名词）、方位名词、时间名词五类；余婉宁（2011）③分为具体名词、抽象名词、专有名词、时间词、方位词五类；姚振武（2005）④分为专有名词、普通名词、抽象名词、时间词、方位词、处所词六类；崔立斌（2005）⑤分为有生名词、无生名词、抽象名词、专有名词、时间词、方位词六类。虽然分出的类别多少有所不同，但整体差别不大。两次分类则基本都是首先分为专有名词和普通名词，普通名词下再分为实体名词和抽象名词，如周勤（2003）⑥、阎滨（2006）⑦、袁丽杰（2006）⑧、官会云（2008）⑨，实体名词下则一般依据语义再分细类。杨逢彬（2003）⑩虽然也是首先大别为普通名词和专有名词两类，但普通名词又分为有生名

① 《古代汉语教程》，华中师范大学出版社 2001 年。

② 《西周汉语语法》，商务印书馆 2004 年。

③ 《〈战国策〉名词研究》，安徽大学 2011 年硕士学位论文。

④ 《〈晏子春秋〉词类研究》，河南大学出版社 2005 年。

⑤ 《〈孟子〉词类研究》，河南大学出版社 2005 年。

⑥ 《〈晏子春秋〉名词研究》，西南师范大学 2003 年硕士学位论文。

⑦ 《〈庄子〉名词研究》，山东大学 2006 年硕士学位论文。

⑧ 《〈国语〉名词研究》，西南大学 2006 年硕士学位论文。

⑨ 《〈韩非子〉名词研究》，西南大学 2008 年硕士学位论文。

⑩ 《殷墟甲骨刻辞词类研究》，花城出版社 2003 年。

词、无生名词、抽象名词、时间词、方位词、单位词六类，专有名词再分为人名、地名、国族名、其他专有名词四类。与前述各家有所不同。

　　关于金文名词的分类，已有研究多是从语义角度切入的，如丁瑛（2010）[1]将西周金文中的名词性词汇分为人和自然两大类，第一大类与"人"相关的再分为人体、人物、生活物资、社会及社会活动四类。其中：人物类含人的称谓、家族关系、社会关系、身份地位、思想/语言、品质/品德、处境/境遇、生老病死八类；生活物资类含饮食、服饰、器物、处所/建筑四类；社会及社会活动类含政治/军事/法律、祭祀/占卜/民间信仰、经济活动、文教、交通运输、事情/法则、成功/失败等七类。第二大类与"自然"相关的分为地理、天文、植物、动物四类。徐力（2007）[2]名词性词汇分为天文地理历法时令、方位名词、动植物类、人（含人体部位、亲属称谓及人的身份地位）、衣食住行、祭祀迷信、族氏名称、金玉财货、音乐文化教育、国家政治政权、战争军事、抽象概念十二类。邵琦（2010）[3]将名词性语义分为时间概念、表示方位、动物、等级和亲属关系、衣食住行、祭祀活动、宗法名称、财物宝玉、音乐艺术、政治政权、军事战争、抽象概

---

① 《西周金文语义系统研究》，华东师范大学 2010 年硕士学位论文。
② 《春秋金文词汇系统研究》，华东师范大学 2007 年硕士学位论文。
③ 《春秋金文语义研究》，华东师范大学 2010 年硕士学位论文。

念十二类。刘翠翠（2010）[①]首先把名词分为两大类，即与人相关的名词和与自然相关的名词。与人相关的名词包含人体部位及生老病死、人的称谓、身份地位、家族关系、社会关系及职业、思想品德及处境、政治军事法律、文化教育、宗教祭祀、经济活动、交通运输、生活物资等；与自然相关的名词包含日月星宿及历法时令、自然地貌及空间方位、动植物、抽象概念等。

考虑两周金文名词的具体内容，我们将名词分为指物名词、指人名词、指地名词、时间名词、抽象名词五类。

（一）指物名词

依据所指称的对象，又可以分为下述诸类。

1. 器物名词

有食器、酒器、水器、乐器、车马器等。

食器类主要有鼎、簋、鬲、甗、簠、盨、盂、䵼、敦、豆、盏等，因金文特定内容的关系，此类名词出现频次较高，但句法功能固定（主要是出现于宾语部分），组合方面则主要是其前多有形容词（主要是"宝"）、动词（主要有肆、尊、旅、行、从、媵、荐、用、御、列、饮、盥、弄、伐、遊、尝等）、名词或代词（主要有膳、馐、飤、食、齍、豕、厨、戎、金、宗、兹）等修饰语，用于说明或限定器物的属性，

① 《战国金文词汇研究》，华东师范大学2010年硕士学位论文。

构成偏正式名词性词组。^①

酒器类主要有彝^②、壶、盉、爵^③、尊^④、缶^⑤、斝、瓡、觥^⑥等，句法功能也比较固定，但组合形式不如食器类丰富，其前形容词仍限于"宝"，动词主要有旅、肆、尊、媵、从、行、饮、饲、盥、浴、弄、羞、荐、用等，名词主要有宗、醴、戎。

水器主要有盘、匜、瓶、鉴等，其中盘、匜比较多见，组合形式也比较丰富，如有宝盘、尊盘、媵盘、旅盘、沬盘、盥盘、御盘、宝匜、尊匜、旅匜、媵匜、行匜、盥匜、御匜

---

① "俎"也应归入此类，《金文形义通解》（以下简称《通解》3294 页）谓："礼器，用以载肉。"用例如：乎（呼）虢叔召兴，易（赐）羔俎。……乎（呼）师寿召兴易（赐）羲俎。（15·9726-9727 三年兴壶，西中，指西周中期）其修饰语与其他此类名词不同。

② 《通解》（3098 页）认为"彝"，一为青铜祭器之共名，二为日常应用之盛酒器。查飞能《商周青铜器自铭疏证》（西南大学 2019 年博士学位论文 20 页）谓："彝"字的名物化亦是如此，本指荐献杀戮的人牲，后动词名物化成为器物专名，同样也泛化为一般荐献之义。……青铜容器自名修饰语中常见"尊彝"组合，似乎蕴含"彝"一开始是用于酒器的自名修饰语或专名。

③ "爵"在铭文中出现很少，但见于器名中比较多见，如《鲁爵》（14·9096 西早）、《望爵》（14·9094 西早）、《御正良爵》（14·9103 西早）等。

④ 查飞能《商周青铜器自铭疏证》（19 页）谓："尊"是"置酒以祭"，有登进、荐献之义，名物化后作为自名，由酒器扩展到所用青铜容器。

⑤ 《通解》（1333 页）谓："盛器，用以盛水或酒。"

⑥ 斝、瓡、觥，此三词很少见于铭文中，但见于器名中，如《邢叔斝》（12·6457 西早）、《义楚斝》（12·6462 春晚）、《亚夫瓡》（12·7285-7286 西早）、《作册旂觥》（15·9303 西早）。

等组合。"瓶"和"鉴"均主要见于东周时期，均不多见，后者有弄鉴、御鉴、金鉴、荐鉴组合。

其他器物名词有盆[①]、釜、锺、量、器、盖等。"器"为器物泛称，可指不同的器物，有宝器、尊器、宝尊器、祥器、元器、田器、器鼎、用器、媵器、行器、伐器、飤器、祭器、祠器等组合；"盆"有宝盆、饔盆、饡盆、飤盆、行盆、旅盆等组合。"釜"和"锺"为容器，"量"为量器，皆仅见于战国金文。"炉"为炉具，见于春秋金文。

乐器类主要有钟、镈[②]、鼓（多为"鼓钟"组合）、铃（或为"铃钟"组合[③]）、铎、钲铖、鐃[④]、馨磬、竽（二者仅1见[⑤]）等，多数见于东周金文。除"钟"外，其余各词出现频次都不高。组合形式也只有"钟"比较丰富，有宝钟、大钟、龢钟、协钟、灵钟、林钟、大林钟、宝龢钟、龢林钟、宝林钟、大林协钟、大林龢钟、大宝协龢钟、从钟、兹钟等组合。其余各词皆很少修饰语（"镈"有宝镈、龢镈组合）。

---

① 《通解》（1217页）谓：盛器，可兼盛食、水、血，盛行于春秋。

② 铭文中不多见，多见于器名中，如《蔡侯镈》（1·219–222春晚）、《留镈》（1·015战国）、《楚王酓章镈》（1·85战早）、《秦公镈》（1·267–270春早）等。

③ 陈双新《青铜乐器自名研究》（《华夏考古》2001年第3期）认为陈大丧史仲高钟，自名"铃钟"，形体酷似铃，以"铃"作自名之修饰语。

④ 《通解》（3285页）谓：乐器，似铎而大，称"句鑃"，亦称"钩鑃"。

⑤ 参见马丽《〈近出殷周金文集录〉释文校订》，吉林大学2005年硕士学位论文10–11页。

　　兵器主要有兵、戈、矛、殳、戟、剑、钺[①]、斧、锯[②]等，主要见于东周时期，除"戈"外，其他各词出现频次均不高，组合形式也只有"戈"比较丰富，有宝戈、车戈、造戈、载戈、御戈、元用戈、用戈、行戈、走戈、率戈等组合，或为矛戈、干戈组合。"戟"有造戟、用戟、车戟、行戟、拱戟等组合；"剑"有元剑、用剑、元用剑等组合；"钺"有用钺、素钺、杀钺组合；"兵"则多与其他名词同现，如戎兵、剑兵、兵甲。

　　与兵器相关的还有弓、矢、箭、盾、橹（大盾）、甲（铠甲）、胄（头盔）、襗（甲衣）、韔[③]、箙（盛矢器）、符（兵符）、弭（弓末弯曲处）、緌（戈上饰物）、胡（戈之援）、緱（刀剑上缠绕的丝，只有"緱柲"一种组合）。此类多出现于西周的册命铭文中，少数（如符、箭）仅见于东周金文。

　　舟车类名词主要有舟、车、传、遽，"舟"用例不多（西周、东周皆有）；"车"比较多见，或前有修饰语组成偏正词组，如金车、大车、马车、驹车、戎车、甸车、公车、省车；或本身充当修饰语，如车人、车戈；其他有车马、一车、车五十乘、晋公之车等组合。"传"和"遽"均指传车、驿车，

---

① 《通解》（2977页）谓：兵器，似斧而大。

② 《通解》（3257页）谓：锯，燕戈之一种。

③ 金文字形多作"圅"，旧多释为表示车轼之义的"轱"，杨树达认为像弓室藏弓之形释为'韔'，已为学界接受。裘锡圭、李家浩同意杨树达的观点（即弓囊）（见吴红松《西周金文赏赐物品及其相关问题研究》，安徽大学2006硕士学位论文39页）。

前者见于西周（散氏盘），后者见于东周（洹子孟姜壶、王命龙节），均很有限。

车器相关部件有轸[①]、较[②]、衡（车衡）、軛（驾马具）、辔（马缰绳）、勒（马头络衔，多为"鋚勒"组合）、膺（当胸之马带）、镳（马衔在口外两旁露出的部件）、鋚（辔首铜饰，多"鋚勒"组合）、銮（指铃，基本都是"銮旂"组合）、钩（马饰）、甬（车軛两端的筒形铜套）、鞹（除去毛的皮革，主要是"朱鞹"组合）、鞞（车下索）、䩛（捆缚伏兔的革带）、冟（车上盖幂，多"虎冟"组合）、里（车幂之内层，主要为"虎冟熏里"组合）、帏（车帷）、簟（旧释为车蔽，多为"金簟弼"组合）、旂（旗帜通称，多"銮旂"组合）。

2. 金玉类（含金属名称）

金玉类有玉、贝、璧、璋、珪瓒、珪、璜、琥等，其中"贝"最多见，其余各词则有限，此类多出现于赏赐物品中，亦多与数量词组合。

金属名称主要有丹（朱砂）、金（指铜）、锡、铜、镠、

---

① 吴红松《西周金文赏赐物品及其相关问题研究》（同前19页）谓：电（申）轸（番生簋盖）、画呻（轸）（伯晨鼎），典籍对其有不同说法，《说文》"车后横木"。应泛指车厢。雒萌萌《西周金文中的车马与车马器研究》（安徽大学2016硕士学位论文26页）关于"轸"前面的"电"字，一般都是视为"轸"的修饰字，而李春桃认为这是两个不同的物品。他认为这个字释为"电"或"申"均可，都表示"靷"字，马曳车主要通过"靷"来施为。

② 《通解》（3313页）谓：指覆较之物。吴红松（同前21页）谓：一般认为"较"是高出轼的部分。

鏞、铝等。其中只有"金"比较多见，组合也较丰富：或为"形容词、名词、代词＋金"，如吉金、良金、新金、赤金、白金、青金、其金、之金、千金；或为"动词＋金"，如俘金、罚金、赐金、献金；或"金"充当修饰语，如金爵、金簠、金革、金车、金衡、金甬、金膺、金轭、金节、金鉴、金契等。"锡"有锡钟、锡金车两种组合。"镠、鏞、铝"多同时出现，如鼄（邾）公牼择厥吉金，玄镠鏞铝（1·149-152 邾公牼钟，春晚）；作为余钟，玄镠鏞铝（1·225-237 邵黛钟，春晚）。①

3. 服饰及相关名词

服饰类名词主要有衣（上衣）、裳、裘（皮衣）、袞（有龙纹的服饰）、綱（麻制衣服）、市（即韨，指蔽膝）、衬（近身衣）、纯（衣服的边缘）、襟（衣襟）、衡（系绂或玉饰之带）、带、佩（佩带）、舄（屦）等。此类名词的组合形式多是其前加表示颜色或质地的词，如："衣"有玄衣（多见）、玄袞衣、哉（织）衣、裼衣组合；"裘"有羔裘、虎裘、貔裘、貂裘、貉裘组合；"袞"有玄袞衣、赤袞、玄袞组合；"綱"有参綱②组合；"市"（韨）有赤市、赤雍市、载市、素市、虢市

---

① 董珊《曾伯桼壶铭简释》（复旦网 2018-1-17）（3 页）用其镠镠，唯玄其良，自作尊壶。"镠"是白色金属，指锡，"镠"是黄色金属，指铜；"玄"指黑色的铅。三者的合金为青铜。

② 《通解》（1694 页）引郭沫若认为"参"为今衫字，指綱色之中衣。吴红松（68 页）认为"参，既指颜色，又指质地"。

组合；"衡"有幽衡、朱衡、葱衡、縈衡、素衡、金衡组合；"纯"基本都是"鞃纯"组合；"舄"基本都是"赤舄"组合。或与同类名词同现，如衣裘、裳衣巿舄、衣裳带巿佩等。

原料类名词主要有帛（丝织品）、布（麻织品）、丝、皮（兽革）、革等，多出现于赏赐物品中，出现频次均较低。

4.酒食类

酒类名词主要有酒（多单用）、鬯（用香草酿制的酒）、醴（甜酒，有飨醴、醴壶两种组合），除"鬯"（多"秬鬯"组合）外，余二词均有限。

粮食类名词主要有禾（谷物）、秬（黑黍，多与"鬯"组合）、稻、粱、黍、稷、糯（黏稻）、秭[1]、馨香（指用于祭祀的黍稷等馨香之物[2]）、馨[3]、稌[4]。除"秬"外，余皆很少见[5]。

泛指食物的有食、膳（膳食）、饈（膳羞）、飤（多认为

① 《通解》（1798页）谓：早收之谷。
② 参见吴振武《试释西周㝬簋铭文中的"馨"字》，《文物》2006年第11期61页。
③ 参见何景成《应侯盨"馨簋"解说》（《古文字研究》三十一辑230页）。
④ 蒋玉斌《令方尊、令方彝所谓"金小牛"再考》（《中国文字研究》2010年第2辑）谓：笔者更倾向于将传统意义上的金、小二字释为一字，也就是稌，那么祭品就应该是牺牲（牛）、鬯、稌。
⑤ 另外还有一个"卤"，指盐卤、食盐。如：赐免卤百口（16·10161 免盘，西中）；赐卤积千两（5·2826晋姜鼎，春早）；公是用大（畜）之卤（复封壶，春早）。

同"食",指食物)、饙①(饭食、膳羞)、胾(切成块的肉)、羹、粮(贤簋)等。此类多与器物名词组合,限定器物的功用,如食彝、食簠、膳敦、膳簠、膳鼎、馐鼎、馐鬲、飤彝、飤鼎、飤器、飤簠、飤甗、飤盙、飤簠、飤盂、飤敦、饙盨、饙簠、饙鼎、饙簠、饙盙、饙盂、胾鼎等。

5. 动植物类

动物类主要有马、驹(盠驹尊、兴鼎、达盨盖)、牛、羊、羔、羝、豚(士上卣)、麑、虎、鹿(貉子卣、命簋)、狼、貉(伯唐父鼎)、豹、貂、犬(员方鼎)、鱼(井鼎)、龟(鄂君启车节)、犅(指雄性牲畜,大簋)、牡(指公马,中山妾蚉壶)、牻(指公牛,鄂君启车节)。

此类名词主要修饰指物名词,为限定语,有马车、羔俎(三年兴壶)、羔裘(九年卫鼎)、羝皮(九年卫鼎)、豕鼎(函皇父鼎、史兽鼎)、麑俎(三年兴壶)、虎裘(大师虘簋)、虎冟韅里(指虎纹)、虎臣(比喻用法)、豹裘(焂戒鼎)、貂裘

---

① 于秀玲《金文文字考释汇纂(2000—2015)》(吉林大学2016年硕士学位论文178页)谓:商承祚先生引张效彬之言,以为"饙"即饭之本字;杨树达先生以为是宴飨之意;(朱凤瀚2012)所以冠以"饙"的食器,也可能是盛蒸熟的饭食之器。孙海燕《黄淮间中原十国金文整理与研究》(西南大学2020博士学位论文428页)谓:(饙)"饭"之本字或异体;张闻捷先生认为东周时期的馈器、膳器和飤器是地方方言系统在金文中的反映,释为"馈"。《说文》有馈字、饙字,都是蒸饭之义。单育辰《释饙》(复旦网2013-1-23首发)认为相应字当作"餗",读为"羞",认为用为膳羞或进膳羞之义。

（敔簋盖）、鱼箙（毛公鼎）、鲁（鱼）鼎（姬凫母温鼎）[1]等组合。其他组合很有限，如白马（召尊、作册大方鼎）、白鹿（伯唐父鼎）、白狼（伯唐父鼎）。出现频次方面除了“马”外，其余都很有限。

与祭牲有关的名词有牲（祭牲泛称，如夨令方尊、子方鼎）、牡（指雄性牲畜，刺鼎）、犅（指雄性牲畜）、鲜（指新宰杀的鸟兽肉，中山舒盗壶），皆用例很少。

植物类很有限，有农穑（墙盘）[2]、郁（一种香草，有郁鬯、鬱壶组合）、蒿（假为“槁”，中山舒盗壶）、林（指树林或园林）、箭（箭竹，鄂君启车节）、茅、苞（霸伯盂）等。

6. 其他指物名词

指称书册的有册（西周多见，多“册命、册赐”组合）、图（地图、图像）、简册；指称财物的有贿（财帛）、傧（所赠之礼物）、积（贡赋）；其他有节（符节，鄂君启节）、蓍（占卜用的草，史懋壶）、榜（木板，曶鼎、敔簋）、题凑（棺木的前端，兆域图铜版）。

（二）指人名词

丁瑛将人物分为人的称谓、家族关系、社会关系、身份地位、思想 / 语言、品质 / 品德、处境 / 境遇、生老病死等；

---

① 陈英杰《读金琐记（二）》（复旦网 2008-6-13 首发）谓：“鲁鼎”之称首见，解为“精美的鼎”或读为“旅鼎”都难以据信，我们主张读为“鱼鼎”。

② 《通解》（577 页）谓：农穑，泛指农作物。

刘翠翠将与人相关的名词分为称谓、身份地位、家族关系、社会关系和职业，各类下再分小类。我们根据金文的具体情况，分为如下诸类①。

1. 亲属称谓名词

主要有祖考、祖、考、妣、父母、夫人、妻、配（配偶）、兄、弟、妹、子孙、子、孙、嗣、裔、胤、后、孥（妻与子女）、族（家族）、宗（宗族）、婚媾（姻亲）等。其中"祖考、祖"很常见，前多有修饰语，如烈祖、先祖、皇祖、皇祖考、先祖考等。"子②、孙"亦很常见，多见于"子子孙孙永宝用"表述中。"宗"较多见。有多宗、大宗、万宗、好宗、旧宗、公宗、韩宗、其宗、宗彝、宗老、宗伯、宗家、宗子等组合。"族"有三族、公族、乃族、族人、大族等组合。其余各词用例均不多。"妣"没有"祖"多见，且所加修饰语不复杂，如皇妣。"父、母"，单用的"父"和"母"很少指亲属称谓，"父母"连用也很少见（如作册嗌卣、幽公盨）。"配"仅见于东周金文，有朕配（拍敦）、其配（叔夷钟）、元配（陈逆簠）等组合。"夫人"用为亲属称谓主要见于春秋金文。"妻"很少见（如徐太子鼎、夫跌申鼎）；"兄"主要见于春秋金文，

---

① 另有人名族名、官名爵名，均属于专有名词，本成果不涉及。

② 还有孺子（令狐君孺子壶）、冲子（它簋）、冲孙（敔簋）组合。参见董珊《释西周金文的"沈子"和〈逸周书·皇门〉的"沈人"》（复旦网2010-6-7）；蒋玉斌、周忠兵《据清华简释读西周金文一例——说"沈子"、"沈孙"》（复旦网2010-6-7首发）。

多"父兄"连用或对用（诸父诸兄）。"弟"，除"兄弟"连用外（如殳季良父壶、素镈），也有单用的（如臣谏簋、它簋盖、吴王姑发剑）。"妹"用例有限，如其妹（宋公䜌簠）、元妹（郳伯受簋）。"嗣"，或为"后嗣"组合（如曾姬无卹壶、中山王壶），或单用（如中山赒鉴壶）。"裔"只见于战国金文，主要为"裔孙"组合（如陈逆簋、陈逆簠）。"胤"仅见"胤嗣"组合（中山赒鉴壶）。"后"有后人（作册夨令簋、中山王鼎）、后男（师寰簋）、圣人之后（师望鼎）组合。"婚媾"见于西周金文（乖伯归夆簋、殳季良父壶、膳夫克鼎、幽公盨）。"孥"仅1见（农卣）。

2. 普通指人名词

（1）社会关系角度的分类

宾：指宾客。组合形式有嘉宾（如邾公釛钟、齐鲍氏钟）、宾客（如越王者旨於赐钟）。单用如：宾即立（位），赞宾；（5·2839小盂鼎，西早）甲乍（作）宝尊彝，其万年用卿（飨）宾。（15·9431甲盉，西早）[1]

客：宾客或外来使者，如：秦客王子齐之岁；（大府镐，

---

[1]　相关引例以华东师范大学中国文字研究与应用中心《金文引得》（殷商西周卷，广西教育出版社2001年；春秋战国卷，广西教育出版社2002年）为主要参考，同时吸收学界的相关考释意见。因本文侧重语法分析，故对不影响语法分析的疑难字词不做集释。引例采用宽式，例句后括号中依次为中国社会科学院考古研究所《殷周金文集成》（中华书局1984—1994年）编号、器名、分期（"西早"指西周早期，其他同此）。□表示残泐不清或难以隶定的字。

战国）郾客臧嘉问王於茂郢之岁。（16·10373 郾客问量，战国）

佣友：如：乃用卿（飨）王出入事（使）人罘多佣友；（5·2733 卫鼎，西中）用乍（作）宝鼎，用卿（飨）佣友；（5·2783 七年趞曹鼎，西中）用乐嘉宾父兄及我佣友。（1·261 王孙遗者钟，春晚）

侪：《通解》（1035 页）谓指"友僚"，如：用替厥侪多友；（5·2660 辛鼎，西早）口而佣侪。（1·285 叔夷钟，春晚）

友：寮友或朋友，较多见。如：用卿（飨）多者（诸）友；（5·2706 麦方鼎，西早）左右于乃寮（僚）以乃友事。（11·6016 夨令方尊，西早）

僚：同僚、徒属。如：令女（汝）辟百寮（僚）；（8·4343 牧簋，西中）王令总① 司公族卿事大史寮（僚）。（8·4326 番生簋盖，西晚）

敌：卑（俾）克厥啻（敌），获馘百，执讯二夫；（8·4322 冬簋，西中）克敌大邦。（5·2840 中山王鼎，战晚）

慝：指邪恶之人，如：辟（闢）厥匿（慝），匍有四方。（5·2837 大盂鼎，西早）

仇人：1 见：邻邦难亲，仇人才（在）彷（旁）。（5·2840 中山王鼎，战晚）

---

① 参见虞晨阳《〈近出殷周金文集录二编〉校订》（复旦大学 2013 年硕士学位论文 51 页）、鞠焕文《〈金文形义通解〉订补》（东北师范大学 2014 年博士学位论文 63 页）关于"总"的集释。

（2）身份地位角度的分类

指称上层人物的名词有：

王：很多见，且组合形式丰富，有周王、文王、武王、昭王、恭王、成王、先王、诸侯王、王子、王孙、王人、王姜、王身、王令、王位等。

君：组合形式较多，如君氏、皇君、宗君、天君、邦君、厥君、皇辟君、里君、樊君、邦冢君、信安君、君公、平安君、少君、皇君、燕君、君夫人、令狐君、吾君、郪陵君、君臣之位、宋君、建信君、番君等。

辟：可以指天子、诸侯、君主、官长（参见《通解》2277页），组合形式有朕辟、予辟、乃辟、厥辟、其辟、鲁辟、齐辟、皇辟、辟君、辟王、辟侯、百辟、皇辟侯等。

后：指君主或妃后，不常见，如：自乍（作）后王母口商厥文母鲁公孙用鼎。（5·2774 帅佳鼎，西中）

天子：或充当定语，如：敢对扬天子不（丕）显休；（5·2747 师秦宫鼎，西中）或充当宾语，如：畯臣天子；（5·2768–2770 梁其鼎，西晚）听命于天子；（15·9729 洹子孟姜壶，春秋）或充当主语，如：天子建邦。（18·11758 中山侯钺，战中）

上：指上级、上司，如：公告厥事于上；（8·4341 班簋，西中）述（遂）定君臣之位，上下之体（礼）。（15·9735 中山王壶，战早）

寡人：君王自称。仅见于中山器中，如：氏（是）以寡

人委任之邦……寡人庸其惠（德），嘉其力……寡人惧其忽然不可得。（5·2840 中山王鼎，战晚）

皇帝：1 见：廿六年，皇帝尽并兼天下诸侯。（16·10372 商鞅量，战国）

诸侯：廿六年，皇帝尽并兼天下诸侯。（16·10372 商鞅量，战国）

甸：近畿诸侯（《通解》3198 页），如：眔卿士寮（僚）眔者（诸）尹眔里君眔百工眔者（诸）侯、侯田（甸）男；（11·6016 矢令方尊，西早）佳（唯）殷边侯田（甸）雩殷正百辟，率肆于酉（酒）。（5·2837 大盂鼎，西早）

尹：君长、官长。如：敢扬天尹不（丕）显休；（8·4184–4187 公臣簋，西晚）佳（唯）用献于师尹倗（朋）友婚媾。（9·4465 膳夫克鼎，西晚）

百姓：指百官，如：余其用各（格）我宗子雩百生（姓）；（5·2820 善鼎，西中）用盘饮酉（酒），龢会百生（姓）。（1·203 沈儿钟，春晚）

监：指监察官员，如：中（仲）几父史几事（使）于者（诸）侯者（诸）监。（7·3954 仲几父簋，西晚）

左右：指左右官员，如：鰲龢胤（俊）士，咸畜左右；（1·267–270 秦公镈，春早）谏（敕）罚朕庶民，左右母（毋）讳。（1·285 叔夷钟，春晚）

佐：副贰、辅臣。如：使得擘（贤）在（才）良佐䐃，以辅相厥身。（15·9735 中山王壶，战早）

臣：指臣属、下臣，有虎臣、良臣、人臣、群臣、君臣等组合。单用的少见，如：易（赐）于武王乍（作）臣；（5·2785 中方鼎，西早）相侯休于厥臣夨，易（赐）帛金。（8·4136 相侯簋，西早）

腹心：指心腹之人，1 见：柔惠乙且（祖），逑匹厥辟，远猷腹心。（16·10175 史墙盘，西中）

爪牙：指勇猛的武士，1 见：干害（捍敌）王身，乍（作）爪牙。（9·4467 师克盨，西晚）

傅姆：保傅，1 见：隹（唯）傅姆氏（是）从。（5·2840 中山王鼎，战晚）

智：有智慧之人，1 见：事少女（如）长，事愚女（如）智。（5·2840 中山王鼎，战晚）

贤：有才能的人，如：夫古之圣王，敄（务）才（在）得孶（贤），其即得民。（15·9735 中山王壶，战早）

能：有能力之人，如：慈孝宽惠，举孶（贤）使能。（15·9735 中山王壶，战早）

俊士：有才能的人（参见《通解》1001 页），如：余咸畜胤（俊）士；（16·10342 晋公盆，春秋）克明又（有）心，盩龢胤（俊）士。（1·267-270 秦公镈，春早）

君子：指身份高的贵族，如：至于父兄，以乐君子；（1·074 敬事天王钟，春晚）均子（君子）大夫，建我邦国。（1·219-222 蔡侯镈，春晚）

太子：余（徐）大（太）子白（伯）辰口乍（作）为……；

（徐太子鼎，春早）集瓬大（太）子鼎。（4·2095–2096 集瓬太子鼎，战晚）

将军：将军张二月溥官我亓（其）膚。（17·11325–11326 九年将军戈，战晚）

指称下层人物的名词主要有：

仆：家仆、奴仆。或与数量词组合，如：白大师易（赐）白（伯）克仆卅夫。（15·9725 伯克壶，西晚）或与同类词共现，如：用总于公室、仆庸、臣妾、小子、室家。（1·62 逆钟，西晚）

驭：多与同类词共现，如：肆武公乃遣禹率公戎车百乘，斯（厮）驭二百，徒千。（5·2833–2834 禹鼎，西晚）

驭人：如：胥师戏司走马驭人眔五邑走马驭人。（虎簋盖，西中）

鬲：指奴隶（参见《通解》588 页），如：姜商（赏）令贝十朋、臣十家、鬲百人。（8·4300–4301 作册夨令簋，西早）

臣：指奴隶。如：遣叔休于小臣贝三朋、臣三家。（7·4042–4043 易口簋，西早）

妾：皆为“臣妾”组合，如：匽（燕）侯赏复裳衣、臣妾、贝；（11·5978 复作父乙尊，西早）王乎（呼）命尹封册命伊总官司康宫王臣妾、百工。（8·4287 伊簋，西晚）

庸：奴隶（参见《通解》790、1361 页），如：今余令女（汝）啻（嫡）官司邑人，先虎臣后庸。（8·4321 訇簋，西晚）

俘：俘虏，如：多友乃献孚（俘）、馘、讯于公；（5·2835 多友鼎，西晚）夺孚（俘）人四百。（8·4323 敔簋，西晚）

擒：指擒获者，如：余来归献禽（擒）……女（汝）多禽（擒）。（8·4328-4329 不其簋，西晚）

讯：指俘虏。基本都是"执讯"组合，如：执讯廿又三人……执讯二人。（5·2835 多友鼎，西晚）单用的仅：多友乃献孚（俘）、馘、讯于公。（5·2835 多友鼎，西晚）

馘：首级。如：获馘四千八百口二馘……孚（俘）馘二百卅七馘。（5·2839 小盂鼎，西早）

众：从事农业生产之奴隶（参见《通解》2052 页），如：昔馑岁，匡众厥臣廿夫，寇智禾十秭。（5·2838 智鼎，西中）

庶人：易（赐）宜庶人六百又口六夫；（8·4320 宜侯夨簋，西早）矩白（伯）庶人取董（瑾）章（璋）于裘卫。（15·9456 裘卫盂，西中）

（3）泛称

人：有邦人、民人、郑人、晋人、越人、吴人、戎人、邑人、丰人、甸人、田人、里人、文人、圣人、贤人、吉人、仇人、僚人、族人、遂人、降人、俘人、使人、驭人、车人、关人、先人、后人、人民等组合。

民：民众。有贤民、庶民、后民、下民、万民、百民、厥民、四方民、民人、人民等组合。单用的如：自之辪（乂）民；（11·6014 何尊，西早）达（挞）殷畯民。（16·10175 史

墙盘，西中）

众：指民众，如：以敬（儆）厥众；（18·11758 中山侯钺，战中）亲率参军之<u>众</u>。（5·2840 中山王鼎，战晚）

氏：据《通解》（2921 页）可以指姓之分支、宗族之君长、职官之称、出嫁之妇女。有保氏、师氏、君氏、公氏、侯氏、尹氏、妇氏、姜氏、伯氏、仲氏、叔氏、散氏、楚氏、安氏、杕氏、厚氏、嬴氏、皮氏、尹氏、陈氏等组合。

黔首：指百姓，1 见：<u>黔首</u>大安，立号为皇帝。（16·10372 商鞅量，战国）

士：（1）兵士，如：王令（命）南宫率王多<u>士</u>；（柞伯簋，西早）（2）贵族的下层，如：用乐父兄者（诸）<u>士</u>；（1·111-119 子璋钟，春晚）台（以）宴<u>士</u>庶子。（1·245 邾公华钟，春晚）

百工：如：司<u>百工</u>，出入姜氏令。（8·4340 蔡簋，西晚）

贾：商人。如：令女（汝）官司成周<u>贾</u>廿家。（8·4332-4339 颂簋，西晚）

师：指民众或军队，有六师、八师、乃师、齐师、行师等组合。或单用，如：率肆于酉（酒），古（故）丧<u>师</u>；（5·2837 大盂鼎，西早）率<u>师</u>征郾（燕）。（15·9734 中山䲹鋚壶，战早）

军：指军队，有"三军"组合（叔夷钟、庚壶）；其他如：中山侯口乍（作）兹<u>军</u>䤵。（18·11758 中山侯钺，战中）

旅：军旅，如：王大省公族，于庚振<u>旅</u>。（12·6514 中觯，

西早）

戏：军之偏师。如：啻（嫡）官司左右戏鯀（繁）荆。（8·4316 师虎簋，西中）

妇：有子妇、妇氏、宗妇、妇子等组合。

女：女子或女儿，如：翏生眔大妊其百男百**女**千孙；（9·4459-4461 翏生盨，西晚）它它熙熙，男**女**无期。（9·4645 齐侯作孟姜敦，春晚）

鳏寡：如：辥粦乃敉（侮）**鳏寡**；（5·2841 毛公鼎，西晚）穆穆曾侯，畏忌温粦，……以忧此矜（**鳏**）**寡**。（曾侯钟，春晚，《铭图续》1025①）

老：指年老之人。如：用亯（享）孝于兄弟婚媾诸**老**；（15·9713 夨季良父壶，西晚）其子子孙孙用亯（享）孝于宗**老**。（5·2582-2583 辛仲姬皇母鼎，西晚）

长：指年长之人。如：事少女（如）**长**，事愚女（如）智。（5·2840 中山王鼎，战晚）

身：有王身、父身、朕身、我身、予身、厥身、其身、乃身、人名＋身等组合，有的"身"指"身体"，但更多的则是代指人。如：十世不忘献**身**才（在）毕公家受天子休；（8·4205 献簋，西早）敬乃夙夜用屏朕**身**。（1·63 逆钟，西晚）单用的皆作主语：氐（是）以**身**蒙甲胄，以诔不顺。

---

① 《铭图续》（以下同），指吴镇烽编著《商周青铜器铭文暨图像集成续编》（上海古籍出版社 2016 年）。后面的数字为编号。

（15·9735 中山王壶，战早）

（三）指地名词

不含方国名、地名、水名等专有名词，仅限一般指地名词（含方位词）。

1. 方位名词

上：表示方位很有限，如：至于上侯臇川上；（10·5410 启卣，西早）在洀水上。（11·5983 启作祖丁尊，西早）

中：中廷很多见，其他还有中国、中堂、中官、中府、中都、中宫等组合。

下：指天下，有下国、下土、天下、下都等组合。单用的如：畯才（在）立（位），乍（作）罢才（在）下。（8·4317 㝬簋，西晚）

左：有左师、左使、左相室、左关、左军等组合。单用的如：兵甲之符，右才（在）口，左才（在）杜。（18·12109 杜虎符，战晚）

右：有右军、右师、右使、右仓、右库、右攻尹、右走马、右府尹、右御尹、右和室等组合。单用的见前。

左右：如：先王其严才（在）帝左右。（1·49 𩷱狄钟，西中或晚）

东：有东夷、东反夷、东偏、东国、东门、东鄙、东疆、以东、东征、东方、泾东、东朔、滰东等组合。单用的如：公违省自东；（5·2595 臣卿鼎，西早）佳（唯）白（伯）屖

父以成师即东。（10·5425 竞卣，西中）

西：有西疆、西宫、西墉、西门夷、西六师、以西、西追、西行等组合。

南：有南国、南山、南疆、南淮夷、以南、南征、南向、南行等组合。

北：有北向（多见）、北征、北寝组合。

朔：指北方，如：厥逆（朔）徂（至）于玄水；（8·4271 同簋，西中）穆穆鲁辟，徂省朔旁（方）。（5·2746 梁十九年亡智鼎，战国）

内：有外内、内外、内宫、内国、内史等组合。

内、外：或连用，如：命女（汝）辪（乂）我邦我家内外；（5·2841 毛公鼎，西晚）司王家外内；（8·4340 蔡簋，西晚）或对用，如：以内绝邵（召）公之业……外之则将使上勤（觐）于天子之庙。（15·9735 中山王壶，战早）单用的如：天子口需，用建兹外土。（戎生编钟，春早）

边：如：佳（唯）殷边侯田（甸）雩殷正百辟，率肆于酉（酒）。（5·2837 大盂鼎，西早）

侧：如：官司穆王正侧虎臣。（5·2814 无叀鼎，西晚）

后：位置居后，如：弋猎母（毋）后。（15·9715 林氏壶，春晚）

间：中间，如：两堂间八十毛（尺）。（16·10478 兆域图铜版，战晚）

远、迩：指空间的远和近，多对用，如：惠于万民，柔远能迹；（5·2836 大克鼎，西晚）用谏（敕）四方，柔远能迹；（8·4326 番生簋盖，西晚）或连用，如：用康扰妥（绥）褱（怀）远迩君子。（5·2826 晋姜鼎，春早）

2. 处所名词

国：指邦国，有中国、南国、东国、内国、四国、下国、王国、商国、我国、朕国、邦国等组合；单用的如：我先且（祖）受天令，商（赏）宅受或（国）。（1·267—270 秦公镈，春早）

邦：指邦国，有万邦、群邦、小大邦、邻邦、不义之邦、周邦、黄邦、邾邦、齐邦、楚邦、郑邦、晋邦、邢邦、亳邦、坪安邦、我邦、朕邦、厥邦、尔邦、它邦、邦人、邦宇、邦家等组合。单用的如：在珷（武）王嗣玟（文）乍（作）邦；（5·2837 大盂鼎，西早）司余小子弗彶，邦将害（曷）吉。（5·2841 毛公鼎，西晚）

封：指封疆或界限，如：则乃成夆（封）四夆（封）；（5·2831 九年卫鼎，西中）休又（有）成工（功），拋辟（闢）封疆。（15·9735 中山王壶，战早）

疆：界限、边界，有封疆、疆土、吴疆等组合。单用如：厥逆（朔）疆罙厉田，厥东疆罙散田，厥南疆罙厉田、罙政父田，厥西疆罙厉田。（5·2832 五祀卫鼎，西中）

都：指城邑，如：王敦伐其至，龏伐厥都。（1·260 胡钟，西晚）

邑：指都邑，有五邑、新邑、厥邑、其邑、商邑、散邑、大邑商、井邑、安邑、田邑、宅邑、邑人、聚邑等组合。单用的如：员先内（入）邑；（10·5387 员卣，西早）商（赏）之台（以）邑。（15·9733 庚壶，春晚）

城：指城邑，如：方数百里，刺（列）城数十。（5·2840中山王鼎，战晚）

县：仅 1 见：余易（赐）女（汝）釐都口口，其县三百。（1·285 叔夷钟，春晚）

宇：指住处、居舍，如：帅（率）履裘卫厉田四田，乃舍宇于厥邑；（5·2832 五祀卫鼎，西中）武王则令周公舍宇于周。（16·10175 史墙盘，西中）

境：境内，如：晋人救戎於楚竞（境）。（1·038 邢篙钟，春晚）

鄙：指周边地区，如：令女（汝）更乃且（祖）考友司东啚（鄙）五邑；（殷簋，西中）余覆其疆啚（鄙），行相曾邦。（娩加编钟，春中）

方：方国或方位，有四方、三方、虎方、鬼方、蛮方、朔方、不廷方、方蛮、四方民、东方等组合，其中"四方"多做宾语，如：匍有四方（大盂鼎）、通征四方（史墙盘）、畯尹四方（大克鼎）；或为：乍（作）四方亟（极）；（8·4341班簋，西中）灶（肇）专（抚）东方。（伯丧戈·春秋）

所：指处所、居所，如：啚（鄙）于荣白（伯）之所；（8·4323 敔簋，西晚）献于灵公之所。（15·9733 庚壶，春晚）

社稷：仅见于1器：使智（知）社稷之赁（任）……社稷其庶虖（乎）……身勤社稷，行四方……恐陨社稷之光。（5·2840 中山王鼎，战晚）

世：如：将与吾君并立于世，齿长于会同，则臣不忍见施（也）。（15·9735 中山王壶，战早）

庙：指宗庙，有周庙、太庙、宗庙、康庙、穆庙、吴大庙、成周太庙等组合。单用的如：旦，王各（格）庙，即立（位）。（8·4340 蔡簋，西晚）

宫：《通解》（1910页）谓有居室、天子宫室、宗庙等义。有西宫、东宫、内宫、中宫、新宫、京宫、献宫、上宫、般宫、学宫、遊宫、邦宫、穌宫、康宫、周师录宫、周新宫、庚嬴宫、射日宫、周般宫、康烈宫、周邵宫、师录宫、大师宫、豆新宫、麦宫等多种组合。

官：官舍、官署。有私官、下官、上官、胵（厨）官、中官、西官等组合（基本都是复合词）。单用的如：白（伯）屖父皇竞各（格）于官；（10·5425 竞卣，西中）兼（永）甬（用）之官。（16·10297 郏陵君鉴，战晚）

府：府库或官府，有茜府、府啬夫、右府、大府、甲府、王子中府、上都府、藏府等组合（皆为复合词）。单用如：为鄂君启之府造铸金节。（18·12110-12112 鄂君启车节，战国）

库：收藏兵车及武器之所，有库啬夫、下库、右库、左库、上库、武库、私库等组合（皆为复合词）。

仓：有长明仓、宜阳右仓，皆固定组合。

廩：仓库。如：命左关市（师）□敕宝（主）釜[1]，节于廩釜；（16·10371 陈纯缶，战国）左关釜节于禀（廩）釜。（16·10374 子禾子釜，战国）

璧雍：指学校，1 见：雩若翌日，才（在）璧雍，王乘于舟为大豊（礼）。（11·6015 麦方尊，西早）

小学：如：余隹（唯）即朕小学；（5·2837 大盂鼎，西早）才（载）先王小学，女（汝）敏可事（使）。（8·4324-4325 师嫠簋，西晚）

序：如：王作荣仲序[2]，在十月又二月生霸吉庚寅。（子方鼎，西早，《近出二编》1：318-319[3]）

寏：周天子临时驻留之所（参见《通解》2334 页）。多数为"王＋在＋某寏"，如：王才（在）上侯应（寏）；（5·2735-2736 不楷方鼎，西中）王才（在）雍应（寏）。（8·4340 蔡簋，西晚）其他形式少见，如：令小臣麦先省楚应（寏），王至于徙应（寏）。（5·2775 小臣麦鼎，西早）

次：师旅所止之处，如：隹（唯）十又三月庚寅，王才（在）寒次；（5·2785 中方鼎，西早）或指市之治舍，如：母

---

[1] 参见冯胜君《说"伐"》（《汉字汉语研究》2018 年第 4 期 115 页）、谢明文《陈喜壶铭文补释》（《国家博物馆馆刊》2021 年第 9 期 59 页）。

[2] 参见李学勤《试论新发现的口方鼎和荣仲方鼎》（《文物》2005 年第 9 期 63 页）、何景成《关于"荣仲方鼎"的一点看法》（《中国历史文物》2006 年第 6 期 63 页）。

[3] 《近出二编》（以下同），指刘雨、严志斌编著《近出殷周金文集录二编》（中华书局 2010 年）；1：318-319 表示第一册 318-319 号器。

（毋）敢不即<u>次</u>即市。（16·10174 兮甲盘，西晚）

市：交易之所（参见《通解》1357 页），如：母（毋）敢不即次即<u>市</u>……其隹（唯）我者（诸）侯百生（姓），厥贾母（毋）不即<u>市</u>。（16·10174 兮甲盘，西晚）

廷：（1）天子受朝布政之所，如：佳（唯）珷（武）王既克大邑商，则<u>廷</u>告于天；（11·6014 何尊，西早）（2）天庭，如：其各（格）前文人，其濒（频）才（在）帝<u>廷</u>陟降；（8·4317 胡簋，西晚）（3）居室，如：厥为图，矢王于豆新宫东<u>廷</u>。（16·10176 散氏盘，西晚）

家：有邦家、王家、公家、宗家、室家、厥家、我家、毕公家、毕王家、必父之家等组合。其前主要为"保、乂、司、总、忧劳"等表治理义动词。

室：宫室，有太室、宗室、王室、公室、京室、图室、大师室、齐伯室、应公室、县伯室、荣公室、右和室、左相室等组合，其中"太室"最多见，其次是"宗室"。以上"家"和"室"有时是以地代指人或事。

宅：居住区域（《通解》1812 页），如：佳（唯）王初迁<u>宅</u>于成周；（11·6014 何尊，西早）商（赏）<u>宅</u>受或（国）。（1·267-270 秦公镈，春早）

堂：陵寝之享堂（《通解》3161 页），如：两<u>堂</u>间八十毛（尺）。……两<u>堂</u>间百毛（尺）。王后<u>堂</u>方二百毛（尺）。（16·10478 兆域图铜版，战晚）

寝：居室或庙寝（《通解》1860 页），如：王与侯内（入）

于寝；（11·6015 麦方尊，西早）王才（在）周康寝卿（飨）
醴；（16·9897 师遽方彝，西中）还有下寝、北寝。

厨： 皆见于东周金文。如：吴王孙无壬之胆（厨）鼎；
（4·2359 吴王孙无壬鼎，春晚）铸客为大句（后）胆（厨）
官为之。（4·2395 铸客大后胆官鼎，战晚）①

门： 册命铭文中多见"入门"组合，如：王乎（呼）师
晨召（诏）大师虘入门，立中廷；（8·4251-4252 大师虘簋，
西中）其他如：涉东门；（8·4262 儌生簋，西中）于王参门。
（5·2838 智鼎，西中）

位： 册命铭文中多见"即位"，其中的"位"指"位置"。

城： 城邑，如：诞城，卫父身；（8·4341 班簋，西中）
方数百里，刺（列）城数十。（5·2840 中山王鼎，战晚）

郊： 郊外，如：宾出，白（伯）遣宾于郊。（霸伯盂，西中）

垣： 宫墙，仅见内宫垣、中宫垣（兆域图铜版）。

兆、窆： 指茔界、墓地，各 1 见：王命赒为逃（兆）乏
（窆）阔狭少（小）大之度。（16·10478 兆域图铜版，战晚）

土： 土地、国土，有疆土、我土、土田、下土、外土、
禹之堵（土）、新土、望土、述土等组合。单用如：入土眔
厥司；（太保罍，西早）易（赐）土：厥川（畎）三百口。
（8·4320 宜侯夨簋，西早）

---

① 参见李刚《三晋系记容记重铜器铭文集释》（吉林大学 2005 硕士学位论
　文 84 页）、王赛《战国记容铭文的整理与研究》（河北大学 2017 年硕士
　学位论文 13 页）。

地：土地，如：敬明新墬（地），雨（禘）祠先王。（15·9734 中山舒鉴壶，战早）

田：田地，有田邑、土田、厥田、田牧、耤田、郑田、諆田、厉田、散田、政父田、格伯田等组合。单用如：厥贾其舍田十田……其舍田三田……眔受（授）田。（15·9456 裘卫盉，西中）多出现于赏赐或交易语境中。

甸：郊外之田（《通解》2016 页），如：易（赐）克甸、车马；（1·204 克钟，西晚）司五邑甸人事。（1·133–136 柞钟，西晚）

里：（1）田里，如：余既易（赐）大乃里。（8·4298–4299 大簋盖，西晚）（2）民聚居之行政单位，如成周里人、永里、昔里、槐里。

遂：远郊之地（《通解》289 页），如：广伐东或（国）齐族土述（遂）人……师俗率齐师述（遂）人左，口伐长必。（师密簋，西中）

畎：低平得水且肥沃之田（《通解》51 页）。如：易（赐）土：厥川（畎）三百口。（8·4320 宜侯夨簋，西早）

洫：沟洫（《通解》1248 页），如：余执舞（恭）王恤（洫）工（功），于邵（昭）大室东逆（朔）营二川。（5·2832 五祀卫鼎，西中）

采：采邑（《通解》1464 页），如：易（赐）女（汝）鬯旗市采口每；（静方鼎，西早）今兄（贶）畀女（汝）口土，乍（作）乃采。（5·2785 中方鼎，西早）

园：苑囿（《通解》315 页），如：官司丰还（园）、左又（右）师氏；（8·4279-4282 元年师旋簋，西晚）司郑还（园）林罙吴（虞）罙牧。（9·4626 免簋，西中）

囿：苑囿（《通解》1853 页），如：先王既令女（汝）总司王宥（囿），女（汝）某不又（有）闻。（8·4285 谏簋，西晚）

场：如：司易（场）林吴（虞）牧，自滤东至于河；（8·4271 同簋，西中）司六师牧、阳（场）、大口，司义夷阳（场）、甸史。（5·2805 南宫柳鼎，西晚）

牧：原野（《通解》760 页），如：司郑还（园）林罙吴（虞）罙牧；（9·4626 免簋，西中）女（汝）受我田牧。（5·2818 鬲攸从鼎，西晚）

关：关隘，如：女（如）载马牛羊，台（以）出内（入）关，则政（征）于大府，毋政（征）于关。（18·12113 鄂君启舟节，战国）

道：道路，如：师雍父省道至于胡；（5·2721 敔鼎，西中）自椇木道左至于井邑，封。道以东一封。（16·10176 散氏盘，西晚）

山：有南山、山谷、寒山等组合。

岗：如：陟刚（岗）三封。……陟州刚（岗）。（16·10176 散氏盘，西晚）

谷：谷地，有山谷、殷谷等组合。

阴：山北水南，如：易（赐）畀师永厥田阴阳洛，疆罙师俗父田；（16·10322 永盂，西中）江汉之<u>阴</u><u>阳</u>，百岁之外，以之大行。（1·077 敬事天王钟，春晚）

阳：山南水北，如：搏伐玁狁于洛之<u>阳</u>；（16·10173 虢季子白盘，西晚）余处江之<u>阳</u>，至于南行西行。（18·11718 姑发口反剑，春晚）

隅：1 见：自西北遇（<u>隅</u>）敦伐口城。（晋侯苏编钟，西晚，《近出》1：35–50①）

川：水流，如：于邵（昭）大室东逆（朔）菅二<u>川</u>。（5·2832 五祀卫鼎，西中）

渊：深潭，1 见：蒦（与）其溺于人斿（也），宁溺于<u>渊</u>。（5·2840 中山王鼎，战晚）

池：池塘，如：射于大<u>池</u>；（8·4273 静簋，西中）乎（呼）渔于大<u>池</u>。（8·4207 遹簋，西中）

（四）时间名词②

1. 时辰名词

年：西周和东周金文均是"万年"最常见，充当状语和宾语。也都有纪年形式，如八年正月、四年二月等（东周较

---

① 《近出》（下同），指刘雨、卢岩编著《近出殷周金文集录》（中华书局 2002 年）；后面的数字表示第一册 35–50 号器。如《晋侯苏编钟》等器引例多次见，为行文简洁，此后再出现时则不再注明出处。

② 蒋红《两周金文时间范畴研究》（西南大学 2015 年硕士学位论文）将时间名词分为时辰名词和三时时间名词两类。本文借鉴其分类。

西周更多见)。西周还有"动词性词组+年(之年)"的形式，如：唯公太保来伐反夷**年**；(5·2728 旅鼎，西早)唯明保殷成周**年**；(10·5400 作册申卣，西早)其他如：禹(歷)**年**万不(丕)承；(5·2746 梁十九年亡智鼎，战国)祈无疆至于万膏(亿)**年**。(15·9719-9720 令狐君孺子壶，战中)

岁：西周用例有限，如：昔馑**岁**，匿众乎臣廿夫，寇智禾十秭。……【乃】来**岁**弗赏(偿)，则付册秭。(5·2838 智鼎，西中)东周较多见，有百岁、千岁、万岁、终岁、立岁事、再立事岁等组合，单用的如：献鼎之**岁**；(17·11358 兼陵公戈，战国)大司马邵阳败晋币(师)於襄陵之**岁**。(18·12110-12112 鄂君启车节，战国)

祀：用于纪年，不如"年"多见，如：唯王十又四**祀**十又一月丁卯；(8·4208 段簋，西中)佳(唯)王三**祀**四月既生霸辛酉。(8·4214 师遽簋盖，西中)

世：有参世、十世、百世、多世、世世、万世、永世、世万等组合，其他如：用**世**亯(享)孝；(7·3991-3992 祖日庚簋，西早)其万年**世**子子孙虞(永)宝用。(8·4199-4200 恒簋盖，西中)

期：皆为"无期"组合，如眉寿无期、寿考无期、受福无期、万年无期、元鸣无期等。

时：时常，如：明肆之於壶而旹(时)观焉。(15·9735 中山王壶，战早)

季：如：正月季春，元日己丑。(16·10008 栾书缶，

春秋）

春：如：正月季春，元日己丑；（16·10008 栾书缶，春秋）佳（唯）正月王春吉日丁亥。（1·144 越王者旨於赐钟，战早）

春秋：春秋夐尝，需福之既亟，眉寿无疆。（昭王之即鼎甲，战早，《铭图续》0224）

冬：如：佳（唯）正十月初冬吉；（郡儿匜，春中或晚）冬十二月乙酉。（16·10372 商鞅量，战国）

旬：十日为一旬，如：雩旬又一日辛亥；（10·5430 繁卣，西中）旬又四日丁卯。（5·2682 新邑鼎，西早）

朔：朔日，如：十一年十一月乙巳朔。（5·2701 公朱左师鼎，战晚）

辰：日时，除了干支，均是"辰在＋干支"，如：辰才（在）丁卯，王宮（禘）；（5·2776 剌鼎，西中）辰才（在）丁亥，王才（在）宗周。（5·2820 善鼎，西中）

夙：早晨。有夙夜、夙夕、夙暮组合，如：其用夙夜享于厥宗。（倗伯簋，西中，《铭图续》0442）单用如：念夙兴用追孝，用祈多福。（9·4458 鲁伯念盨，春秋）

朝：除"朝夕"组合外，单用的如：明公朝至于成周；（11·6016 夨令方尊，西早）珷（武）征商，佳（唯）甲子朝。（8·4131 利簋，西早）

晨：如：甲申之唇（晨），搏于口。（5·2835 多友鼎，西晚）

旦：天明、早晨，皆单独出现，如：旦，王各（格）于大室；（8·4196 师毛父簋，西中）旦。王各（格）大室，即

立（位）。（8·4277 师俞簋盖，西晚）

昧辰：拂晓，如：有女（汝）妹（昧）辰又（有）大服。（5·2837 大盂鼎，西早）

昧爽：拂晓，如：昧爽，王各（格）于大庙。（8·4240 免簋，西中）

昼：仅见“昼夜”组合：余亡康昼夜，巠（经）雍先王，用配皇天。（8·4317 胡簋，西晚）

夕：王夕卿（飨）醴于大室；（8·4191 穆公簋盖，西中）氏（是）以遊夕饮飤，宁又（有）慷惕。（15·9735 中山王壶，战早）（夙夕、朝夕见前）

夜：日夜不忘大去型（刑）罚。（15·9734 中山好盗壶，战早）（昼夜、夙夜见前）

2. 三时时间词

昔：或单独出现（与“今”对用），如：昔先王既令女（汝）乍（作）宰，司王家，今余唯申就乃令；（8·4340 蔡簋，西晚）或“载昔、昔载”同义连用，如：昔才（载）辥（予）不（丕）显高且（祖），克仇匹周之文（？）武；（曾公求编钟，春秋）或为“昔者”，如：昔者，吾先考成王早弃群臣。（5·2840 中山王鼎，战晚）单用的如：昔馑岁，匡众厥臣廿夫，寇曶禾十秭。（5·2838 曶鼎，西中）

载：指昔日，或单用，如：载先王既令乃祖考事，啻（嫡）官司左右戏緐（繁）荆；（8·4316 师虎簋，西中）或与“昔”同义连用（见前）。

向：指昔日，如：卿（向）女（汝）彶屯（纯）恤周邦。
（8·4342 师询簋，西晚）

先：一类是与指人名词组合，如先祖、先王、先公、先
考、先正、先人、先姑、先祖考、先文祖，其中的"先"也
是表示时间在前的，只是整个组合已是复合词。一类是与动
词组合，"先"充当状语，如：厥非先告蔡，毋敢疾又（有）
入告；（8·4340 蔡簋，西晚）折首五百，执讯五十，是以先
行。（16·10173 虢季子白盘，西晚）

前：有前王、前文人组合，如：其各前文人，其濒（频）
才（在）帝廷陟降。（8·4317 㝬簋，西晚）

旧：（1）从前义，如：令女（汝）司乃且（祖）旧官小
辅鼓钟；（8·4324-4325 师臾簋，西晚）尸（夷）典其先旧
及其高祖。（1·285 叔夷钟，春晚）（2）长久义，1 见：元器
其旧，哉（载）公眉寿，龕（邻）邦是保。（1·245 邻公华钟，
春晚）

古：古代、从前，如：曰古文王，初盭龢于政；
（16·10175 史墙盘，西中）夫古之圣王，敄（务）才（在）
得孯（贤）。（15·9735 中山王壶，战早）

故：从前、旧有的，如：郾（燕）故君子佥，新君子之，
不用豊（礼）宜（义）。（15·9735 中山王壶，战早）

早：过早，如：早丧厥㝬考，不敢视厥身。（周晋盘，西
中，《铭图续》0950）呜呼！龚公早陟。（娩加编钟，春中）

今：除"今日"外，单用的比较多见，如：今余佳（唯）

或司命女（汝）；（8·4285 谏簋，西晚）历自今，出入尃（敷）命于外。（5·2841 毛公鼎，西晚）

翌：明日，有"翌日"组合，单用的如：雽（粤）若翌乙酉，口三事【大】【夫】入服酉（酒）。（5·2839 小盂鼎，西早）

后：有后民、后人、后嗣组合。

来岁：第二年。1 见:【乃】来岁弗赏（偿），则付册秭。（5·2838 智鼎，西中）

外：与数量组合指时间，如：百岁之外，以之大行。（1·074 敬事天王钟，春晚）

（五）抽象名词

1.表福禄义的

福：有多福、永福、鲁福、大福、厚福、能福、胡福、顺福、百福、万福、大鲁福、无疆福、无疆显福、永祜福等组合形式。少数没有修饰成分，或"福"单见，或为近义组合，如：文武之福，有成有庆，福禄日至。（曾公求编钟，春秋）句法功能方面，"福"字组合基本都出现在宾语部分，如：用求福无疆；（15·9657 侯母壶，春早）受福无期。（15·9704 纪公壶，春秋）

禄：有通禄、纯禄、百禄、发禄、茨禄等组合形式，多出现于宾语部分，其前或为祈求义动词，或为赐予义动词。不出现于宾语部分，且其前无修饰成分（或为并列形式）的很少见。

叚：福义。其前多有形容性修饰成分（主要是"纯"），如：天子万年世孙子受厥纯鲁（叚）；（5·2791 伯姜鼎，西早）或与"福"共见，如：降遂鲁（叚）多福；（逨盘，西晚，《近出二编》3：939）或其他形式，如：敢对扬天子不（丕）显叚（叚）休命。（5·2819 裒鼎，西晚）

佑：除 1 例"康佑纯鲁"（士父钟）外，余皆为"纯佑"组合，如：用易（赐）眉寿屯（纯）右（佑）康娱；（8·4188 仲再父簋，西晚）祈匄康娱纯右（佑）通彔（禄）永命。（8·4182 虢姜簋盖，西晚）

釐：福禄义，主要有繁釐、多釐组合，如：降余多福辮（繁）釐；（8·4242 叔向父禹簋，西晚）以受屯（纯）鲁多釐，眉寿无疆。（8·4315 秦公簋，春早）单用的很少，如：天君赐之釐。（造磬，春秋）

祜：与福同义，如：曾亘嫚非录为尔行器，尔永祜福。（曾亘嫚鼎，春秋前期，《近出二编》1：288-289）

祓：福禄义，如：天其作（祚）币（祓）于朕身，永永有庆；（延敦，春秋）天釐（赉）用考，神復用发（祓）禄。（齗公盨，西中，《近出二编》2：458）

2. 与生命相关的

寿：多为"眉寿"组合，其他组合有限，如：用匄寿，万年永宝；（10·5382 蒹叔卣，西中）匄迈（万）年寿需冬（终）。（15·9433 遣盂，西中）

耇：只有"黄耇"一种组合，如：用易（赐）眉寿黄耇。

（7·4051-4053 曾伯文簠，西晚）

命：基本都是"永命"组合，其他组合少见，如：亘命霝终；（师道簠，西中，《近出二编》2：439）鲁命难老。（16·10151 齐大宰归父盘，春秋）

生：用例有限，仅有"弥生""弥厥生"组合，如：用祈匄眉寿绰绾永命，弥厥生，霝冬（终）。（8·4198 蔡姞簠，西晚）

考：基本都是"寿考"组合，偶尔为其他组合，如：邢公孙铸其龢（膳）敦，老（考）寿用之。（邢公孙敦，春秋）

3. 天神、天命类

命：多数为"大命、天命"组合，偶尔为其他形式（休命、厥命、大鲁命、纯鲁命），如：膺受大鲁命；（逑盘，西晚）天降休命于朕邦。（5·2840 中山王鼎，战晚）

天：指天帝、上天。或单独出现，如：用天降大丧于下或（国）；（5·2833-2834 禹鼎，西晚）或充当修饰性成分（天命、天威、天恻、天尹），如：享奔走，畏天威；（5·2837 大盂鼎，西早）或被其他成分修饰（皇天、旻天），如：畯永保四方，配皇天。（1·181 南宫乎钟，西晚）

帝：指天帝，有上帝、上下帝、皇帝等组合，单用的如：虩虩（赫赫）成唐（汤），又（有）敢（严）才（在）帝所。（1·285 叔夷钟，春晚）

神：指天神，有大神、文神、皇神、百神、多神、先神等组合，单用的为少数，如：天釐（赉）用考，神复用发（被）禄。（齹公匜，西中）

鬼：指天神，1见：恭寅鬼神，愬恭畏忌。（8·4190 陈
肪簋盖，战早）

4.休咎义抽象名词

休①："休"前基本都有修饰成分：一类是指人名词，如王
休、天子休、公休、伯休等；一类是形容词性成分，如丕显
休、鲁休等。多数是两者组合在一起，如：苏敢扬天子丕显
鲁休，用作元和锡钟；（晋侯苏编钟，西晚）单独出现的很少，
如：侯万年寿考黄耇，耳日受休。（11·6007 耳尊，西早或中）

德：指恩德，皆出现在宾语部分，如：遣孙孙子子其永
亡终，用受德；（11·6015 麦方尊，西早）历肇对元德，孝友
唯型。（5·2614 历方鼎，西早）

祥：吉祥义，如：为人臣而反臣其主，不羕（祥）莫大
焉。（15·9735 中山王壶，战早）

艰：艰难，困境。如：谷（欲）女（汝）弗以乃辟圅
（陷）于囏（艰）。（8·4342 师询簋，西晚）

恤：忧患，如：膺恤余于盟恤。……汝尃（辅）余于囏
（艰）恤。（1·285 叔夷钟，春晚）

丧：（1）祸殃，主语皆为"天"，其前动词皆为"降"，如：

---

① 两周金文中，"休"是一个兼类词，除了用为名词外，还有形容词和动词
用法，前者如"申敢对扬天子休命"（申簋盖）、"子犯及晋公率西之六
师搏伐楚荆，孔休"（子犯编钟）；后者如"相侯休于厥臣殳"（相侯簋）。
依据句法功能与语法意义相结合的标准，"休"充当定语修饰抽象名词或
充当谓语中心词时为形容词，带宾语时为动词，表达抽象概念且充当主
语或宾语时为名词。以下兼类词的判定皆依此标准。

乌虖哀哉！用天降大丧于下或（国）；（5·2833-2834 禹鼎，西晚）则唯尃（辅）天降丧，不肖唯死。（9·4469 冉盨，西晚）

（2）丧事，1 见：齐侯既济洹子孟姜丧。（15·9730 洹子孟姜壶，春秋）

祸：灾祸，1 见：佳（唯）逆生祸，佳（唯）顺生福。（15·9735 中山王壶，战早）

殃：灾祸，如：其敢又（有）夆，则卑（俾）受其百央（殃）；（太师氏姜匜，西晚）不行王命者，快（殃）袭子孙。（16·10478 兆域图铜版，战晚）

凶：余不敢口（犯）凶[1]，余好朋友是恭。（文公母弟钟，春秋后期，《近出二编》1：6）

害：伤害，如：念禹哉！亡旬（害）；（禹簋，西中）天子恪缵文武长剌（烈），天子眉无旬（害）。（16·10175 史墙盘，西中）

尤：过错、过失，均出现在否定动词（亡、无）后，如：楷伯于遘王，休亡尤；（8·4205 献簋，西早）衣（卒）事亡尤，公蔑繁历。（10·5430 繁卣，西中）

谴：灾祸、过失，如：王至于徙居，无遣（谴）；（5·2775 小臣夌鼎，西早）王卿（飨）酉（酒），逋御亡遣（谴）。（8·4207 逋簋，西中）

---

[1]　参见虞晨阳《〈近出殷周金文集录二编〉校订》，复旦大学 2013 年硕士学位论文 2 页。

悔：过失或灾祸，1见：齮公曰：民唯克用兹德，亡诲（悔）。（齮公盨，西中）

愆：过失，1见：不愆不貣（忒），自作歌钟。（1·210—211蔡侯纽钟，春晚）

忒：差误，如：夙莫（暮）不貣（忒）。（1·144越王者旨於赐钟，战早）

瑕：过失，1见：用卿（飨）宾客，为德无段（瑕）。（15·9712曾伯陭壶，春秋）

非：过失、错误，1见：引（矧）唯乃智（知）余非，庸又（有）闻。（5·2841毛公鼎，西晚）

敄：差错，1见：王宜人方，无敄。（3·944作册般甗，西早）①

逆、顺：1器各1见：佳（唯）逆生祸，佳（唯）顺生福。（15·9735中山王壶，战早）

若否：顺和不顺，如：虩许上下若否；（5·2841毛公鼎，西晚）含（今）余方壮，智（知）天若否。（5·2840中山王鼎，战晚）

5.社会礼制方面

（1）道德标准类

德：道德、品德，或与形容词或代词组合，如懿德、明

---

① 马承源《商周青铜器铭文选》（三册6页注二）：无敄，吉语。敄，务声同。《尔雅·释言》："务，侮也。"

德、正德、孔德、胡德、烈德、若德、首德、元明德、不僭
德、厥德、兹德、先王德等。或单独出现，如：唯惠（德）
附民，唯宜（义）可长；（15·9735 中山王壶，战早）偶尔充
当修饰语，如德言、德行；或与其他抽象名词组成并列词组，
如恭德、德经、经德。

礼：礼义、礼法，1 器 2 见：新君子之，不用豊（礼）宜
（义）……故辞豊（礼）敬则孯（贤）人至。（15·9735 中山
王壶，战早）

义：道义，如：乃兄僭鼻（畀）汝，害义；（肃卣，西中，
《铭图续》0882）以征不宜（义）之邦。……智（知）为人臣
之宜（义）旂（也）。（5·2840 中山王鼎，战晚）

道：道义，2 见：仑（论）其惠（德），眚（省）其行，
亡不顺道。（5·2840 中山王鼎，战晚）

行：行为、德行，如：朕文母竞敏口行，休宕厥心，永
袭厥身。（8·4322 冬簋，西中）

身：指人的品德、修养，1 见：唯女（汝）悆其敬辥
（义）乃身，母（毋）尚为小子。（10·5428-5429 叔欢父卣，
西早）

威仪：指政权刑法之威与礼制之仪，如：旅敢啓（肇）
帅井（型）皇考威义（仪）；（1·238-244 虢叔旅钟，西晚）
淑于威义（仪），惠于明祀。（1·203 沈儿钟，春晚）

型：标准、准则，如：不用先王乍（作）井（型），亦多
虐庶民。（8·4343 牧簋，西中）

经：准则、标准，如：今余唯令女（汝）盂召荣，敬雍德巠（经）。（5·2837 大盂鼎，西早）

极：标准、表率，如：屏王立（位），乍（作）四方亟（极）；（8·4341 班簋，西中）畯臣天子，万年唯亟（极）。（9·4446-4447 伯梁其盨，西晚）

常：标准，如：畯共（恭）天尚（常）。（宋右师延敦，春秋后期，《近出》2：538）

典：标准，准则，如：世万子孙，永为典尚。（常）（9·4649 陈侯因齐敦，战晚）

法：规定，如：进退逃（兆）乏（法）者，死亡若（赦）。（16·10478 兆域图铜版，战晚）

度：规模尺度，如：王命赒为逃（兆）乏（法），阔狭小大之度①。（16·10478 兆域图铜版，战晚）

体：准则、法式，1 见：述（遂）定君臣之位，上下之体。（15·9735 中山王壶，战早）

氐：根本，1 见：畯才（在）立（位），作虡（氐）才（在）下。（8·4317 胡簋，西晚）

氐巨：指根本法则，如：余典册厥德，殷民之氐巨。（娩加编钟，春中）

忠：忠诚，仅见于战国金文，如：余智（知）其忠信㫋

① 蒋晴《金文考释汇纂》（1990—1999 年）（吉林大学 2017 年硕士学位论文 64 页）引刘钊说读为"度"，指兆域的规模尺度。

（也）而专赁（任）之邦。……赒渴（竭）志尽<u>忠</u>，以佐右厥辟。（15·9735 中山王壶，战早）

信：信义、诚信，如：非<u>信</u>与忠，其佳（谁）能之？……雫（越）人修教备忎（<u>信</u>），五年覆吴。（5·2840 中山王鼎，战晚）

贾：价值，如：厥<u>贾</u>（价）其舍田十田；（15·9456 裘卫盉，西中）格白（伯）取良马乘于倗生，厥<u>贾</u>（价）卅田。（8·4262 倗生簋，西中）

值：价值^①，如：矩白（伯）庶人取堇章（瑾璋）于裘卫，才（<u>值</u>）八十朋。（15·9456 裘卫盉，西中）

（2）职责、职事类

事：其前多有修饰成分，如厥事、乃事、乃祖考事、朕先宝事、乃僚以乃友事、司事、将事、政事、卜事、小大事、五邑甸人事等。还可以出现于述宾组合中（为复合词），有立事、进事、即事、视事等。

服：政事、职事，其前多有修饰语，如祖考服、乃祖服、朕先祖服、朕皇祖考服、王服、邢侯服、六师服、旅服、大服、乃服、厥服等。均出现于宾语部分。

御：指政事、职事，如：赐汝彤弓一、彤矢百、马四匹。敬乃<u>御</u>，毋败绩！（引簋，西中）

---

① 有三种释读意见：一种读为"直（值）"，一种读为裁（规定价格、作价），一种读为财。参见于秀玲《金文文字考释汇纂（2000—2015）》（203-204 页）。

政：指政事，多出现于宾语部分，如：曰古文王，初盭龢于政；（16·10175 史墙盘，西中）用处大政（1·050 邾君钟，春晚）。其他如：宦执而政事。（1·285 叔夷钟，春晚）

功₁：指事业、事情，主要是"戎功"组合，如：汝敏于戎工（功）。（卌二年逨鼎，西晚）1 例指工程：余执龏（恭）王恤工（功），于邵（昭）大室东逆（朔）营二川。（5·2832 五祀卫鼎，西中）

业：功业、事情，如：以内绝邵（召）公之业，乏其先王之祭祀。（15·9735 中山王壶，战早）

戎：军事，有戎功、戎兵、戎车、戎壶、戎戟等组合，单用的如：乃召夹死（尸）司戎。（5·2837 大盂鼎，西早）

文武：指文功和武功，如：武文咸剌（烈），永世毋忘（亡）。（1·157–1·161 虡羌钟，战早）

官：官职，如：肆天子弗忘厥孙子，付厥尚（常）官。（虎簋盖，西中）

职：职位，如：后嗣甬（用）之，职才（在）王室。（15·9710–9711 曾姬无恤壶，战国）

任：职责、官职，如：受赁（任）佐邦，夙夜匪解（懈）。（15·9735 中山王壶，战早）

位：职位，如：用申就大命，屏王立（位）；（8·4326 番生簋盖，西晚）畯才（在）立（位）。（8·4277 师俞簋盖，西晚）

礼：典礼，如：王乘于舟为大豐（礼）。（11·6015 麦方尊，西早）

俗：习俗，1见：厥取厥服，董（谨）尸（夷）<u>俗</u>。(9·4464 驹父盨盖，西晚）

功$_2$：功绩、功劳，如：才（载）乃圣祖周公繇有<u>功</u>[①]于周邦；（柞伯鼎，西晚，《近出二编》1：327）休既又（有）工（<u>功</u>），折首执讯。(8·4313-4314 师寰簋，西晚）

烈：指功绩，有兹烈、厥烈、长烈、光烈、功烈等组合。单用如：用作旅盨，用对刺（<u>烈</u>）；(9·4459-4461 翏生盨，西晚）竞（景）畏自乍（作）輨矛，用扬文德武<u>烈</u>。(竞畏自作輨矛，战早）[②]

光：光彩、荣耀。有丕显耿光、文武耿光、显光、社稷之光、秦子之光等组合，单用如：白父孔显又（有）<u>光</u>。(16·10173 虢季子白盘，西晚）

庆：成功，如：召白（伯）虎告曰：余告<u>庆</u>；(8·4293 六年琱生簋，西晚）天其作（祚）市（祓）于朕身，永永有<u>庆</u>。(宋右师延敦，春秋后期）

成：成就、功绩。皆与同义动词同现，如：定均庶邦，休有<u>成</u><u>庆</u>。(1·210-222 蔡侯纽钟，春晚）

勋：功劳，如：天子不忘其又（有）<u>勋</u>，使其老策赏中（仲）父。(15·9735 中山王壶，战早）

劳：功劳，如：鲍叔又成<u>劳</u>于齐邦。(1·271 素镈，春中

[①]　参见于秀玲《金文文字考释汇纂（2000—2015）》80页、张崇礼《逑器铭文补释》（复旦网 2012-11-12 首发）。

[②]　参见黄锦前《竞畏矛补论及其相关问题》，复旦网 2012-2-2 首发。

或晚）

力：功劳，如：寡人庸其恧（德），嘉其<u>力</u>。（5·2840 中山王鼎，战晚）

刑罚：1 见：日夜不忘大去型（<u>刑</u>）<u>罚</u>，以忧厥民之佳（罹）不辜。（15·9734 中山舋鲞壶，战早）

狱：刑狱，如：勿事（使）虣（暴）虐从（纵）<u>狱</u>。（9·4469 冄盨，西晚）

讼、讯、罚：皆指诉讼之事，如：盂乃召夹死（尸）司戎，敏諫<u>罚讼</u>；（5·2837 大盂鼎，西早）王命女（汝）司成周里人眔诸侯、大亚、<u>讯讼罚</u>。（8·4215 齃簋，西晚）

辜：罪责，如：有辜有故（<u>辜</u>）；（9·4469 冄盨，西晚）以忧厥民之佳（罹）不<u>辜</u>。（15·9734 中山舋鲞壶，战早）

皋：罪责，如：佳（虽）又（有）死<u>皋</u>，及参世，亡不若（赦）。……诒死<u>皋</u>之又（有）若（赦）。（5·2840 中山王鼎，战晚）

（3）言语、计谋等

命（令）：命令，如：益公内（入）即<u>命</u>于天子；（6·10322 永盂，西中）敬夙夕勿灋（废）朕<u>令</u>。（8·4343 牧簋，西中）

言：言语，如：朕文考其坙（经）遣姬、遣伯之德<u>言</u>；（再簋，西周）允哉若<u>言</u>。（15·9735 中山王壶，战早）

语：话语，如：於虖（呜呼）！<u>语</u>不悖哉。（5·2840 中山王鼎，战晚）

辞、誓：言辞，如：女（汝）亦既从<u>辞</u>从<u>誓</u>。……牧牛

辞誓成，罚金。（16·10285 训匜，西晚）

名：名称，如：司土（徒）南宫乎作大林协钟，兹名曰无射。（1·181 南宫乎钟，西晚）

铭：铭文，如：睿（慎）为之名（铭）。（1·245 邾公华钟，春晚）

心：心思、意念。如：敬明乃心；（8·4342 师询簋，西晚）启厥明心，广堅（经）其猷。（戎生编钟，春早）

志：心志，如：赒渴（竭）志尽忠，以左右厥辟。（15·9735 中山王壶，战早）

识：智识，如：尔有唯（虽）小子亡（无）戠（识）。（11·6014 何尊，西早）

智：知识，如：下民无智。（3·980 鱼鼎匕，战国）

愿：愿望，如：天不斁其又（有）忨（愿）。（15·9735 中山王壶，战早）

猷：谋略，有远猷、小大猷、朕猷、我猷、其猷等组合。单用的少见，如：鳌龢于政，有成于猷。（逨盘，西晚）

谟：计谋，有肃谟、宇谟、大谟等组合，其他如：亟狱宣慕（谟），昊昭亡斁。（16·10175 史墙盘，西中）

诲：谋略，如：淑于威义（仪），诲（谋）猷不（丕）飤（饰）。（1·261 王孙遗者钟，春晚）

谋虑：1 见：氏（是）以寡人许之，谋虑皆从。（5·2840 中山王鼎，战晚）

音：乐器之声，如：用作宝协钟，厥音雍雍。（戎生编钟，

春早）

乐：音乐，如：用从（纵）尔大<u>乐</u>。（15·9729 洹子孟姜壶，春秋）

律：音律，如：楚王领自乍（作）铃钟，其聿（律）其言（音）。（1·053 楚王领钟，春晚）

二　名词的语法功能

（一）名词的组合功能

名词可以接受数词、代词、形容词、动词等的修饰。

1.受数词修饰

如：

若玟（文）王令<u>二三正</u>……用乍（作）且（祖）南公宝鼎，隹（唯）<u>王廿又三祀</u>。（5·2837 大盂鼎，西早）

用司六师王行<u>叁有司</u>：司土（徒）、司马、司工（空）。（11·6013 盠方尊，西中）

祈多福眉寿永令（命）无疆，其<u>百子千孙</u>永宝用。（15·9716—9717 梁其壶，西中）

上帝降懿德大屏，匍有四方，合受<u>万邦</u>。（1·251 兴钟，西中）

南尸（夷）东尸（夷）具见，<u>廿又六邦</u>。（1·260 胡钟，西晚）

于大无（巫）司折（誓）于大司命，用璧<u>两壶八鼎</u>。（15·9729 洹子孟姜壶，春秋）

江汉之阴阳，<u>百岁</u>之外。以之大行。(1·074敬事天王钟，春晚)

祈无疆至于万<u>富(亿)年</u>，子之子孙之孙其永用之。(15·9719–9720令狐君孺子壶，战中)

2. 受代词修饰

如：

尸白(伯)宾晸贝布，扬王姜休，用乍(作)<u>朕文考癸</u>宝尊器。(10·5407作册晸卣，西早)

女(汝)其用卿(飨)<u>乃</u>辟軝侯逆受(造)。(10·5428–5429叔欢父卣，西早)

易(赐)女(汝)<u>乃且(祖)</u>旂，用事。(5·2820善鼎，西中)

用铸<u>兹尊鼎</u>，子子孙孙其永宝用。(5·2779师同鼎，西晚)

王亲赐成<u>此钟</u>，成其万年，子子孙孙永宝用享。(成钟，西晚，《近出二编》1：5)

用追孝于<u>厥皇且(祖)</u>辰公，于<u>厥皇考</u>屖口公。(5·2771郜公平侯鼎，春早)

用祈寿老(考)母(毋)死，保吾兄弟。用求亏(考)命弥生，肃肃义(仪)政，保吾子姓。(1·271素镈，春中或晚)

吴王夫差择<u>厥吉金</u>，自乍(作)御鉴。(16·10294吴王夫差鉴，春晚)

3. 受形容词修饰

如：

卫用乍（作）朕文考惠孟宝簋，卫其万年永宝用。
（15·9456 裘卫盉，西中）

申敢对扬天子休命，用乍（作）朕皇考孝孟尊簋，申其
万年用。（8·4267 申簋盖，西中）

王才（在）成周，格白（伯）取良马乘于倗生。（8·4262-
4265 倗生簋，西中）

何拜稽首，对扬天子鲁命，用乍（作）宝簋。（8·4204
何簋，西晚）

用好（孝）宗朝（庙），亯（享）夙夕，好倗（朋）友零百
者（诸）昏（婚）遘（媾）。（8·4331 乖伯归夆簋，西晚）

亦则于女（汝）乃圣且（祖）考，克尃右（辅佑）先王。
（8·4342 师询簋，西晚）

取厥吉金，用作宝协钟，厥音雍雍。（戎生编钟，春早）

既龢无测，父母嘉寺（持），多用旨食。（5·2750 上曾大
子鼎，春早）

黿（邿）君求吉金，用自乍（作）其龢钟口铃。（1·050
邿君钟，春晚）

以祈眉寿，永命无疆，子子孙孙永宝用之。（9·4617 许
公买簋，春晚）

用祈眉寿永令（命）多福，永宝用。（9·4693 姬寏母豆，
春秋）

4.受动词修饰

如：

鼄季乍（作）囗氏行鼎。（5·2585 鼄季鼎，西晚）

白（伯）好父自铸乍（作）为旅簋。（6·3691 伯好父簋，西晚）

周生乍（作）尊豆，用宫（享）于宗室。（9·4682-4683 周生豆，西晚）

内（芮）公乍（作）铸从鼎，永宝用。（4·2387、2389 芮公鼎，春早）

江小中（仲）母生自乍（作）甬（用）鬲。（4·2391 江小仲母生鼎，春早）

隹（唯）正月初吉庚午，华母自乍（作）荐壶。（15·9638 华母壶，春早）

黄君孟自乍（作）行器。（16·10104 黄君孟盘，春早）

夆叔乍（作）季妃盥般（盘），其眉寿万年，永保其身。（16·10163 夆叔盘，春早）

自乍（作）歌钟，元鸣无期，子孙鼓之。（1·210-222 蔡侯纽钟，春晚）

滕侯囗之御敦。（9·4635 滕侯敦，春晚）

邧王之惕（赐）金，台（以）为祠器。（15·9678-9679 赵孟庎壶，春晚）

智君子之弄鉴。（16·10288-10289 智君子鉴，春晚）

工吴季生乍（作）其盥会（沫）匜。（16·10212 工吴季生匜，春晚）

孟滕姬择其吉金，自乍（作）浴缶，永保用之。（16·10005

孟藤姬缶，春秋）

铸公乍（作）孟妊车敏剩（媵）簠。（铸公簠，春秋）

（二）名词的句法功能

1.充当主语

如：

白（伯）几父乍（作）华簠，子子孙孙其永宝用。（7·3765-3766伯几父簠，西中）

益公右走马休入门，立中廷，北卿（向）。（16·10170走马休盘，西中）

叔安父作为朕叔弟宗人宝簠。（宗人簠，西中，《铭图续》0440）

王命左右曰：更乃祖考作冢司立（位）于蔡。（左右簠，西中，《铭图续》0449）

自作浴鬲，眉寿无期，永保用之。（楚叔之孙倗鼎，春秋后期，《近出》2：341）

乌虖哀哉！用天降大丧于下或（国）。（5·2833-2834禹鼎，西晚）

2.充当宾语

如：

用祈眉寿万年无疆，子子孙永宝是尚。（15·9708冶仲考父壶，春早）

休王易（赐）效父金三，用乍（作）厥宝尊彝。（7·

3822-3823 效父簋，西早）

唯王既燎，厥伐东尸（夷）。（保员簋，西早，《近出》2：484）

王才（在）康宫，各（格）齐白（伯）室。（敔簋，西晚）

3. 充当定语

如：

博伐猃狁于洛之阳，折首五百，执讯五十。（16·10173 虢季子白盘，西晚）

哀成叔之鼎，永用禋祀。（5·2782 哀成叔鼎，战早）

殷拜稽首，敢对扬天子休，用作宝簋。（殷簋，西中，《近出》2：487）

曾亡鼠（一夫）之救，述（遂）定君臣之位，上下之体。（15·9735 中山王壶，战晚）

4. 充当状语

如：

史墙夙夜不惰，其日蔑历。墙弗敢沮，对扬天子丕（丕）显休令。（16·10175 史墙盘，西中）

子孙其永宝，用夙夕享于宗。（虎簋盖，西中，《近出》2：491）

旦，王各（格）大室，即立（位）。（5·2817 师晨鼎，西中）

昧爽，王各（格）于大庙。（8·4240 免簋，西中）

昔余既命汝，今余唯申就乃命。（师克盨，西晚，《近出》2：507）

其中，处所名词多与介词组成介词词组充当状语或补语，如：

余执龏（恭）王恤工（功），于邵（昭）大室东逆（朔）营二川。（5·2832 五祀卫鼎，西中）

唯八月初吉，王各于周庙。（16·9899—9900 盨方彝，西中）

雩禹以武公徒驭至于噩（鄂），敦伐噩（鄂）。（5·2833—2834 禹鼎，西晚）

第二节　动词

一　动词的类别

汉语动词的分类标准，一直是学界探讨的焦点问题。以《马氏文通》为代表的早期语法著作多倾向于从意义角度对动词进行分类说明。80 年代以后，各家开始倾向于根据动词的语法功能对其进行分类。但是由于汉语动词缺乏典型的形态变化，无法做到单纯依据语法标准进行恰当的分类，故学界现多倾向于采用语法功能和语义相结合的标准对动词进行分类。

针对出土文献的动词分类，因其动词内容的特殊性，各家所采取的标准实各有不同。多数仍采取语法功能与语义相结合的标准分类。如张玉金（2001）[1]据语法功能和语义相结合的标准将甲骨文动词分为动作行为、心理活动、存现消失、能愿、趋向五类，动作行为动词下再据语义内容进一步分类。杨逢彬（2003）[2]据语义将殷墟甲骨文中的动词分为非祭祀动词和祭祀动词两大类，然后据语法功能和语义标准将非祭祀动词分为行为动词、趋止动词、感知心理动词、状态动词、存在动词、类同动词六类。凌云（2007）[3]分为行为、趋止、心理感知、能愿、状态、存在六类。王颖（2008）[4]将包山楚简中的动词分为行为动词、趋止动词、感知动词、状态动词、存在动词、能愿动词六类。寇占民（2009）将西周金文动词首先分为普通动词和特殊动词两大类，普通动词再分为行为动词、趋止动词、状态动词、能愿动词、存现动词、情感动词六类，特殊动词则分为祭祀动词（认为既是一种行为，也是一种状态）、类同动词、使令动词、像似动词四类。或采取单纯的语义标准进行分类，如陈年福（2001）[5]、徐力（2007）、丁瑛（2010）、刘翠翠（2010）等。

　　传世上古文献动词的分类，有三种分类方法：

　　第一种是依据语法功能分类，如徐适端（2002）[6]根据能

---

① 《甲骨文语法学》，上海学林出版社2001年。
② 《殷墟甲骨刻辞的词类研究》，花城出版社2003年。
③ 《〈居延汉简〉动词研究》，西南大学2007年硕士学位论文。
④ 《包山楚简词汇研究》，厦门大学出版社2008年。
⑤ 《甲骨文动词词汇研究》，巴蜀书社2001年。
⑥ 《〈韩非子〉单音动词语法研究》，巴蜀书社2002年。

否带宾语分为能带宾语的单音动词和不能带宾语的单音动词，能带宾语的根据宾语特点进行分类，不能带宾语的根据句法功能再分类。

　　第二种（多数）是采用功能和意义相结合的标准分类。一种是一次性分类，如：唐智燕（2003）[①]分为状态动词、心理动词、关系动词、行为变化及动作动词、能愿动词五类；孙丽娟（2007）[②]分为行为动词、趋止动词、感知动词、状态动词、能愿动词、存在动词、类同动词七类；舒倩（2014）[③]分为趋向动词、存现动词、能愿动词、使令动词、像似动词、心理动词、行为动词七类；金树祥（2001）[④]分为行为动词、状态动词、趋止动词、能愿动词、存在动词、感知动词和比类动词七类；张猛（2003）[⑤]分为行为动词、关系动词、状态动词、趋止动词、能愿动词、存在动词、感知动词、比类动词八类；罗小如（2012）[⑥]分为言语动词、能愿动词、趋止动词、存在动词、心理动词、比类动词、状态动词、行为动词八类；任乐雅（2013）[⑦]分为趋向动词、存现动词、判断动词、能愿动词、使令动词、像似动词、心理动词、行为动词八类；

① 《今文〈尚书〉动词语法研究》，广西师范大学 2003 年硕士学位论文。
② 《今文〈尚书〉动词研究》，扬州大学 2007 年硕士学位论文。
③ 《〈仪礼〉动词语法研究》，大连理工大学 2014 年硕士学位论文。
④ 《〈战国策〉动词研究》，北京大学 2001 年博士学位论文。
⑤ 《〈左传〉谓语动词研究》，语文出版社 2003 年。
⑥ 《〈淮南子〉动词研究》，华东师范大学 2012 年博士学位论文。
⑦ 《〈诗经〉动词语法研究》，大连理工大学 2013 年硕士学位论文。

翟雪艳（2013）[①]分为言说动词、趋止动词、助动词、心理动词、行为动词、状态动词、存在动词和比类动词八类；沈基松（2014）[②]分为比类动词、存在动词、使役动词、状态动词、关系动词、感知动词、趋止动词、能愿动词、行为动词九类。一种是多层次分类（以两次分类居多），如：崔立斌（2005）[③]先分为及物动词和不及物动词，不及物动词再分为行为动词、趋止动词、心理动词、状态动词四类，及物动词再分为行为动词、趋止动词、感知动词、状态动词、存在动词、类同动词、能愿动词七类；杨威（2013）[④]先分为及物动词和不及物动词，不及物动词再分为行为动词、趋止动词、状态动词、感知动词四类，及物动词再分为行为动词、趋止动词、感知动词、状态动词、能愿动词、存在动词、类同动词七类；钟发远（2003）[⑤]首先分为能愿动词和基本动词，基本动词再分为特殊动词和普通动词。普通动词主要表示行为活动、状态、变化等，特殊动词主要表示等同、比较、存现、使令等关系。

　　第三种是语义角度的分类，如刘道锋（2008）[⑥]第二章"《史记》动词系统的义类聚合"，首先分为身体动作类动词、

---

① 《〈国语〉谓语动词研究》，南京大学 2013 年硕士学位论文。

② 《〈国语〉动词研究》，山东师范大学 2014 年博士学位论文。

③ 《〈孟子〉词类研究》，河南大学出版社 2005 年。

④ 《〈诗经〉动词研究》，西南大学 2013 年硕士学位论文

⑤ 《〈论语〉动词研究》，西南师范大学 2003 年硕士学位论文。

⑥ 《〈史记〉动词系统研究》，华中师范大学 2008 年博士学位论文。

社会行为类动词、自然环境变化类动词三大类。身体动作类
动词再分为手部动作类动词、脚部动作类动词、五官类动作
动词、表示心理性情活动的动词、能愿动词；社会行为类动
词再分为祭祀类行为动词、政教类行为动词、人际关系交往
活动类行为动词、战争搏斗类行为动词、商业信贷理财类行
为动词、生活娱乐类行为动词、刑杀惩罚类行为动词、渔猎
农耕生产建设类行为动词、交通运输出行类行为动词；自然
环境变化类动词再分为动物活动类动词、自然变化类动词。
李铭娜（2012）[①]同。

　　本文在参考已有动词分类标准的基础上，依据两周金文
动词的实际情况，分为行为动词、状态动词、趋止动词、感
知动词、助动词、存在动词六类。

（一）行为动词

　　表示人的动作、行为。根据所带宾语的情况，可首先分
为及物行为动词和不及物行为动词。

　　1. 及物行为动词

　　此类动词的主语多是由有生名词充当的施事主语，其宾
语多是由体词性成分充当的受事宾语和对象宾语。根据所带
宾语的不同，又可分为如下三类。

　　（1）A类及物行为动词：宾语主要由有生名词充任，宾

---

① 《吕氏春秋动词研究》，吉林大学2012年博士学位论文。

语或为受事宾语，或为对象宾语。或表示对受事不利的行为，征战类动词多为此类，其宾语多为敌方。如：

达（挞）殷悷民，永不巩（恐），狄（逖）虘髟，伐夷童。（16·10175 史墙盘，西中）

宏鲁昭王，广惩楚荆，唯寏南行。（16·10175 史墙盘，西中）

王用肇事（使）乃子冬率虎臣御淮尸（夷）。（5·2824 冬方鼎，西中）

雩武王既杀殷，微史剌（烈）祖来见武王。（1·251-256 兴钟，西中）

休既又（有）工（功），折首执讯。（8·4313-4314 师寰簋，西晚）

王各于成周大庙，武公入右敄，告禽（擒）馘百讯四十，王蔑敄历。（8·4323 敄簋，西晚）

佳（唯）马殹盡（尽），复夺京师之孚（俘）。（5·2835 多友鼎，西晚）

赐（赐）用戉，用政（征）蛮方。（16·10173 虢季子白盘，西晚）

辛酉，専（搏）戎，柞白（伯）执讯二夫，获馘十人。（柞伯鼎，西晚）

讨[1]政（征）四方，蔑伐楚荆。（逑盘，西晚）

---

[1]　参见蒋玉斌《释西周春秋金文中的"讨"》，《古文字研究》第二十九辑，中华书局 2012 年。

克速匹成王，成受大令，方狄（遝）不享，用奠四国万邦。（速盘，西晚）

汝唯克井（井＝型）乃先祖考，辟（闢）猃狁，出，捷于井阿。（卅二年速鼎，西晚，《近出二编》1：328—329）

大攻楚荆，丧厥师。（子犯编钟，春晚，《近出》1：10—17）

攻敔王光自乍（作）用剑，台（以）挡勇人。（18·11654攻敔王光剑，春晚）

或表示对受事有利的行为，主要有取予、佐助、奉事、祭祀、宴飨等类动词。如：

公赏束，用作父辛于（郁）彝。（10·5333束作父辛卣，西早）

孟狅父休于孟员，易（赐）贝十朋。（孟狅父膚，西中，《近出》1：164）

乃兄疕（晉—僭）鼻（畀）女（汝），害义。敢再（称）命尚（赏）女（汝）。（肃卣，西中，《铭图续》882）

多易（赐）宴，宴用乍（作）朕文考日己宝簋。（7·4118—4119宴簋，西晚）

汝既静京师，釐（賚）女（汝），赐汝土田。（5·2835多友鼎，西晚）

择其吉金，自作飤簋，用会（馈）嘉宾、大夫及我朋友。（封子楚簠，春晚，《铭图续》0517）

昔在尔考公氏，克速文王，肆文王受兹大命。（11·6014

何尊，西早）

王各大室，井叔右（佑）免，王蔑免历。（10·5418 免卣，西中）

亦则於女乃圣祖考克尃（辅）右（佑）先王。（8·4342 师訇簋，西晚）

汝毋敢荒宁，虔夙夕助^①我一人。（5·2841 毛公鼎，西晚）

余既令女（汝）疋（胥）师龢父司左右走马。（8·4318 三年师兑簋，西晚）

丕显朕皇高祖单公，桓桓克明慎厥德，夹召文王、武王。（逑盘，西晚）

召匹晋侯，用恭王命。（戎生编钟，春早）

梁其肇帅井（型）皇祖考，秉明德，虔夙夕，辟天子。（1·187-188 梁其钟，西晚）

用享孝于皇祖考，用祈多福，眉寿无疆，畯臣天子。（5·2768 梁其鼎，西晚）

帅用厥先且（祖）考政德，享辟先王。（逑编钟，西晚，《近出》1：106）

其眉寿无疆，敬事天王。（1·73-74 敬事天王钟，春晚）

敬夙夜用屏朕身，勿法（废）朕命。（1·60-63 逆钟，

---

① 参见石帅帅《毛公鼎铭文集释》（吉林大学 2016 年硕士学位论文 97 页）、刘潇迪《眉县杨家村窖藏青铜器铭文集释》（吉林大学 2019 年硕士学位论文 18 页）。

西晚）

虔夙夕恤周邦，保王身，谏乂四或（国）。（作册封鬲，西晚）

用为宝器鼎二、簋二，其用享于厥帝考。（7·4097 窸簋，西早）

啻（禘）邵王，剌御，王易（赐）剌贝卅朋。（5·2776 剌鼎，西中）

唯八月甲午，楚公逆祀厥先高祖考。（楚公逆编钟，西晚，《近出》1：97）

伯穌作宝鼎，用穌王出入使人。（伯穌鼎，西中，《近出二编》1：309）

谏作宝簋，用日飤宾。（谏簋，西晚，《近出》2：447）

（2）B类及物行为动词：主要由无生名词充当宾语，个别动词可带抽象名词或谓词性成分充当的宾语。主要有取予类、祈匄类动词。

宾语为指物名词的，如：

相侯休于厥臣夂，赐帛、金，夂扬侯休。（8·4136 相侯簋，西早）

王令盂宁邓伯，宾贝。（14·9104 盂爵，西早）

隹（唯）还，吕行捷，孚（俘）贝，用乍（作）宝尊彝。（15·9689 吕行壶，西早）

公东宫内（纳）卿（穌）于王。（11·6009 效尊，西早）

厥贾其舍田十田……其舍田三田。（15·9456 裘卫盉，

西中）

取厥吉金，用乍（作）宝尊鼎。（5·2826 晋姜鼎，春早）

者（诸）侯羞元金于子范之所。（子犯编钟，春晚，《近出》1：10—17）

者（诸）侯寅荐吉金。（9·4649 陈侯因齐敦，战晚）

柞白（伯）十再（称）弓，无澧（废）矢。（柞伯簋，西早）

晋侯鞇马既为宝盉，则乍（作）尊壶。（晋侯鞇方壶，西晚，《近出》3：971）

孔嘉元成，用盘饮酉（酒），穌会百生（姓）。（1·203 沇儿钟，春晚）

齐三军围莱，冉子执鼓，庚大门之。（15·9733 庚壶，春晚）

宾语为指地名词，如：

佳（唯）珷（武）王既克大邑商，则廷告于天。（11·6014 何尊，西早）

王作荣仲序，在十月又二月生霸吉庚寅。（荣仲方鼎，西早，《近出二编》1：318—319）

唯伯犀父以成师即东，命戍南夷。（10·5425 竞卣，西中）

雩武王既杀殷，微史剌（烈）且（祖）来见武王，武王则令周公舍寓（宇）以五十颂处。（1·251 兴钟，西中）

王遣命南公，营宅汭土，君此淮夷，临有江夏。（曾侯与编钟，春秋，《铭图续》1029—1031）

宾语为抽象名词，如：

作祖考簋，其升祀大神，大神妥（绥）多福。（8·4170–4177 兴簋，西中）

用作宗室宝尊，唯用妥（绥）福，唬前文人。（5·2820 善鼎，西中）“绥”为“祈求”义。

用享孝于兄弟婚媾者（诸）老，用祈匄眉寿，其万年灵冬难老。（15·9713 殳季良父壶，西晚）

民唯克用兹德，亡（无）诲（悔）。（豳公盨，西晚）

琱伐父作交尊簋，用享于皇祖文考，用赐（“赐”为“祈求”义）眉寿。（琱伐父簋盖，西晚，《近出》2：472–474）

侯母作侯父戎壶，用征行，用求福无疆。（15·9657 侯母壶，春早）

台（以）匄羕（永）命眉寿，子孙是保。（7·4096 陈逆簋，战早）

天降休命于朕邦。（5·2840 中山王鼎，战晚）

余小子肇帅井（型）朕皇祖考懿德，用保奠。（1·82 单伯昊生钟，西晚）

今余隹（唯）肇巠（经）先王命，命女（汝）辥我邦、我家。（5·2841 毛公鼎，西晚）

余不暇妄（荒）宁，巠（经）雍明德。（5·2826 晋姜鼎，春早）以上“帅型”“用”“经”“雍”皆为“遵循”义。

敢对扬天子丕显鲁休。（8·4340 蔡簋，西晚）

桓桓子白（伯），献馘于王，王孔加（嘉）子白（伯）义。

（16·10173 虢季子白盘，西晚）

（3）C 类及物行为动词：可带双宾语，或用于兼语句中。

带双宾语的行为动词，主要是取予类动词，如：

公大保赏御正良贝，用作父辛尊彝。（14·9103 御正良爵，西早）

王令士道归（馈）貉子鹿三。（10·5409 貉子卣，西早）

王休赐厥臣父瓒。（8·4121 荣簋，西早）

王则畀柞伯赤金十反（钣）。（柞伯簋，西早，《近出》2:371）

白（伯）遗宾于蒿（郊），或（又）舍宾马。（霸伯盂，西中）

己（纪）侯貉子分纪姜宝，乍（作）簋。（7·3977 纪侯貉子簋盖，西中）

乃或即智用田二……凡用即智田七田、人五夫。（5·2838 智鼎，西中）

肆天子弗望（忘）厥孙子，付厥尚官。（虎簋盖，西中）

逑肇缵朕皇祖考服，虔夙夕敬朕死事，肆天子多赐逑休。（逑盘，西晚）

作朕皇祖幽大叔尊簋，其严在上，降余多福、繁釐。（8·4242 叔向父禹簋，西晚）

王亲侪（赍）晋侯苏秬鬯一卣、弓矢百、马四匹。（晋侯苏编钟，西晚）

宾膳夫豊生璋、马匹，宾司工雍毅璋、马匹。（吴虎鼎，西晚，《近出》2：364）

用于兼语式中的行为动词，主要是使令义动词，如：

唯王令明公遣三族伐东国。（7·4029 明公簋，西早）

王命益公征眉敖。（8·4331 乖伯归夆簋，西晚）

休！王自虎事（使）赏毕土方五十里。（16·10360 召圜器，西早）

师旂众仆不从王征于方，雷事（使）厥友弘以告于伯懋父。（5·2809 师旂鼎，西中）

己（纪）侯作铸壶，事（使）小臣以汲。（15·9632 纪侯壶，春早）

王受作册尹者（书），卑（俾）册令免。（8·4240 免簋，西中）

2. 不及物行为动词

谓语动词表述主语自主地发出的动作行为，主语大多是能主动发出行为的人或生物。语义类别主要有征战、取予、宴飨、祭祀、田猎等类动词。句法成分主要是充当谓语中心词。如：

王伐录子听，嗟！厥反（叛）。（8·4140 大保簋，西早）

丰公、薄姑咸杀。（5·2739 冉方鼎，西早）

虩肇从遣征……俘戈，用作……。（5·2731 虩鼎，西中）

肃有（佑）王于东征，付肃于成周。（肃卣，西中）

用玁狁放（方）兴，广伐京师。（5·2835 多友鼎，西晚）

戎大同，从追汝，汝及戎大<u>敦</u><u>搏</u>。（8·4328 不其簋，西晚）

<u>敢</u>不用令，则即井（刑）<u>扑伐</u>。（16·10174 兮甲盘，西晚）

或<u>搏</u>于龏，折首卅又六人……从至，追<u>搏</u>于世。（5·2835 多友鼎，西晚）

休不逆，有成事，多禽（<u>擒</u>）。（5·2835 多友鼎，西晚）

吴恃有众庶，行乱西<u>征</u>南<u>伐</u>，乃加于楚。（曾侯与编钟，春秋）

工吴王姑发者反自乍（作）元用已（祀）用豕（剑），<u>获</u>，莫敢御余。（工吴王姑发者反剑，战国）

以上为征战类动词。

剂（<u>赏</u>）用王乘车马、金勒、裳衣、市、舄。（11·6015 麦方尊，西早）

盂拜稽首，（以）兽（酋）<u>进</u>，即大廷。（5·2839 小盂鼎，西早）

宾用虎皮雨（乘），毁（<u>贿</u>）用章（璋）。……用鱼皮两，侧毁（<u>贿</u>），用章（璋），先马。……邍（原）毁（<u>贿</u>），用玉，宾出。……或邍（原）毁（<u>贿</u>），用玉。（霸伯盂，西中）"毁"通"贿"，表"赠送"义。

王用弗望（忘）圣人之后，多蔑历<u>赐</u>休。（5·2812 师望鼎，西中）

以上为取予类动词。

伯氏命宗人<u>舞</u>。宗人衣（卒）<u>舞</u>。（宗人簋，西中，《铭图续》0461）

加（嘉）宴用<u>饎</u>，有飤则迈（万）年无疆。（兽叔盨，西晚）

驭方休阑，王宴，咸<u>酓</u>（饮），王窥（亲）易（赐）……。（5·2810 鄂侯鼎，西晚）

白（伯）公父乍（作）金爵，用献用<u>酓</u>。（16·9935—9936 伯公父勺，西晚）

吾台（以）为弄壶，自容①既好，多寡不吁，吾以匽（<u>宴</u>）<u>饮</u>。（15·9715 杕氏壶，春晚）

乐我父兄，<u>饮飤</u>歌舞。（1·183 余赒口儿钟，春晚）

以上为宴飨类动词。

楷侯乍（作）姜氏宝<u>肆彝</u>，方事姜氏，乍（作）宝簋。（8·4139 楷簋盖，西早）

王凡三方，王<u>祀</u>于天室。（8·4261 天亡簋，西早）

用乍（作）簋，孙孙子子万年用<u>宣</u>（享）<u>祀</u>。（8·4208 段簋，西中）

仲再父作宝鼎，其万年，子子孙永用<u>享孝</u>。（4·2529 仲再父鼎，春早）

冶中（仲）丂（考）父自乍（作）壶，用<u>祀</u>用卿（饎）。（15·9708 冶仲考父壶，春早）

邘王之惕（赐）金，台（以）为<u>祠器</u>。（15·9678—9679

_____

① 参见王祎伟《殷周金文集成（修订增补本）七类青铜容器铭文校订》，东北师范大学 2018 年硕士学位论文 27—28 页。

赵孟 济壶，春晚）

自作宗彝，其用享用孝于我皇祖文考，丕（不）陈（ ）
春秋岁尝。（郑大子之孙与兵壶，春秋后期，《近出二编》3：
878）

哀成叔之鼎，永用禋祀，死（尸）于下土。（5·2782 哀
成叔鼎，战早）

用乍（作）平寿造器敦，以登（烝）以尝，保有齐邦。
（9·4648 十年陈侯午敦，战晚）

以上为祭祀类动词。

穆穆王才（在）镐京，乎（呼）渔于大池。（8·4207 遹
簋，西中）

王休宴，乃射，驭方会王射。（5·2810 鄂侯鼎，西晚）

其用田兽（狩），湛乐于原隰。（晋侯对盨，西晚，《近出》
2：503）

佳（唯）送（朕）先王，茅蒐畋猎，于皮（彼）新土。
（15·9734 中山嗣钰壶，战早）

以上为田猎类动词。

王各于大室，师毛父即位，井伯右（佑），大史册命。
（8·4196 师毛父簋，西中）

子子孙孙，其帅井（型）受兹休。（8·4302 彔伯冬簋盖，
西中）

乃且（祖）克逑先王，异（翼）自它邦。（8·4331 乖伯
归夆簋，西晚）

己（纪）侯乍（作）铸壶，事（使）小臣以汲，永宝用。（15·9632 纪侯壶，春早）

冶臣市所伐。容一斗四益，冢（重）十二益三两。（五年春平相邦葛得鼎，战国）"伐"为"攻治"义。

大梁司寇肖（赵）亡智铸。（5·2609 廿七年大梁司寇鼎，战晚）

以上为其他义动词。

除了主要充当谓语中心词外，饮食等类动词还可以充当定语，多修饰器物名词，如：

牧共乍（作）父丁之食簋。（6·3651 牧共作父丁簋，西早）

白（伯）冬乍（作）畲（饮）壶。（12·6454-6455 伯冬觯，西中）

蔡侯作滕鄎仲姬丹盥盘。（鄎仲姬丹盘，春秋后期，《近出》4：1008）

许公买择厥吉金，自作飤簠。（许公买簠，春秋后期，《近出二编》2：475）

宋君夫人自作馈鼎，用般裸祀。（宋君夫人鼎，春秋前期，《近出二编》1：304）

楚叔之孙以邓择其吉金，铸其会（沫）匜。（以邓匜，春秋后期，《近出》4：1019）

楚叔之孙鄎子朋之浴缶。（鄎子朋缶，春秋后期，《近出》4：1031）

都公敄人自乍走（奏）钟。（1・59 都公敄人钟，春早）

君子之弄鼎。（4・2086 君子之弄鼎，春晚或战早）

自乍（作）歌钟，元鸣无期，子孙鼓之。（1・210-222 蔡侯纽钟，春晚）

（二）状态动词

表示人或事物的变化、状态等。不是显示某种动作行为，而是显示静止的、持续的状态，这样的动词称为状态动词。这类动词的主语一般不表示施事，而是表示状态动词陈述的对象，一般称之为主题主语。根据是否带宾语可大别为下述两类。

1. 及物状态动词

多数带体词性宾语，具体又可分为以下几种情况。

（1）宾语由指人名词充任，如：

率肆于酉（酒），古（故）丧师。（5・2837 大盂鼎，西早）

祗显穆王，井（型）帅宇（吁）诲，申宁天子。（16・10175 史墙盘，西中）

民成父母，生我王乍（作）臣，厥未（昧）唯德。（齹公盨，西中）

用康扰妥（绥）襄（怀）远迩君子。（5・2826 晋姜鼎，春早）

余佳（唯）司（嗣）朕先姑君晋邦，余不叚（暇）妄宁，巠（经）雝明德。（5・2826 晋姜鼎，春早）

虔敬朕祀，以受多福，<u>协龢</u>万民。（1·270秦公镈，春早）

大司马昭阳<u>败</u>晋师於襄陵之岁。（18·12110鄂君启车节，战国）

其惟因齐扬皇考，<u>绍踵</u>高且（祖）黄帝。（9·4649陈侯因齐敦，战晚）

鲍子作朕（媵）中（仲）匋始（姒），其<u>获</u>者（诸）男子，勿或（有）柬（变）巳（改）。（鲍子鼎，春秋）"获"为"匹配"义。

吴<u>特</u>有众庶，行乱西征南伐，乃加于楚。（曾侯与编钟，春秋）

不行王命者，快（殃）<u>袭</u>子孙。（16·10478兆域图铜版，战晚）"袭"为"及于"义。

（2）宾语由指地名词充任，如：

自乃且（祖）考又（有）功于周邦，右<u>辟</u>（闢）四方。（8·4302彔伯冬簋盖，西中）"辟"为"开辟"义。

膺受大鲁命，<u>敷</u>有四方，并宅厥勤疆土，用配上帝。（逨盘，西晚，）

方狄（逖）不享，用<u>奠</u>四国万邦。……天子其万年无疆，耆黄耇，<u>保奠</u>周邦。（逨盘，西晚）

司土（徒）荣白（伯）右（佑）宰兽内（入）门<u>立</u>中廷。（宰兽簋，西晚）

翼受明德，以康<u>奠</u>协朕或（国）。（1·262-270秦公镈，

春早）

定均庶邦，休有成庆。（1·210-222 蔡侯纽钟，春晚）

余处江之阳，至于南行西行。（18·11718 姑发口反剑，春晚）

以烝以尝，保又（有）齐邦。（9·4646-4647 十四年陈侯午敦，战晚）

圣桓之夫人曾姬无恤，吾宅兹漾陲。（15·9710-9711 曾姬无恤壶，战国）

乙亥之日，王凥（居）於茂郢之遊宫。（18·12113 鄂君启舟节，战国）

（3）宾语由抽象名词充任，如：

佳（唯）乃明乃心，享于乃辟，余大对乃享。（太保罍，西早）

不（丕）克乞（讫）衣（卒）王祀。（8·4261 天亡簋，西早）

毓文王王姒圣孙，登于大服，广成厥工（功）。（8·4341 班簋，西中）

用祈匄眉寿绰绾永命，弥厥生，霝冬（终）。（8·4198 蔡姞簋，西晚）

用印（仰）邵（昭）皇天，申固① 大命。（5·2841 毛公鼎，西晚）

---

① 参见于秀玲《金文文字考释汇纂（2000—2015）》215 页。

用乐用享,季氏<u>受</u>福无疆。(虢季编钟,西晚,《近出》1:86-93)

敬夙夕,弗<u>废</u>朕命。(卌三年逨鼎,西晚,《近出二编》1:330-339)

逨肇<u>缵</u>朕皇祖考服,虔夙夕,敬朕死(尸)事。(逨盘,西晚)

<u>膺</u>受天命,俑用燮不廷。(俑戟,春秋后期,《近出二编》4:1250)

柬柬兽兽,康乐我家,犀犀康盅(淑),<u>承</u>受屯(纯)德。(15·9719-9720 令狐君孺子壶,战中)

温恭穆<u>秉</u>德,受命纯鲁,宜其士女。(秦子簋盖,春秋前期,《近出二编》2:423)

惟此壶章,先民之尚。余是楸是<u>则</u>,允显允异。(曾伯秾壶,春早)

(4)宾语为指物名词,如:

王<u>迟</u>赤金十钣。(柞伯簋,西早)"迟"为"陈列"义。

赏(偿)智禾十秭,<u>遗</u>十秭,为廿秭。(5·2838 智鼎,西中)"遗"为"增加"义。

邦召作为其旅簠,用<u>实</u>稻粱。(邦召簠,西晚,《近出》2:526)

王亲赐驹四匹,苏拜稽首,<u>受</u>驹以出。(晋侯苏编钟,西晚)

用祈眉寿万年无疆,子子孙永宝是<u>尚</u>(常)。(15·9708 冶仲考父壶,春早)"尚"通"常",常有义。

至于万年，分器是寺（持）。（1·149–152 郏公牼钟，春晚）

用盛黍、稷、稻、粱，用卿（飨）百君子、辟王。（曾伯克父甘娄簋，春早）"盛"为"盛装"义。

吾以祈眉寿，栾书之子孙，万世是宝。（16·10008 栾书缶，春秋）

三年巳（已）舣（校），大十六臾（斛）。（三年垣上官鼎，战国）"大"为增大义。

（5）宾语为数量词组，如：

少一益（镒）六分益（镒）。（荥阳上官皿，战国）

十二年，爯（称）二益（镒）六釿。（5·2773 信安君鼎，战晚）①

梁十九年，亡智口兼啬夫庶蒐择吉金铸，载少半。（5·2746 梁十九年亡智鼎，战国）

容一斗一升，百廿七，六斤十四两，过。蒉阳共鼎，容一斗一升，重六斤七量。（蒉阳鼎，战晚）

以上"容""载"为"容受、容纳"义。

冬十二月乙酉，大良造鞅爰积十六尊（寸）五分尊（寸）壹为升。（16·10372 商鞅量，战国）

女（如）马女（如）牛女（如）犆，屯十台（以）堂

---

① 李刚（同前 35 页）引李学勤、汤余惠、何琳仪、《引得》，均释为"爯"。（39 页）谓：安志敏先生将楚金版中此字释为"爯"可信。"爯"当称量轻重讲。

（当）一车。（18·12110–12112 鄂君启车节，战国）"屯"为
"聚集"义。

除了绝大多数为体词性宾语外，还有少数谓词性成分充
当宾语的，如：

雩若二月，侯见于宗周，亡尤（愆），<u>会王飨镐京膨祀</u>。
（11·6015 麦方尊，西早）

伯氏命宗人舞。宗人衣（卒）舞，口伯乃易（赐）宗人
爵。（宗人簠，西中）

适遭郾（燕）君子伱，不顾大宜（义），不就者（诸）侯。
（15·9735 中山王壶，战早）

逢郾（燕）亡（无）道烫（惕）上，子之大臂（僻）不
宜（义）。（15·9734 中山 𪊔 蚉壶，战早）

2. 不及物状态动词

多数充任谓语中心词，如：

<u>咸既</u>，用牲于明公。（11·6016 矢令方彝，西早）

王在成周，延武福自镐，<u>咸</u>，王赐德贝廿朋。（5·2661
德方鼎，西早）

三年静（靖）东或（国），亡不<u>成</u>。（8·4341 班簋，西中）

归（馈）柔（茅）苞、旁（芳）𫗪、<u>咸</u>，尚拜稽首。（霸
伯盂，西中）①

---

① 参见张恒蔚《霸伯铜器群研究》（台南大学 2012 年硕士学位论文 25 页）、
孙苗苗《霸国三器铭文集释及相关问题研究》（45 页）。

孔淑且硕，乃穌且鸣，用宴用宁，用享用孝。（子犯编钟，春秋后期）

其获诸男子，勿或（有）柬（阑）巳（已）。（鲍子鼎，春晚）[1]

虩虩叔楚，剌之元子，受命于天，万枼（世）朋（弗）改（已）。（封子楚簠，春晚）

以上"咸""既""阑""已"皆为"终竟"义。

唯有宥纵，乃敄鳏寡，用作余我一人怨，不肖唯死。（卌三年逑鼎，西晚）

呜呼！龚公早陟，余复其疆啚（鄙），行相曾邦。（婤加编钟，春中）"陟"指帝王终。

曾季关臣铸其盥盘，以征以行，永用之勿丧。（曾季关臣盘，春秋前期，《近出二编》3：933）

择厥吉金，自作其镯。世世鼓之，后孙勿忘（亡）。（徐王旨后之孙钟，战国前期，《近出二编》1：12）

余老之！我仆庸土田多剌，弋许勿使散亡。（五年琱生尊，西晚，《近出二编》2：587-588）

用乍（作）且（祖）乙尊，其百世子子孙孙永宝用，勿遂（坠）。（16·10168守官盘，西中）

宁史易（赐）耳，耳休，弗敢且（沮）。（10·5384耳卣，

① 参见吴镇烽《鲍子鼎铭文考释》（《中国历史文物》2009年2期52页）、张俊成《鲍子鼎铭文考释及年代问题》（《华夏考古》2017年2期145页）。

西早）

拍乍（作）朕配平姬敦。……永世母（毋）<u>出</u>。（9·4644
拍敦，春秋）

以上"丧""亡""坠""沮""出"皆为"亡失"义。

孙孙子子其万年永宝用，兹王休，其日引勿<u>替</u>。（狱簋，
西中，《近出二编》2：438）"替"为"废弃"义。

容一斗一升，百廿七，六斤十四两，<u>过</u>。（蒉阳鼎，战晚；
《金文引得》51页6515）"过"为"超过"义。

屯廿檐台（以）堂（当）一车，台（以）<u>毁</u>于五十乘之中。
（18·12110-12112鄂君启车节，战国）"毁"为"减去"义。

侯氏从告之曰：枼（世）万至于辪（予）孙子，勿或
（有）俞（渝）<u>改</u>。（1·271素镈，春中或晚）

我既付散氏隰田□田，余有<u>爽变</u>，爰千罚千。（16·10176
散氏盘，西晚）

仲父作宝尊簋，用从德公，其或<u>贸易</u>，则明殛。（仲口父
簋，西晚）"贸易"为"变改"义。

赐汝彤弓一、彤矢百、马四匹；敬乃御，毋<u>败绩</u>。（引簋，
西中）

格白（伯）取良马乘于倗生，厥贾卅田，则<u>析</u>。（8·4262-
4265格伯簋，西中）

唯孚（俘）车不克以，衣（卒）<u>焚</u>，唯马殴盡。（5·2835
多友鼎，西晚）

大钟既县（悬），玉鑐鼍鼓，余不敢为乔（骄）。

（1·225-237 郘黛钟，春晚）

余以邑（讯）有司，余典勿敢<u>封</u>。（8·4293 六年琱生簋，西晚）"封"为"封存"义。

<u>历</u>自今，出入尃（敷）命于外。（5·2841 毛公鼎，西晚）以上为其他类动词。

少数充任状语，如：

荣白（伯）右卫入即立（位），王曾（增）<u>令</u>卫。（8·4209-4212 卫簋，西中）

余懋再（称）<u>先</u>公官。（8·4327 卯簋盖，西中）

不（丕）显皇且（祖）考穆穆异异，克慎厥德，<u>农臣</u>先王。（1·192 梁其钟，西晚）

虔夙夜尃（薄）求不僭[1]德，用谏四方。（8·4326 番生簋盖，西晚）

（三）趋止动词

表示趋行、到达一类义，殷墟甲骨文中已见，两周金文中明显增多。根据其是否带处所宾语，可大别为如下两类。

1. 及物趋止动词

能带体词性宾语，具体又有下述两种情况。

---

[1]　参见于省吾《双剑誃吉金文选》（中华书局 1998 年 179 页）、董莲池《金文编校补》（299 页）。

（1）宾语由处所名词充任，如：

公姒乎（呼）疑逆中（仲）氏于侃。（疑尊，西早）"于"为"往"义。

王事（使）荣蔑历，令往邦。（8·4192-4193 肆簋，西中）

隹（唯）王初女（如）口，乃自商师（次）复还。（8·4191 穆公簋盖，西中）

隹（惟）六月丁亥，侯氏（氐）大室。（肇尊，西中）"氐"为"到达"义。

王格太室，即位。士戍右殷立中廷，北向。（殷簋，西中，《近出二编》2：437）

二月既望癸卯，王入各成周。（晋侯苏编钟，西晚）

王亲远省□师，王至晋侯苏师。（晋侯苏编钟，西晚）

司土（徒）毛叔右此入门，立中廷。（8·4310 此簋，西晚）

还，以西一封。陟刚（岗），三封。（16·10176 散氏盘，西晚）

陟州刚（岗），登岸，降棫，二封。（16·10176 散氏盘，西晚）

王乎（呼）士智召克，王亲令克遹泾东至于京师。（1·204-205 克钟，西晚）

六月丙寅，王在丰，令太保省南国，帅（率）汉。（太保玉戈，西周）

郑公邵者果返秦之岁。（大市量，春秋前期，《近出二编》

3：987）

　　自鄂往，就易（阳）丘，就邚（方）城，就象禾，就畐焚，就緐易（阳），就高丘，就下蔡，就居巢，就郢。（18・12110–12112 鄂君启车节，战国）

　　女（如）载马牛羊，台（以）出内（入）关。（18・12113 鄂君启舟节，战国）

　　自鄂往，逾沽，上滩。……就爰陵，上江内（入）湘。……上江，就木关。（18・12113 鄂君启舟节，战国）

　　自鄂往，逾沽，上滩……逾滩……逾夏……逾江。（18・12113 鄂君启舟节，战国）

　　（2）宾语由指人名词充任，如：

　　乎（呼）师彔召盠，王亲旨盠，驹易（赐）两。（11・6011 盠驹尊，西中）

　　兮甲从王，折首执讯，休亡敃。（16・10174 兮甲盘，西晚）

　　史免乍（作）旅簠，从王征行，用盛稻粱。（9・4579 史免簠，西晚）

　　戎大同，从追女（汝）。（8・4328–4329 不其簋，西晚）

　　王令晋侯苏率大室、小臣、车仆从，逋逐之。（晋侯苏编钟，西晚）

　　余郑邦之产，少去母父。（5・2782 哀成叔鼎，战早）

　　有时宾语为使动宾语，如：

　　其万亡疆，用各大神。（任鼎，西中，《近出二编》1：325）

柔远能迩，会召康王，方裹（怀）不廷。（逑盘，西晚）

大师虘乍（作）宝尊豆，用卲（昭）洛（各）朕文且（祖）考。（9·4692 大师虘豆，西晚）

（3）宾语为指物名词（很少见），如：

王祷，辟舟临舟龙。……王格，乘辟舟，临祷白旗。（伯唐父鼎，西中，《近出》2：356）

齐侯命大子乘遽来句（敂）宗白（伯）。（15·9729 洹子孟姜壶，春秋）

2.不及物趋止动词

不带处所宾语，具体又有如下几种情况。

（1）单独充当谓语中心词，如：

八月初吉庚申，至，告于成周。（静方鼎，西早，《近出》2：221）

唯正月甲申，荣各。（8·4121 荣簋，西早）

唯叔从王南征，唯归，唯八月在口廪。（5·2615 口叔鼎，西早）

唯归，将天子休，告亡尤。（11·6015 麦方尊，西早）

令眔奋先马走。王曰：令眔奋，乃克至，余其舍女（汝）臣十家。（5·2803 令鼎，西早）

益公内（入），即命于天子。（16·10322 永盂，西中）

至于大沽，一封。以陟，二封。（16·10176 散氏盘，西晚）

陟刚（岗），三封。降，以南，封于同道。（16·10176 散氏盘，西晚）

其各（格）前文人，其濒（频）才（在）帝廷陟降。（8·4317 胡簋，西晚）

唯五月初吉，还，至于成周，作旅盨。（士百父盨，西晚，《近出二编》2：457）

还，奉于眉道……道以东一封。还，以西一封。（16·10176 散氏盘，西晚）"还"表"旋"义。

虢宫父作盘，用从永征。（虢宫父盘，西晚，《近出》4：1003）

王令晋侯苏率大室，小臣、车仆从，逋逐之。（晋侯苏编钟，西晚）

多友西追，甲申之唇（晨），搏于口。（5·2835 多友鼎，西晚）

厥南疆毕人罙疆，厥西疆方姜罙疆，厥俱履封。（吴虎鼎，西晚）

曾季关臣铸其盥盘，以征以行。（曾季关臣盘，春秋前期，《近出二编》3：933）

往已叔姬，虔敬乃后，孙孙勿忘（亡）。（16·10298-10299 吴王光鉴，春晚）

用征台（以）连，台（以）御宾客，子孙是若。（5·2732 郎大史申鼎，春晚）

为鄂君启之府就铸金节，车五十乘，岁翚（一）返。（18·12110 鄂君启车节，战国）

氏（是）以寡人委任之邦而去之遊，亡憀惕之虑。（5·2840

中山王鼎，战晚）

（2）与同义动词一起充当谓语中心词，如：

雩厥<u>复归</u>，在牧师（次）。（8·4238-4239 小臣𧽰簋，西早）

王佳（唯）<u>反</u>（返）<u>归</u>，在成周。（晋侯苏编钟，西晚）

乃自商师（次）<u>复还</u>，至于周。（8·4191 穆公簋盖，西中）

晋侯率厥亚旅、小子、口人先<u>陷入</u>。（晋侯苏编钟，西晚）

（3）构成连动式，如：

唯王<u>来各</u>于成周年。（5·2730 厚趠方鼎，西早）

楷白（伯）<u>于</u>遘王，休亡尤，朕辟天子。（8·4205 献簋，西早）

王格，<u>乘</u>辟舟，临祷白旂。（伯唐父鼎，西中）

王在周新宫，格于大室，密叔<u>入</u>佑虎即位。（虎簋盖，西中）

王乎（呼）蕭（膳）大（夫）驭召大以厥友<u>入</u>攼（捍）。（5·2807-2808 大鼎，西中）

<u>从</u>至，追搏于世。（5·2835 多友鼎，西晚）

<u>出入</u>尃（敷）命于外。（5·2841 毛公鼎，西晚）

汝口长父，以<u>追</u>博戎。（卅二年逨鼎，西晚）

逨拜稽首，受册，佩以<u>出</u>，返纳瑾圭（珪）。（卅三年逨鼎，西晚）

受驹以出，反（返）<u>入</u>，拜稽首。（晋侯苏编钟，西晚）

唯王卅又三年，王亲<u>通</u>省东国、南国。（晋侯苏编钟，

西晚）

子犯右（佑）晋公左右，<u>来</u>复其邦。（子犯编钟，春晚）

穆穆鲁辟，<u>徂</u>省朔旁（方）。（5·2746 梁十九年亡智鼎，战国）

（4）带处所补语，如：

咸既，用牲于明公，<u>归</u>自王。（11·6016 矢令方尊，西早）

王以侯内（<u>入</u>）于寝，侯易（赐）玄周（珷）戈。（11·6015 麦方尊，西早）

在十又一月，公<u>返</u>自周。（保员簋，西早）

王省武王、成王伐商图，王立（<u>位</u>）于宜，入社。（8·4320 宜侯矢簋，西早）

佳四月既生霸戊申，匍<u>即</u>于氐。（匍盂，西中）

白（伯）雍父<u>来</u>自胡，蔑彔历。（8·4122 彔作辛公簋，西中）

王<u>各</u>于大室，使师俗召师西。（师西鼎，西中，《近出二编》1：326）

王南征，伐角潇，唯<u>还</u>自征。（5·2810 鄂侯鼎，西晚）

命武公遣乃元士羞<u>追</u>于京师，武公命多友率公戎车羞<u>追</u>于京师。（5·2835 多友鼎，西晚）

唯五月初吉，还<u>至</u>于成周。（士百父盨，西晚，《近出二编》2：457）

正月既生霸戊午，王<u>步</u>自宗周。（晋侯苏编钟，西晚）

王至晋侯苏省师，王<u>降</u>自车，立南向。（晋侯苏编钟，西晚）

（5）充当定语：所修饰的中心语多为器物名词，如：

晋侯对作宝尊<u>徴</u>（汲）盨，其用田狩，湛乐于原隰。（晋侯对盨，西晚）

内（芮）公乍（作）铸<u>从</u>鼎，永宝用。（4·2387 芮公鼎，春早）

卫文君夫人叔姜作其<u>行</u>鬲。（卫夫人鬲，春秋前期，《近出二编》1：90-91）

纪白（伯）子宯父乍（作）其<u>征</u>盨。（9·4442-4445 纪伯子宯父盨，春秋）

偶尔为指人名词，如：

伯龢作宝鼎，用綏王<u>出入</u>使人。（伯龢鼎，西中，《近出二编》1：309）

虔恤厥死（尸）事，勎龢三军徒众雩（与）厥<u>行</u>师。（1·285 叔夷钟，春晚）

（6）带处所状语（很少），如：

自瀗<u>涉</u>，以南，至于大沽，一封。（16·10176 散氏盘，西晚）

郾（燕）侯载自洹<u>来</u>。（17·11383 匽侯载作戎戈，战晚）

（四）感知动词

感知动词是表示感觉、心理、认知等活动的一类动词。

依据是否带宾语可首先大别为如下两类。

1. 及物感知动词

依据所带宾语可分为如下两类。

（1）带体词性宾语的感知动词：一类宾语为有生名词，宾语或为受事成分，如：

若敬乃正，勿灋（废）朕命。（5·2837 大盂鼎，西早）

用恪多公，其乩哀（爱）乃沈（冲）子也唯福。（8·4330 它簋，西早）

才（在）四月丙戌，王诰宗小子于京室。（11·6014 何尊，西早）

王大省公族，于庚振旅。（12·6514 中觯，西早）

王乎（呼）师虡召盠，王亲旨盠，驹易（赐）两。（11·6011 盠驹尊，西中）

穆王卿（飨）醴，即井伯大祝，穆王蔑长由，以逑即井伯。（15·9455 长由盉，西中）

天子明哲，显孝于申（神），巠（经）念厥圣保且（祖）师华父。（5·2836 大克鼎，西晚）

余弗叚望（忘）圣人孙子。（卌二年逑鼎，西晚）

昔先王既命女（汝），今余唯或（又）申就乃命。（宰兽簋，西晚）

余不敢困穷（犯凶），余好朋友是恭。（文公母弟钟，春秋后期）

往已叔姬，虔敬乃后，孙孙勿忘（亡）。（16·10298 吴王

光鉴，春晚）

女（汝）台（以）<u>恤</u>余朕身。（1·285 叔夷钟，春晚）
"恤"为"顾念"义。

严恭天命，哀命（矜）^①鳏寡，用克肇谨先王明祀。（羊编
镈，春秋后期，《近出二编》1：47—49）

齐侯命大子乘遽来句（敂）宗白（伯）。（15·9729 洹子
孟姜壶，春秋）"敂"为"传语、告"义。

凤莫（暮）不貣（忒），顺（训）余子孙。（1·144 越王
者旨於赐钟，战早）

或为使动宾语，如：

用邵（昭）各（格）<u>喜侃</u>乐前文人，用祷寿，匄永令
（命）。（1·246 兴钟，西中）

以<u>龏</u>（恭）大事（吏），延邦君。（桒伯盘，西中）

用追孝，邵（昭）格<u>喜侃</u>前文人。（逨编钟，西晚）

胡乍（作）肆彝宝簋，用康惠朕皇文剌（烈）且（祖）
考。（8·4317 鈇簋，西晚）

朕用宴乐诸父兄弟，余不敢困穷（犯凶）。（文公母弟钟，
春秋后期）

自作穌钟，穌穌仓仓，孔乐父兄，万年无期。（韶编镈，
春秋后期，《近出二编》1：39—45）

---

① 参见虞晨阳《〈近出殷周金文集录二编〉校订》，复旦大学 2013 年硕士
　　学位论文 11 页。

子孙用之，先人是<u>豫</u>（娱）。（2·426-427 配儿钩鑃，春晚）

佳（唯）十年，陈侯午<u>朝</u>群邦者（诸）侯于齐。（9·4648 十年陈侯午敦，战晚）

一类宾语为无生名词，多数由抽象名词充任，如：

历肇<u>对</u>元德，考（孝）友佳（唯）井（型）。（5·2614 历方鼎，西早）

允才（哉）<u>显</u>，佳（唯）<u>敬</u>德，亡逌（攸）违。（8·4341 班簋，西中）

追虔夙夜<u>恤</u>厥死（尸）事，天子多易（赐）追休。（8·4219 追簋，西中）

文王孙亡弗<u>褱</u>（怀）井（型），亡克竞厥剌（烈）。（8·4341 班簋，西中）

虔弗敢<u>望</u>（忘）公白（伯）休，对扬白（伯）休。（8·4167 虔簋，西中）

再拜手稽首，<u>对扬</u>公休。（倗伯再簋，西中，《近出二编》2：427）

免蔑，静女（<u>鲁</u>）王休。（16·10161 免盘，西中）"鲁"为"称美"义。

虔夙夕<u>敬</u>厥死（尸）事。（逨编钟，西晚）

不（丕）显皇且（祖）考穆穆克<u>慎</u>厥德。（8·4326 番生簋盖，西晚）

心<u>好</u>德，婚媾亦唯协。（齹公盨，西中）

敬念王畏（威）不赐（易）。（5·2841 毛公鼎，西晚）

皇天引猒（厌）厥德，配我有周。（5·2841 毛公鼎，西晚）"厌"为"满足"义。

余弗敢乱，余或至（致）我考我母令。（8·4292 五年召伯虎簋，西晚）"致"为"传达"义。

虔敬朕祀，以受多福。（1·270 秦公镈，春早）

蔡侯申虔共（恭）大命。（11·6010 蔡侯尊，春晚）

朕宋右师延……睃共（恭）天常。（宋右师延敦，春秋后期）

严恭天命，哀命（矜）鳏寡，用克肇谨先王明祀。（羊编镈，春秋后期）

惕龏大命，保朕邦家，正和朕身。（郳公戠父镈，春秋晚期）二词皆"敬"义。

诋郾（燕）之讹，以儆嗣王。（15·9735 中山王壶，战早）

王孔加（嘉）子白（伯）义。（16·10173 虢季子白盘，西晚）

少数由指地或指物名词充任，如：

乖白（伯）拜手稽首天子休，弗望（忘）小口邦。（8·4331 乖伯归夆簋，西晚）

作册封异型，秉明德，虔夙夕恤周邦。（作册封鬲，西晚，《近出二编》1：94-95）

王亲通省东国、南国。（晋侯苏编钟，西晚）

身勤社稷行四方，以忧劳邦家。（5·2840 中山王鼎，战晚）

见其金节则毋政（征）……不见其金节则政（征）。（18·12110–12112 鄂君启车节，战国）

（2）带谓词性宾语的感知动词：根据谓词性成分的不同还可以分为以下几种情况。

宾语为主谓词组，如：

十世不望（忘）献身才（在）毕公家、受天子休。（8·4205 献簋，西早）

叀（唯）王龏（恭）德谷（裕）天，顺（训）我不每（敏）。（11·6014 何尊，西早）

我闻殷述（坠）令（命），佳（唯）殷边侯田（甸）雩（与）殷正百辟，率肆于酉（酒）。（5·2837 大盂鼎，西早）

赐釐（赉）无疆，永念于厥孙辟天子。（5·2836 大克鼎，西晚）

俗（欲）女（汝）弗以乃辟圅（陷）于艰。（5·2841 毛公鼎，西晚）

引（矧）唯乃智（知）余非，庸（用）又（有）闻。（5·2841 毛公鼎，西晚）

含（今）余方壮，智（知）天若否。（5·2840 中山王鼎，战晚）

日夜不忘大去型（刑）罚，以忧厥民之佳（罹）不辜。（15·9734 中山𡐸䇳壶，战早）

宾语为偏正词组，如：

智（知）为人臣之宜（义）也。（5·2840 中山王鼎，战晚）

宾语为述宾词组，如：

唯归，扬天子休，告亡尤，用恭义宁侯。（11·6015 麦方尊，西早）

武公入右（佑）敌，告禽（擒）馘百、讯卌。（8·4323 敔簋，西晚）

日夜不忘大去型（刑）罚，以忧厥民之佳（惟）不辜。（15·9734 中山 好蚉壶，战早）

郐孝子台（以）庚寅之日，命铸饮鼎鬲。（5·2574 郐孝子鼎，战中）

恐陨社稷之光。（5·2840 中山王鼎，战晚）

宾语为连动词组：

阙愿从在（士）大夫以静（靖）匽（燕）疆。（15·9735 中山王壶，战早）

宾语为联合词组：

使智（知）社稷之赁（任）、臣宗（主）之宜（义）。（5·2840 中山王鼎，战晚）

2. 不及物感知动词

此类感知动词皆不带宾语，但其句法功能仍有不同。

（1）单独或与其他词语一起充当谓语，如：

启从征，谨不夔（扰）。（10·5410 启卣，西早）

乌虖，乃沈（冲）子妹克蔑见猒（厌）于公。（8·4330 它簋，西早）"厌"为"满意"义。

王咸诰，何易（赐）贝卅朋。（11·6014 何尊，西早）

王令士上眾史黄殷于成周。（10·5421-5422 士上卣，西早）"殷"为"朝见、觐见"义。

事（使）厉誓留。（5·2832 五祀卫鼎，西中）

女（汝）乍（作）念于多友。（12·6515 万誎鬲，西中）

女（汝）母（毋）敢妄（荒）宁。（5·2841 毛公鼎，西晚）

外入（内）母（毋）敢无闻知。（宰兽簋，西晚）

用乐用享，季氏受福无疆。（虢季编钟，西晚）

虔不惰，鲁覃京师，辥（乂）我万民。（5·2826 晋姜鼎，春早）

采（宰）夫无若，雍人孔怪。（曾伯克父甘娄簋，春早）

余非敢作（怍）媿（耻），楚既为口，吾述匹之。（婉加编钟，春中）

女（汝）小心畏忌，女（汝）不惰夙夜，宦执而政事。（1·285 叔夷钟，春晚）

余不畏不差，惠于政德，盅（淑）于威仪。（王孙诰编钟，春晚，《近出》1：60）

其用享用孝于我皇祖文考，丕（不）陈（懈）春秋岁尝。（郑大子之孙与兵壶，春秋后期）

楚王酓章严鼙（恭）寅，乍（作）铍戈。（17·11381 楚王酓章戈，战早）

允哉若言，明肆之於壶而眢（时）观焉。（15·9735 中山王壶，战早）

外之则将使上勤（觐）於天子之庙，而退与者（诸）侯齿长于会同。（15·9735 中山王壶，战早）

（2）充当状语，如：

肆克龏（恭）保厥辟恭王，谏（敕）辪（乂）王家。（5·2836 大克鼎，西晚）

<u>敬</u>夙夕勿法（废）朕令。（师克盨，西晚）

<u>忞</u>夙夕<u>敬</u>念王畏（威）不賜（易—惕）。（5·2841 毛公鼎，西晚）

铸其龢钟。……旹（慎）为之名（铭）。（1·245 邾公华钟，西晚）

逑御于厥辟，不敢惰，<u>虔</u>夙夕<u>敬</u>厥死（尸）事。（逑编钟，西晚）

霝霝允义，<u>翼</u>受明德，以康奠协朕或（国）。（1·267-270 秦公镈，春早）

有严穆穆，<u>敬</u>事楚王。（王孙诰编钟，春秋后期）

者（诸）侯<u>寅</u>荐吉金，用乍（作）孝武桓公祭器錞。（9·4649 陈侯因齐敦，战晚）

（3）充当宾语或定语，如：

余末庸又（有）望（<u>忘</u>）。（5·2774 帅隹鼎，西中）

女（汝）某不又（有）<u>闻</u>，母（毋）敢不譱（善）。（8·4285 谏簋，西晚）

申固大命，康能四国，俗（欲）我弗乍（作）先王<u>忧</u>。（5·2841 毛公鼎，西晚）

氏（是）以遊夕饮飤，宁又（有）懅惕。（15·9735 中山王壶，战早）

氏（是）以寡人委任之邦而去之遊，亡懅惕之虑。（5·2840 中山王鼎，战晚）

（五）助动词

是指位于动词、形容词前表示意愿、可能、必要等的一类词。依据语义可分为下列三类。

1. "能可"类助动词

有"克、能、堪、可、敢"五词，如：

不（丕）显朕烈祖考粦明，克事先王。（虎簋盖，西中）

民唯克用兹德，亡悔。（齸公盨，西中）

我不能不畀（暨）县伯万年保。（8·4269 县改簋，西中）

梁其其万年无疆，堪臣皇王，眉寿永宝。（1·187-188 梁其钟，西晚）

年无疆，堪事朕辟皇王。（1·40 眉寿钟，西晚）

可法可尚（常），以飨上帝，以祀先王。……唯德附民，唯宜（义）可长。（15·9735 中山王壶，战早）

女（汝）毋敢弗帅先王作明井（型）用。（8·4343 牧簋，西中）

"克"最多见，"能、堪、可"三词出现频次不高。表示"能可"义的"敢"，只见于西周中期和晚期。从形式上看，"敢"前基本为否定副词"毋"，其后还常有另一否定词，构成"毋敢不""毋敢弗"等组合形式。关于这类"敢",汤馀惠谓:"金文'敢'字还具有另一种涵义……如《新郪虎符》铭云:必会王符,乃敢行之……其中的'敢'只能解释作'可以'或'能够'……金文中还有'毋敢''毋敢不'的句子。……以上诸句,有两点必须指出:一是均属周王或上级官长对作器者的策命或训诫之词,并不是作器者自己将如何如何。有的学者未加详辨,误以'冒昧之辞'解之,无疑是错误的;二是'敢'字之前用'毋',而不用'不''弗'等否定词……'毋敢'犹言'不可''不得'。"① 除了出现频次外,各词在出现时间方面也表现出一定的差异性,即西周早期"克"居多,中期和晚期"克""敢"居多,东周"可"居多。

2."事理"类助动词

只有"宜"一词,如:

懋父令曰:义(宜)播,嗟! 厥不从厥右征。(5·2809师旃鼎,西中)

宜曲则曲,宜植(直)则植(直)。(16·10407鸟书箴铭带钩,战国)

3."意志"类助动词

有"敢、愿"二词,"敢"据其语境可大别为两类:

---

① 汤馀惠《金文中的"敢"和"毋敢"》,《中国古文字研究》第一辑,吉林大学出版社1999年。

（1）句子主语不是作器者或说话人，如：

嗟！淮尸（夷）<u>敢</u>伐内国。（10·5419 录冬卣，西中）

<u>敢</u>不用令，则即井（刑）扑罚。（17·10174 兮甲盘，西晚）

自今余<u>敢</u>扰乃小大史（事），则……。（16·10285 训匦，西晚）

此类就具体内容言，或言外敌入侵一类事，或"敢"出现于假设句中。

（2）句子主语为作器者或说话人，如：

召弗<u>敢</u>望（忘）王休异（翼）。（16·10360 召圜器，西早）

效不<u>敢</u>不万年凤夜奔走扬公休。（10·5433 效卣，西中）

番生不<u>敢</u>弗帅井（型）皇祖考不杯元德。（8·4326 番生簋盖，西晚）

余非<u>敢</u>宁忘（荒），有虔不易（惕）。（1·210 蔡侯纽钟，春晚）

齐陈曼不<u>敢</u>逸康。（9·4595 齐陈曼簋，战早）

此类"敢"全部出现于否定句中，构成"不敢弗、不敢不、不敢、弗敢、勿敢、无敢、非敢"等组合，其后动词多为"帅型、奔走、敬畏"等奉事义动词，句子多表达对自身的勉励；当这些组合为单纯否定形式时，其后多为"亡、废、坠（失去义）、惰、骄、呇、逸康、怠荒"等含有消极色彩义的词，句子表达说话人从反面对自己的警诫。

愿：表示"愿意"义，如：

䏌<u>愿</u>从在大夫以请（靖）匽（燕）疆。（15·9735 中山王

壶，战早）

　　另，金文中还有一个"叚"，各家或视为助动词，但具体释读尚有一点不同。如孟蓬生[1]认为《师袁簋》"今余弗叚组，余用乍（作）朕后男釐尊簋"中的"叚"与"敢"字同义。单育辰[2]谓：李学勤先生在解释《戎生编钟》中的"今余弗叚濿其覸光"时说："至于'弗叚'，意与'弗敢''不敢'相同"[3]。《师袁簋》"今余弗叚组（沮），余用乍（作）朕后男釐尊簋"；《晋姜鼎》"余不叚妄宁，经雍明德，宣郔我猷，用召（绍）匹辝（台）辟"；《禹鼎》"肆武公亦弗叚忘朕圣祖考幽大叔、懿叔，命禹缵朕祖考政于井邦"；《作册封鬲》"王弗叚忘享厥孙子多休"；《四十三年逨鼎》"肆余弗叚忘圣人孙子"等器中的"叚"，应读为"敢"。王晓鹏[4]认为《师袁簋》中的"叚"借作能愿动词"可"，表示"可以""会""应当"之意。沈培[5]谓："叚"是一个表示可能性情态的助动词。……杨树达（1928：卷四之59—60）是现代学者中最早指出"暇"为助动词的人，他说：暇，助动词。暇日之义，本为名词，流变成助动词用法。……后来，陆续有几位学者发展了此说。徐

①　《师袁簋"弗叚组"新解》，复旦网 2009-2-25 首发。
②　《试论〈诗经〉中"瑕"、"遐"二字的一种特殊用法》，复旦网 2009-2-28。
③　《戎生编钟论释》，《保利藏金——保利艺术博物馆精品选》376 页，岭南美术出版社 1999 年。
④　《释"弗叚组"及相关词语》，复旦网 2010-6-13 首发。
⑤　《再谈西周金文"叚"表示情态的用法》，复旦网 2010-6-16。

仁甫先生最早提出，作为助动词的"叚"有"得"义。……王子虎（2006）专门讨论了助动词"叚"的来源，并举了不少"叚"训为"得""能"的例子。……其后，萧旭先生举有更多的例子说明"叚"表"得、能"。……我们认为，以上各家认为所举例子中的"叚"有"能""得"义是正确的。不过，需要强调的是，这些"能""得"义表示的是客观或情理上具有某种可能性的情态，大多数情况下可以理解为"可能……""会……"。……现在我们知道，其实"叚"本身就是表示"能"义的，不必先将其读为"敢"，然后再解释为"能"。

（六）存在动词

表示存在或不存在，有"才（在）、有、无、亡"四词，除"亡"外，其余三词都很多见。

才（在）： 是出现频次最高的一个存在类动词，其例如：

辛巳，王祭，烝，<u>在</u>成周。（吕壶盖，西早，《近出二编》3：873）

王<u>在</u>宗周，各于大庙。（8·4270-4271 同簋，西中）

唯十又一月既生霸戊申，王<u>在</u>周康宫。（亦簋，西中，《近出二编》2：434-435）

唯王正月，王<u>在</u>氏。（任鼎，西中）

王<u>在</u>周康夷宫，王亲赐成此钟。（成钟，西晚）

天子其万年，眉寿黄耇，畯<u>在</u>位。（8·4277 师俞簋盖，

西晚）

皇且（祖）考其严<u>在</u>上。（1·188 梁其钟，西晚）

"在"主要见于西周中期和晚期的册命金文中，表现出很明显的程序化特点，如其主语基本是人物且高度集中于"王"。宾语皆为处所，其中宫室名所占比例很高，其次是宗周、成周等。此外或为方国名，或为具体地名。

有：根据宾语的情况，可以分为下述两种。

1. 带体词性宾语，多或由抽象名词充任，如：

女（汝）妹（眛）辰（晨）又（<u>有</u>）大服。（5·2837 大盂鼎，西早）

自乃且（祖）考又（<u>有</u>）功于周邦，右（佑）辟（闢）四方，助弘天命。（8·4302 彔伯冬簋盖，西中）

白父孔显又（<u>有</u>）光，王睗（赐）乘马。（16·10173 虢季子白盘，西晚）

雩邦人疋（胥）人师氏人又（<u>有</u>）皋又（<u>有</u>）故（辜）。（9·4469 冉盨，西晚）

是又（<u>有</u>）纯德遗训，以阤（施）及子孙。（15·9735 中山王壶，战早）

或由指地名词充任，如：

辟（闢）厥匿，旬<u>有</u>四方。（5·2837 大盂鼎，西早）

台（以）登（烝）台（以）尝，保<u>有</u>齐邦。（9·4648 十年陈侯午敦，战晚）

或由指人名词充任，如：

子子引有孙。（10·5427 作册嗌卣，西中）

又（有）厥忠臣嗣，克顺克卑（俾），亡不率口。（5·2840 中山王鼎，战晚）

2.带谓词性宾语，如：

肆母（毋）又（有）弗顺，是用寿考。（5·2724 毛公旅方鼎，西早）

邓小仲获，有得，弗敢阻，用作厥文祖宝肆尊。（邓小仲方鼎，西早,《近出》2：343）

引（矧）唯乃智（知）余非，庸又（有）闻。（5·2841 毛公鼎，西晚）

有爽，实余有散氏心贼。……余有爽变，爰千罚千。（16·10176 散氏盘，西晚）

其又（有）乱兹命，……公则明亟（殛）。（五年琱生尊，西晚）

世万至于辥（乂）孙子，勿或（有）俞（渝）改。（1·271 素镈，春中或晚）

子子孙孙，母（勿）又（有）不敬。（15·9734 中山㺷鲞壶，战早）

氏（是）以遊夕饮歓，宁又（有）懆惕。（15·9735 中山王壶，战早）

无：主要有"无疆"和"无期"两种组合形式，主要充当谓语中心词，如：

蔡公子口乍（作）尊壶，其眉寿无疆。（15·9701 蔡公子

壶，西晚）

用乐用享，季氏受福无疆。（虢季编钟，西晚）

它它熙熙，受福无期，子孙永保用之。（15·9704 纪公壶，春秋）

自作飤簠，以祈眉寿，永命无疆。（许公买簠，春晚，《近出二编》2：475）

自作飤繁，其眉寿无期，子子孙孙永保用之。（义子鼎，春秋后期，《近出二编》1：308）

自作浴鬲，眉寿无期，永保用之。（楚叔之孙倗鼎，春秋后期，《近出》2：311–313）

其眉寿万年无期，子子孙孙永宝用之。（东姬匜，春秋后期，《近出》4：1021）

其他组合形式比较少见，如：

王宜人方，无敄。（3·944 作册般甗，西早）[①]

王至于徙廙，无遣（谴），小臣夌易（赐）贝易（赐）马两。（5·2775 小臣夌鼎，西早）

柞白（伯）十禹弓无濾（废）矢。（柞伯簋，西早）

天子恪缵文武长剌（烈），天子眉无匄（害）。（16·10175 史墙盘，西中）

用卿（飨）宾客，为德无叚（瑕）。（15·9712 曾伯陭壶，

---

① 马承源《商周青铜器铭文选》（第三册 6 页注二）：无敄，吉语。敄，务声同。《尔雅·释言》："务，侮也。"

春秋）"瑕"为"过失"义。

"无"后多为含"差错、过失"义的抽象名词。

偶尔，"无"也带谓词性成分做宾语，如：

王令遣捷东反尸（夷），霉肇从遣征，攻禽无啻（敌）。（5·2731 霉鼎，西中）

余无卣（由）具寇正（足）。（5·2838 智鼎，西中）

吾宅兹漾陵，蒿简（间）之无匹。（15·9710-9711 曾姬无恤壶，战国）

前两例中的"敌"和"匹"均为"匹敌"义。

亡：根据其后的宾语，可分为两种情况。

1. "亡"后为体词性成分，或为表示"过失、差错"一类义的抽象名词（与前述"无"类似），如：

雩若二月，侯见于宗周，亡尤。……告亡尤，用舞（恭）义宁侯。（11·6015 麦方尊，西早）

王降征命于大（太）保，大（太）保克敬亡遣（遣）。（8·4140 太保簋，西早）

穆穆克盟厥心，慎厥德，用辟于先王，得屯（纯）亡敃（愍）。（5·2812 师望鼎，西中）

今甲从王折首执讯，休亡敃（愍）。（16·10174 今甲盘，西晚）

齑公曰：民唯克用兹德，亡诲（悔）。（齑公盨，西晚）

朕文考其用乍（措）厥身，念禹哉！亡匄（害）。（禹簋，西周）

或为其他义名词，如：

遣孙孙子子其永<u>亡</u>冬（终），用受德。（11·6015 麦方尊，西早）

尔有唯（虽）小子<u>亡</u>戠（识），视于公氏有恭于天。（11·6014 何尊，西早）

肆皇帝<u>亡</u>戜（射），临保我有周。（8·4342 师询簋，西晚）

侯父睘齐万年眉寿，子子孙孙<u>亡</u>疆宝。（1·103 迟父钟，西晚）

万枼（世）<u>亡</u>疆，用之勿相（丧）。（1·144 越王者旨於赐钟，战早）

2.“亡”后为谓词性成分，如：

佳（唯）皇上帝百神，保余小子，朕歚又（有）成<u>亡</u>竞。（1·260 胡钟，西晚）“竞”为“匹敌”义。

故邦亡身死，曾<u>亡</u>鈇（一夫）之救。（15·9735 中山王壶，战早）

氏（是）以寡人委任之邦而去之遊，<u>亡</u>慷惕之虑。（5·2840 中山王鼎，战晚）

进退兆乏（法）者，死<u>亡</u>若（赦）。（16·10478 兆域图铜版，战晚）

上述“无”“亡”二词，可以看出，二者用法比较接近，但“无”的出现频次远高于“亡”，而“亡”的组合形式相对多些，大体而言，“无”的出现呈现明显的程序化特点，而“亡”相对弱些。

二　动词的语法功能

（一）动词的组合功能

1.受副词修饰

如：

桓桓子白（伯），献馘于王，王孔加（嘉）子白（伯）义。（16·10173 虢季子白盘，西晚）

唯殷边侯田雩（与）殷正百辟率肄于酒。（大盂鼎，西早）

讨百蛮，具（俱）即其服。（1·262—263 秦公钟，春早）

伊少（小）臣唯辅，咸有九州，处禹之堵（土）。（1·285 叔夷钟，春晚）

使其老策赏仲父，者（诸）侯皆贺。（15·9735 中山王壶，战早）

唯敬德，亡卣（攸）违。（8·4341 班簋，西中）

昔先王既令汝作宰，司王家，今余唯申就乃令。（8·4340 蔡簋，西晚）

唯天将集厥命……邦将害（曷）吉？（5·2841 毛公鼎，西晚）

含（今）舍（余）方壮，智（知）天若否。（中山王鼎，战晚）

畯保其孙子，三寿是利。（5·2826 晋姜鼎，春早）

黄子作黄甫（夫）人行器，则永祐福。（3·687 黄子鬲，

春早）

厥非<u>先</u>告蔡，毋敢疾又（有）入告。（8·4340 蔡簋，西晚）

文考遗宝责（积），<u>弗</u>敢丧。（5·2555 旂鼎，西早）

用夙夜事，<u>勿</u>废朕令。（5·2816 伯晨鼎，西中或晚）

非先告蔡，<u>毋</u>敢疾又（有）入告。（8·4340 蔡簋，西晚）

递御于厥辟，<u>不</u>敢坠。（逨编钟，西晚）

使受宝，<u>毋</u>有疆。（邽召簋，西晚，《近出》2：432 页）

今余<u>弗</u>暇废其显光。（戎生编钟，春早）

子子孙孙永保用之，<u>不</u>用<u>勿</u>出。（邾公牼盘，春秋后期，《近出》4：1009）

乃敢用拜稽首……夷用<u>或</u>（又）敢再拜稽首。（1·285 叔夷钟，春晚）

不用先王作刑，<u>亦</u>多虐庶民。（8·4343 牧簋，西中）

至于边柳，<u>复</u>涉宪。（16·10176 散氏盘，西晚）

陈喜<u>再</u>立（莅）事岁。（15·9700 陈喜壶，战早）

<u>犹</u>迷惑于子之而亡其邦。（5·2840 中山王鼎，战晚）

2. 多数动词带宾语

所带宾语绝大多数为体词性宾语，具体又可以分为下述几种情况。

（1）所带为指人名词宾语，如：

己巳，荣仲<u>速</u>芮伯、胡侯、子。（子方鼎，西早，《近出二编》1：318-319）

伯鮴作宝鼎，用飨王出入使人。（伯鮴鼎，西中，《近出二编》1：309）

尚拜稽首，既稽首，延宾。……既稽首，延宾。（霸伯盂，西中）"延"为"迎接"义。

散车父乍（作）皇母口姜宝壶，用逆姞氏。（15·9697 散氏车父壶，西中）"逆"为"迎娶"义。

余肇事（使）女（汝），休不逆。（5·2835 多友鼎，西晚）

求乃人，乃弗得，女（汝）匡罚大。（5·2838 曶鼎，西中）

不用先王乍（作）井（型），亦多虐庶民。（8·4343 牧簋，西中）

叔邦父乍（作）簠，用征用行，用从君王。（9·4580 叔邦父簠，西晚）

汝母（毋）弗䚔（善）效姜氏人。（8·4340 蔡簋，西晚）

朕文考其用乍（措）厥身，念禹哉！（禹簋，西晚）

令汝官司历人，毋敢妄（荒）宁。（卌三年逨鼎，西晚）

更（赓）乃祖考事，总司康宫王家臣妾附庸。（宰兽簋，西晚，《近出》2：490）

降余鲁多福亡疆，佳（唯）康右（佑）屯（纯）鲁，用广启士父身。（1·145-148 士父钟，西晚）

邾召作为其旅簋，用实稻粱，用飤诸母诸兄。（邾召簋，西晚）

虔不惰，鲁覃京师，辥（乂）我万民。（5·2826 晋姜鼎，

春早）

亟（极）于后民，永宝教之。（郑大子之孙与兵壶，春秋后期）

其眉寿万年，羕（永）保其身。（16·10280 庆叔匜，春秋）

邾友父縢其子胙曹宝鬲。（邾友父鬲，春秋前期，《近出二编》1：92）

禺邘王于黄池，为赵孟庎。（15·9678-9679 赵孟庎壶，春晚）

自乍（作）宝鼎，宣丧用饔其者（诸）父者（诸）兄。（5·2737 曾子仲宣鼎，春早）

（2）所带为抽象名词宾语，如：

敏朝夕入谏，宫（享）奔走，畏天威。（5·2837 大盂鼎，西早）

敢对扬王休，用作尹姞宝簋。（夷伯簋，西中，《近出》2：481）

余执龏（恭）王恤（沰）工（功）。（5·2832 五祀卫鼎，西中）"执"为"执掌、管理"义。

益公内（入）即命于天子，公乃出厥命。（16·10322 永盂，西中）

今兴夙夕虔苟（敬）恤厥死（尸）事，肇乍（作）龢林钟。（1·252 兴钟，西中）

王命善（膳）夫克舍令于成周通正八师之年。（5·2796 小克鼎，西晚）

肇帅井（型）先文且（祖），共（恭）明德，秉威义（仪）。
（8·4242 叔向父禹簋，西晚）

敬厥盟（明）祀，永受其福。（5·2811 王子午鼎，春中或晚）

厥取厥服，董（谨）尸（夷）俗。（9·4464 驹父盨盖，
西晚）

克慎厥德，农臣先王。（1·187-190 梁其钟，西晚）

民好明德，口才（在）天下。（齐镈公盨，西中）

启厥明心，广巠（经）其猷。（戎生编钟，春早）

燮诸侯，俾朝王，克奠王位。（子犯编钟，春秋后期）

世万子孙，永为典尚（常）。（9·4649 陈侯因齐敦，战晚）

及参世亡不若（赦），以明其惠（德），庸其工（功）。
（5·2840 中山王鼎，战晚）

（3）所带为指地名词宾语，如：

王女（如）上侯，师俞从。（11·5995 师俞尊，西早）

于昭大室东逆（朔）营二川。（5·2832 五祀卫鼎，西中）
"营"为"经营、治理"义。

命汝更乃祖考友司东鄙五邑。（殷簋，西中）

卿（飨）女（汝）伇屯（纯）恤周邦。（8·4342 师询簋，
西晚）

王才（在）周，各大庙，即立（位）。（8·4318-4319 三
年师兑簋，西晚）

膺我有周，膺受大命，率裹（怀）不廷方。（5·2841 毛
公鼎，西晚）

今余唯申先王命，命女（汝）亟（极）一方。（5·2841
毛公鼎，西晚）"极"为"管理、治理"义。

召晋侯苏入门，立中廷。（晋侯苏编钟，西晚）

保奠周邦，谏（敕）辥（乂）四方。（逨盘，西晚）

保王身，谏辥（乂）四国。（作册封鬲，西晚，《近出
二编》1：94-95）

叔姬霝乍（作—逴）黄邦。（9·4598 曾侯簠，西晚）"逴"
为"往嫁"义。

王在丰，令太保省南国，帅（率）汉。（太保玉戈，西周）

昭合皇天，以黹事蛮方。（1·262-266 秦公钟，春晚）

咸有九州，处禹之堵（土）。（1·285 叔夷钟，春晚）

铸尊壶，柬柬兽兽（优优），康乐我家。（15·9719 令狐
君孺子壶，战中）

天子建邦。（18·11758 中山侯钺，战中）

（4）所带为指物名词宾语，如：

甲申，明公用牲于京宫。乙酉，用牲于康宫。咸既，用
牲于王。（11·6016 矢令方尊，西早）

昔懂岁，匡众厥臣廿夫寇智禾十秭。（5·2838 智鼎，
西中）

乎（呼）渔于大池，王卿（飨）酉（酒）。（8·4207 遹簋，
西中）

史免乍（作）旅簠，从王征行，用盛稻粱。（9·4579 史
免簠，西晚）

晋侯斁马既为宝盉，则乍（作）尊壶，用尊于宗室。（晋侯斁方壶，西晚，《近出》3：971）

曾季关臣铸其盥盘，以征以行，永用之勿丧。（曾季关臣盘，春秋前期）

鼄（邾）君求吉金，用自乍（作）其龢锺（钟）口铃。（1·50 邾君钟，春晚）

孔嘉元成，用盘饮酉（酒）。（1·203 沇儿钟，春晚）

世世子孙，永以为宝。（1·225-237 郘黛钟，春晚）

自作龢钟，眉寿无期，子子孙孙，永保鼓之。（鄱子成周编钟，春秋后期，《近出二编》1：22-23）

女（如）载马牛羊，台（以）出内（入）关，则政（征）于大府。（18·12113 鄂君启舟节，战国）

（5）所带宾语为指事名词，如：

余考（老），不克御事。（10·5428 叔欢父卣，西早）

中（仲）大师右柞，赐……，司五邑佃人事。（1·133-137 柞钟，西晚）

卿（绾）女（汝）彶屯（纯）恤周邦，妥（绥）立余小子载乃事。（8·4342 师询簋，西晚）载，行也。

用铸尔羞铜，用御天子之事。……用御尔事。（15·9729 洹子孟姜壶，春秋）

於（呜）虖（呼）！念之哉。（5·2840 中山王鼎，战晚）

寡人闻之：蔓（与）其溺于人施（也），宁溺于渊。（5·2840 中山王鼎，战晚）

少数为谓词性宾语，如：

<u>念</u>王母董（勤）甸。（5·2774 帅佳鼎，西早）

休天君弗<u>望</u>（忘）穆公圣桒明弘甫（辅）先王。（3·754—755
尹姞鬲，西中）

谷（欲）女（汝）弗以乃辟毌（陷）于鼜（艰）。（8·4342
师询簋，西晚）

余<u>智</u>（知）其忠信也，而专任之邦。（15·9735 中山王壶，
战晚）

天子不<u>忘</u>其又（有）勋，使其老策赏中（仲）父。（15·
9735 中山王壶，战晚）

3. 带处所补语

如：

王大耤<u>农</u>于諆田。……王<u>归</u>自諆田，王驭溓中（仲）仆，
令眔奋先马走。（5·2803 令鼎，西早）

八月初吉庚申，至，<u>告</u>于成周。（静方鼎，西早）

余大对乃<u>亯</u>（享），令克侯于匽（燕）。（太保罍，西早）

驭方猃狁广伐西俞，王令我羞<u>追</u>于西。（8·4328—4329 不
其簋，西晚）

命禹仆（缵）朕且（祖）考<u>政</u>于井邦。（5·2833 禹鼎，西晚）

今女（汝）今汝其率蔡侯左<u>至</u>于昏邑。（柞伯鼎，西晚）

公命复丰<u>聘</u>于鲁，不敢灖（废）公命。（复丰壶，春早）

佳（唯）王五十又六祀，<u>返</u>自西旟。（1·83—85 楚王熊璋
钟，战早）

死（尸）于下土，台（以）事康公。（5·2782 哀成叔鼎，战早）

（二）动词的句法功能

1. 充当谓语或谓语中心词（带宾语的已见前）

如：

王徙于楚麓，令小臣麦先，省楚应（廙）。（5·2775 小臣麦鼎，西早）

王归自谋田，王驭溓中（仲）仆。（5·2803 令鼎，西早）

用乍（作）宝彝，命其永以多友簋（匓）飤。（7·4112 命簋，西早）

王祀于天室，降。天亡又（佑）王，衣（卒）祀于王不（丕）显考文王。（8·4261 天亡簋，西早）

效不敢不迈（万）年夙夜奔走，扬公休。（10·5433 效卣，西中）

佳（唯）八月辰才（在）庚申，王大射，才（在）周。（柞伯簋，西早）

今母（毋）播，其又内（纳）于师旂。（5·2809 师旂鼎，西中）

厉乃许曰：余审贾田五田。（5·2832 五祀卫鼎，西中）

佳（唯）敬德，亡逌（攸）违。（8·4341 班簋，西中）

王在周康宫，飨醴，亦御，王蔑厥老亦历。（亦簋，西中）

"御"为"劝侑、侑助"义。

虢宫父作鬲，用从，永保。（虢宫父鬲，西周，《近出》1：130）

兮中（仲）乍（作）林钟，……子子孙孙永宝用。（1·65-71 兮仲钟，西晚）

文人陟降，余黄耇，受余屯（纯）鲁。（2·358 五祀胡钟，西晚）

旦，王各，益公入右旬。（8·4321 旬簋，西晚）

益公至，告。二月，眉敖至，见，献帛。（8·4331 乖伯归夆簋，西晚）

白（伯）公父乍（作）金爵，用献用酌。（16·9935-9936 伯公父勺，西晚）

乃卑西宫口武父誓。……西宫口武父则誓。（16·10176 散氏盘，西晚）

余唯（虽）末少子，余非敢宁忘（荒），有虔不易（惕），佐佑楚王。（1·210 蔡侯纽钟，春晚）

卫姒乍（作）鬲，以从永征。（3·594 卫姒鬲，春早）

余诺恭孔惠，其眉寿以馈。（9·4623-4624 郑大宰簠，春早）

吾台（以）匽（宴）饮，盱我室家。（15·9715 杕氏壶，春晚）

侯母乍（作）侯父戎壶，用征行，用求福无疆。（15·9657 侯母壶，春早）

子子孙孙，永宝用乐。（子犯编钟，春秋后期）

用宴用宁，用享用孝。（子犯编钟，春秋后期）

大梁司寇肖（赵）亡智铸。（5·2609 廿七年大梁司寇鼎，战晚）

2. 充当状语

如：

召启进事，奔走事皇辟君。（16·10360 召圜器，西早）

追虖凤夕恤厥死（尸）事。（8·4219 追簋，西中）

虖凤夕惠雍我邦小大猷。（卅三年逨鼎，西晚）

敬凤夜用事，勿法（废）朕令。（5·2836 大克鼎，西晚）

敬明乃心，率以乃友干吾（捍御）王身。（8·4342 师訇簋，西晚）

余寅事齐侯，欢血（恤）宗家。（9·4629 陈逆簠，战早）

3. 充当定语

如：

牧共乍（作）父丁之食簋。（6·3651 牧共作父丁簋，西早）

王以侯内（入）于寝，侯易（赐）玄周（珝）戈。（11·6015 麦方尊，西早）

卫肇乍（作）厥文考己中（仲）宝肆鼎，用祷寿，匄永福，乃用卿（飨）王出入事（使）人眔多倗（朋）友。（5·2733 卫鼎，西中）

对扬王休，用乍（作）宫中（仲）念器。（7·4046 燹簋，西中）"念"通"饪"，为"烹煮"义。

唯四月初吉甲午，懿王才（在）射庐，作象舞。（10·5423
匡卣，西中）

逨御于厥辟，不敢惰，虔夙夕敬厥死（尸）事。（逨编钟，
西晚）

郘公敄人自乍走（奏）钟。（1·59 郘公敄人钟，春早）

宋眉父乍（作）丰子剩（媵）鬲。（3·601 宋眉父鬲，春早）

曾侯囗伯秉戈。（17·11121 曾侯戈，春早）

鲁大司徒元乍（作）饮盂，万年眉寿，永宝用。
（16·10316 鲁大司徒元盂，春秋）

大师作为子仲姜沬盘，孔硕且好。（子仲姜盘，春秋前期，
《近出》4：1007）

曾亘嫚非录为尔行器，尔永祜福。（曾亘嫚鼎，春秋前期，
《近出二编》1：10288-10289）

唯正月初吉丁亥，曾季关臣铸其盥盘。（曾季关臣盘，春
秋前期）

自乍（作）歌钟，元鸣无期，子孙鼓之。（1·210-222 蔡
侯纽钟，春晚）

王子婴次之炒卢（炉）。（16·10386 王子婴次炉，春晚）

智君子之弄鉴。（16·10288-10289 智君子鉴，春晚）

吴王夫差择厥吉金，自乍（作）御监（鉴）。（16·10294
吴王夫差鉴，春晚）

择其吉金，自作飤簠。（楚子弃疾簠，春秋后期，《近
出》第2：517）

毕孙何次择其吉金，自作馈簠。（何次簠，春秋后期，《近出》2：533-535）

其正仲月丁亥，余剌（烈）之尊器，为之浴缶。（郑臧公之孙缶，春秋后期，《近出》4：1042）

节于禀釜，敦者日陈纯。（16·10371 陈纯缶，战国）"敦"为"治"义。

十八年，相邦平国君，邦右伐器。（十八年平国君铍，战晚）

第三节　形容词

形容词是表示性质、状态的词，据语音形式可分为单音节和多音节的。古代汉语特别是两周金文中，单音形容词占绝对多数。据语义特征，形容词可归纳为性质形容词和状态形容词两大类。

一　形容词的类别

（一）性质形容词

此类形容词早在殷商时代既已产生，西周金文明显增多。与状态形容词相比，两周金文中性质形容词所居比较高。依据这些形容词所表述的具体语义，可以细分为如下诸类。

1. 表示"珍贵"义

只有"宝"一词，出现频次非常高，基本都修饰器名，如：宝尊彝、宝彝、宝簋、宝鼎、宝鬲、宝盨、宝甗、宝簠、宝盘、宝壶、宝匜、宝盉、宝监、宝罍、宝盂、宝盆、宝器、宝钟、宝镈、宝盘盉、宝鬲鼎、宝彝簋、宝鼎鼎、宝将彝、宝尊旅彝、旅宝彝、旅宝尊彝、宝戈等。

2. 表示"美善"义

有下述诸词。

好：出现频次不是很高，或充当定语（修饰器物名词或指人名词），如：

中（仲）师父乍（作）好旅簋。（7·3753-3754 仲师父簋，西中）

亯（享）夙夕，好倗（朋）友雩（与）百者（诸）昏（婚）遘（媾）。（8·4331 乖伯归夆簋，西晚）

徐大子伯辰口作为其好妻裸鼎。（徐大子伯辰鼎，春秋前期，《近出》2：349）

或充当谓语中心词，如：

我以夏以南，中鸣媞好。（甚六编镈，春秋前期，《近出》1：94-96）

大师作为子仲姜沫盘，孔硕且好。（子仲姜盘，春秋前期，《近出》4：1007）

休：出现频次较高，有三种句法功能：一是充当定语（皆与抽象名词"命"组合），如：

申敢对扬天子休命，用乍（作）朕皇考孝孟尊簋。（8·4267 申簋盖，西中）

智拜手稽首，敢对扬天子不（丕）显鲁休命。（15·9728 智壶盖，西中）

二是充当谓语中心词，一般不带宾语，如：

女（汝）休，弗以我车函（陷）于囏（艰）。（8·4328 不其簋，西晚）

子犯及晋公率西之六师搏伐楚荆，孔休。（子犯编钟，春秋后期）

三是构成独词句，如：

师寰虔不惰，夙夜恤厥将事，休，既又（有）工（功）。（8·4313-4314 师寰簋，西晚）

兮甲从王，折首执讯，休，亡愍。（16·10174 兮甲盘，西晚）

鲁：表示"美"义，只有充当定语一种句法形式，主要修饰抽象名词"命"，如：

何拜稽首，对扬天子鲁命，用乍（作）宝簋。（8·4204 何簋，西晚）

膺受大鲁命，敷有四方。（逨盘，西晚）

或修饰指人名词，如：

宏鲁卲（昭）王，广惩楚刑（荆），佳（唯）寏南行。（16·10175 史墙盘，西中）

穆穆鲁辟，徂省朔旁（方）。（5·2746 梁十九年亡智鼎，战国）

懿：表示"美好"义，主要修饰抽象名词充当定语，如：

不杯乳（扬）皇公受京宗懿釐。（8·4341 班簋，西中）

余小子肇帅井（型）朕皇且（祖）考懿德。（1·82 单伯昊生钟，西晚）

或充当谓语中心词，如：

至于辝（予）皇考邵伯，桓桓穆穆，懿肃不僭。（戎生编钟，春早）

灵：表示"善"义，主要充当定语，修饰抽象名词（"灵终"很常见）或指物名词，如：

用水（永）灵命，用妥（绥）公唯寿。（8·4330 它簋，西早）

用追考（孝），匄迈（万）年寿、灵冬（终）。（15·9433 遣盉，西中）

番叔口佚自作灵壶，其永用之。（番叔壶，春秋后期，《近出》3：961）

或充当谓语中心词，如：

启厥明心，广经其猷，臧再穆天子肃[①]灵。（戎生编钟，春早）

淑：充当定语，皆修饰指人名词。如：

---

① 参见李学勤《戎生编钟论释》，《文物》1999 年第 9 期 77 页。

显盅（淑）文且（祖）皇考，克慎厥德。（1·109—110 井人妥钟，西晚）

徐王庚之淑子沇儿，择其吉金，自乍（作）龢钟。（1·203 沇儿钟，春晚）

或充当谓语中心词，如：

既龢且盅（淑），余用邵（昭）追孝于皇祖皇考。（戎生编钟，春早）

用考用享，受福无疆，屖其兮龢，休淑孔煌。（婉加编钟，春中）

嘉：主要充当定语，修饰指人名词或抽象名词，如：

用匽（宴）用喜，用乐嘉宾。（1·142 齐鲍氏钟，春晚）

齐侯拜嘉命，于上天子用璧玉备（佩）。（15·9729 洹子孟姜壶，春秋）

或充当谓语，如：

有柔孔嘉，保其宫外。（秦子簋盖，春秋前期）

中（终）翰且扬，元鸣孔皇，孔嘉元成。（1·203 沇儿钟，春晚）

或充当状语，如：

嘉遣我，易（赐）卤积千两（辆）。（5·2826 晋姜鼎，春早）

皇：表示"美"义，只有充当定语一种句法功能。多修饰指人名词，有皇考、皇祖、皇祖考、皇祖文考、皇祖帝考、皇祖烈考、皇文考、皇文烈祖考、皇君、皇辟、皇辟君、皇王、皇宗、皇父、皇母、皇妣等多种组合形式。或修饰抽象名词或"天""神"等名词，如：

对扬天子不（丕）显<u>皇</u>休，用作朕文考口白（伯）尊鼎。（5·2804 利鼎，西中）

余亡康昼夜，巠（经）雍先王，用配<u>皇</u>天。（8·4317 㝬簋，西晚）

用亯（享）孝<u>皇</u>申（神）且（祖）考，于好僚友。（9·4448-4452 杜伯盨，西晚）

吉：出现频次很高，多构成"吉金"组合，修饰其他名词的很有限，如：

<u>吉</u>日壬午，乍（作）为元用。（18·11696-11697 少虞剑，春晚）

皿皮（彼）<u>吉</u>人亯（享），士余是尚。（2·425 徐諩尹钲铖，春秋）

少数充当谓语，如：

佳（唯）镐佳（唯）盧（鑪），其金孔<u>吉</u>。（9·4628 伯公父簠，西晚）

良：出现频次不高，有充当定语和充当谓语中心词两种用法，如：

王才（在）成周，格白（伯）取<u>良</u>马乘于倗生。（8·4262-4265 倗生簋，西中）

用其镐镠，唯玄其<u>良</u>，自作尊壶。（曾伯桼壶，春早）

圣智恭<u>良</u>，其受此眉寿。（1·172-180 邾叔之仲子平钟，

春晚）

元：只有充当定语一种句法功能，修饰指物、指人或抽象名词，如：

历肇对**元**德，考（孝）友隹（唯）井（型）。（5·2614 历方鼎，西早）

命武公遣乃**元**士羞追于京师。（5·2835 多友鼎，西晚）

诸侯羞**元**金于子犯之所，用为龢钟九堵。（子犯编钟，春晚）

元器其旧，哉（载）公眉寿，𪔛（邿）邦是保。（1·245 邿公华钟，春晚）

臧：有充当定语和谓语中心词两种用法，如：

湿公宜脂（旨）余（择）其**臧**金，用铸其䰟宜（和）鼎。（宜脂鼎，春晚，《铭图续》0191）①

周王孙季忞，孔**臧**元武，元用戈。（17·11309 周王孙戈，春早）

割（匄）眉寿无疆，庆其以**臧**。（9·4442-4445 纪伯子囗父盨，春秋）

省：表示"善、好"义，用例有限，如：

王大黹（致），矩取眚（**省**）车驳牵幀苟。（5·2831 九年卫鼎，西中）

𪕋肇从遣征，攻禽无啻（敌），眚（**省**）于厥身。（5·2731

---

① 参见谢雨田《新出宜脂鼎铭文小考》，复旦网 2014-2-27 首发，3 页。

寰鼎，西中）

穆：表示"美好"义，充当定语只修饰指人名词，如：

穆穆王才（在）镐京，乎（呼）渔于大池。（8·4207 逋
簋，西中）

或充当谓语，如：

余毕恭威（畏）忌，淑穆不惰于厥身。（1·245 邾公华钟，
春晚）

旨：表示"美"义，用例不多。充当定语，皆修饰指物
名词，如：

夋季良父乍（作）口姒尊壶，用实旨酒。（15·9713 夋季
良父壶，西晚）

父母嘉寺（持），多用旨食。（5·2750 上曾大子鼎，
春早）

或充当谓语中心词，如：

侯氏受福眉寿，卑（俾）旨卑（俾）瀞。（16·10361 国
差𬭚，春秋）

善：或充当谓语中心词，皆不带宾语，如：

女（汝）某不又（有）闻，母（毋）敢不善（善）。（8·
4285 谏簋，西晚）

或充当状语，如：

善（善）效（教）乃友内（入）辟。（9·4469 冉盨，西晚）

芳：指芳香。1 见：王史（使）白（伯）考蔑尚历，归
（馈）柔（茅）苞、旁（芳）㠯。（霸伯盂，西中）

义："美善"义，1见：用求丂（考）命弥生，肃肃义政。（1·271 秦镈，春中或晚）

令：表示"美"义，只充当状语一种用法，如：

用祈侯氏永命万年，令保其身。（1·271 秦镈，春中或晚）

畜：表示"美好"义，1见：余畜孙书也，择其吉金，以作铸缶。（16·10008 栾书缶，春秋）

3. 表示"显明"等义的

明：有充当定语修饰抽象名词和充当状语两种用法，如：

女（汝）母（毋）弗帅用先王乍（作）明井（刑）。（5·2841 毛公鼎，西晚）

其有敢乱兹命，曰：汝使召人，公则明殛。（五年琱生尊，西晚）

昭：只有充当状语一种句法功能，如：

祗祗翼翼，卲（昭）告后嗣。（15·9735 中山王壶，战早）

显：有两种句法功能。

（1）充当定语：多与"丕"组合为"丕显"后修饰名词，多修饰抽象名词，如：

吕服余敢对扬天不（丕）显休命。（16·10169 吕服余盘，西中）

或修饰指人名词，如：

不（丕）显天子，天子其万年无疆。（5·2836 大克鼎，西晚）

单独的"显"亦可以修饰抽象名词，只是用例很少，如：

义（宜）文神无疆<u>显</u>福。（1·246 兴钟，西中）

颂其万年无疆，日扬天子<u>显</u>命。（5·2787—2788 史颂鼎，西晚）

（2）充当谓语，如：

白父孔<u>显</u>又（有）光，王睗（赐）乘马，是用左（佐）王。（16·10173 虢季子白盘，西晚）

烈：出现频次较高。主要充当定语，修饰指人名词或抽象名词，如：

对扬天子休，用乍（作）朕剌（烈）考尊鼎。（5·2805 南宫柳鼎，西晚）

参拜，稽首于皇考<u>烈</u>祖，俾万世无期，极于后民。（郑大子之孙与兵壶，春秋后期）

不自乍（诈），小子夙夕尃（敷）由先且（祖）剌（烈）德，用臣皇辟。（5·2830 师才鼎，西中）

或充当谓语中心词，如：

武文咸剌（<u>烈</u>），永世母（毋）忘。（1·157—161 虢羌钟，战早）

耿：只有充当定语一种句法功能，仅修饰抽象名词，如：

敢对扬武公不（丕）<u>显耿</u>光，用乍（作）大宝鼎。（5·2833—2834 禹鼎，西晚）

膺受大命，率裹（怀）不廷方，亡不闬于文武<u>耿</u>光。（5·2841 毛公鼎，西晚）

4.表示"和谐、安宁"义的

龢：主要修饰指物名词（特别是"钟"），如：

鲁遼乍（作）龢钟，用亯（享）考（孝）。（1·18 鲁遼钟，西晚）

竃（邾）公孙班择其吉金，铸其龢镈。（1·140 邾公孙班镈，春晚）

或充当谓语中心词，如：

孔淑且硕，乃龢且鸣。（子犯编钟，春秋后期）

霝朕皇高祖惠仲盠父，龏龢于政，有成于猷。（逑盘，西晚）

协：表"和谐"义，只有充当定语一种句法功能，如：

司土（徒）南宫乎乍（作）大林协钟。（1·181 南宫乎钟，西晚）

平：表"平和"义，皆充当谓语，如：

其音嬴少则扬，龢平均煌。（敀钟，春秋后期，《近出》1：51-59）

顺：充当谓语中心词，如：

又（有）厥忠臣赒，克顺克卑（俾）。（5·2840 中山王鼎，战晚）

若：表"顺"义，1见：母（毋）折緘，告余先王若德。（5·2841 毛公鼎，西晚）

安：表"安宁"义，只有充当谓语中心词一种句法功能，如：黔首大安，立号为皇帝。（16·10372 商鞅量，战国）

宁：有充当状语和谓语中心词两种用法，如：

霖霖（湆湆）流涕，不敢盗（宁）处。（15·9734 中山䩖䜭壶，战早）

用宴用宁，用享用孝，用祈眉寿，万年无疆。（子犯编钟，春秋后期）

绥：表"安宁、安顺"义，有充当定语和状语两种用法，如：

迟父乍（作）齐妥（绥）䚇林锺（钟）。（1·103 迟父钟，西晚）

妥（绥）立余小子，载乃事。（8·4342 师询簋，西晚）

静：有充当定语和谓语中心词两种用法，如：

青（静）幽高且（祖），才（在）微霝处。（16·10175 史墙盘，西中）

䚘䚘四方，大从（纵）不静。（5·2841 毛公鼎，西晚）

康：只有充当谓语中心词一种句法功能，如：

屖屖康盄（淑），承受屯（纯）德。（15·9719-9720 令狐君嗣子壶，战中）

安宁、鼏（幂）静：各 1 见：齐邦鼏静安宁，子子孙孙永保用之。（16·10361 国差𦉜，春秋）

康静：1 见：肆皇帝亡斁，临保我有周，雫四方民亡不康静。（8·4342 师询簋，西晚）

宁静：1 见：恩襄厥心，宁静于猷，盄（淑）慎厥德。（5·2836 大克鼎，西晚）

5. 表示聪敏、愚蠢、勇武等品性的

圣：有充当定语和谓语中心词两种用法，如：

则繇唯乃先<u>圣</u>祖考，夹召先王，恭谨大命。（逨盘，西晚）

肃哲<u>圣</u>武，惠于政德，淑于威义（仪）。（1·261 王孙遗者钟，春晚）

哲：有充当定语和谓语两种用法，如：

肃①<u>哲</u>康王，囗尹窘（亿）疆。（16·10175 史墙盘，西中）

温恭舒迟，畏忌翼翼，肃<u>哲</u>臧囗，闻于四国。（王孙诰编钟，春晚）

智：只有充当谓语中心词一种句法功能，如：

圣<u>智</u>恭良，其受此眉寿。（1·172-180 邨叔之仲子平钟，春晚）

克又（有）工（功），<u>智</u>旃（也），诒死辠之又（有）若（赦）。（5·2840 中山王鼎，战晚）

明：有充当定语修饰抽象名词和充当谓语中心词两种用法，如：

肇帅井（型）先文且（祖），共（恭）<u>明</u>德，秉威义（仪）。（8·4242 叔向父禹簋，西晚）

天子<u>明</u>哲，显孝于申（神）。（5·2836 大克鼎，西晚）

聪：只有充当谓语中心词一种句法功能，如：

---

① 参见王祎伟《殷周金文集成（修订增补本）七类青铜容器铭文校订》，东北师范大学 2018 年硕士学位论文 55 页。

既叕（聪）于心，诞中厥德。（1·210-222 蔡侯纽钟，春晚）

穆穆龄龄，叕（聪）害欣扬。（11·6010 蔡侯尊，春晚）

敏：表示"聪敏"义，只有充当谓语中心词一种句法功能，如：

才昔先王小学，女（汝）敏可事（使）。（8·4324-4325 师厘簋，西晚）

宪：表示"圣智"义，只有充当定语一种用法：

宪圣成王，……用肇彻周邦。（16·10175 史墙盘，西中）

贤：只有充当定语一种句法功能，皆修饰指人名词，如：

故辞豊（礼）敬则挈（贤）人至，恤爱深则挈（贤）人窥（亲）。（15·9735 中山王壶，战早）

惠：表示"柔顺"或"仁爱"义，有充当定语和谓语中心词两种用法，如：

柔叀（惠）乙且（祖）迷匹厥辟，远猷腹心。（16·10175 史墙盘，西中）

余诺恭孔惠，其眉寿以鳞。（9·4623-4624 郑大宰簋，春早）

柔：表示"柔顺"义，有充当定语和谓语中心词两种用法，如：

柔惠乙且（祖），迷匹厥辟，远猷腹心。（16·10175 史墙盘，西中）

有柔孔嘉，保其宫外。（秦子簋盖，春秋前期）

幽：1见：青（静）幽高且（祖），才（在）微霝处。

（16·10175 史墙盘，西中）

远：表"深远"义，只有充当定语一种句法功能，如：

阤阤降余多福、宪悆、宇慕、远猷。（8·4317 胡簋，西晚）

正：表"公正"义，只有充当定语一种句法功能，如：

朕文考懿叔，亦帅型法则先公正德。（羊编镈，春秋后期9）

中：表示"公正"义，只有充当谓语一种句法功能，如：

雩乃讯庶有粦，毋敢不中不型。（卅三年逑鼎，西晚）

文：只有充当定语一种句法功能，主要修饰亲属称谓名词，构成文考、文祖考、文父、文母、文姑等组合。也修饰其他指人（或神）名词，如：

商用乍（作）文辟日丁宝尊彝。（10·5404 商卣，西早）

用乍（作）朕皇且（祖）考尊簋，用亯（享）孝于前文人。（8·4219-4224 追簋，西中）

用乍（作）朕皇考癸公尊簋，用亯（享）孝于文申（神）。（8·4303-4309 此簋，西晚）

蠚[①]：只有充当定语一种句法功能，如：蠚淮夷繇我赋贿臣，今敢博厥众叚，反厥工事；（8·4313-4314 师𡩜簋，西晚）蠚猃狁出捷（接[②]）于井阿。（卅二年逑鼎，西晚）

武：只有充当谓语一种句法功能，如：

---

① 参见蒋玉斌《释甲骨金文的"蠚"兼论相关问题》，《复旦学报》（社会科学版）2018 年第 5 期，又复旦网 2019-10-23。

② 参见单育辰《新见三种金文探微》，《古文字研究》第三十二辑 208 页。

曾伯桼神圣孔<u>武</u>，孔<u>武</u>元屖，克逖淮夷。（曾伯桼壶，春早）

<u>武</u>侄（鸷）寺（侍）力，袭夺楚京。（1·157-161 㠱羌钟，战早）

壮：表示"勇武"义，只有充当谓语一种句法功能：

不（丕）显子白，<u>壮武</u>于戎工（功）。（16·10173 虢季子白盘，西晚）

於穆曾侯，<u>壮武</u>畏忌，恭寅斋盟。（曾侯与编钟，春秋）

勇：有充当定语和谓语中心词两种用法：

攻敔王光自乍（作）用剑，台（以）挡<u>勇</u>人。（18·11654 攻敔王光剑，春晚）

公曰：甬（<u>勇</u>）！甬（<u>勇</u>）！商（赏）之台（以）邑。（15·9733 庚壶，春晚）

鸷：表示"勇武"义，如：

武侄（<u>鸷</u>）①寺（侍）力，袭夺楚京。（1·157-161 㠱羌钟，战早）

（二）状态形容词

1. 表示大小义的

大：主要充当定语，多修饰抽象名词和指物名词，如：

不（丕）显皇且（祖）剌（烈）考速匹先王，恭董（谨）

---

① 参见杨坤《战国晋系铜器铭文校释及相关问题初探》，吉林大学 2015 年硕士学位论文 70 页。

大命。（1·82 单伯昊生钟，西晚）

楚公自作宝大林龢钟，孙孙子子其永宝。（楚公钟，西晚《近出》1：3）

或修饰指人和处所名词，如：

用追孝于己白（伯），用盲（享）大宗，用乐好宗。（1·88-89 虘钟，西中）

穆穆王才（在）镐京，乎（呼）渔于大池。（8·4207 遹簋，西中）

还可以充当状语或谓语中心词，如：

王大省公族，于庚振旅。（12·6514 中觯，西早）

廿六年，皇帝尽并兼天下诸侯，黔首大安。（16·10372 商鞅量，战国）

为人臣而反臣其宗，不羕（祥）莫大焉。（15·9735 中山王壶，战早）

丕：表示"大"义，主要构成"丕显"（当视为复合词）。或修饰指人名词，如皇考、皇祖、文考、祖考、文祖、皇祖考、祖文考、文武、祖文武、王、天子、天尹、子白、文王、考文王、烈祖考、皇高祖、穆公之孙等；或修饰抽象名词，如丕显休、丕显鲁休、丕显皇休、丕显休令、丕显鲁休令、丕显叚休令、丕显耿光、丕显休嫠等。单用的很少见，如：

肆皇天亡斁，临保我有周，不（丕）巩先王配命。（5·2841 毛公鼎，西晚）

信于兹从，禼（歷）年万不（丕）承。（5·2746 梁十九

年亡智鼎，战国）

丕杯：表示"大"义，比较多见，主要修饰抽象名词，有丕杯休、丕杯鲁休、丕杯元德等组合形式，偶尔充当状语，如：

丕杯乩（扬）皇公受京宗懿釐。（8·4341 班簋，西中）。

纯：表示"大"义，主要与抽象名词组合，如纯祐（多见）、纯德等。或充当状语，如：

乡（向）女（汝）彶屯（纯）恤周邦，妥（绥）立余小子载乃事。（8·4342 师询簋，西晚）

孔：表示"大"义，只有充当定语一种句法功能，修饰抽象名词：

用乃孔德，逊屯（纯）乃用心，引正乃辟安德。（5·2830 师才鼎，西中）

皇：表示"大"义，有充当定语修饰抽象名词和充当谓语中心词两种用法，如：

对扬天子不（丕）显皇休，用作朕文考口白（伯）尊鼎。（5·2804 利鼎，西中）

自乍（作）铃钟，中（终）翰且扬，元鸣孔皇。（1·153-154 许子盤镈，春秋）

元：表"大"义，只有充当状语一种句法功能，如：

曾白（伯）霥慎圣（神圣）元武，元武孔黹。（9·4631-4632 曾伯霥簠，春早）

自乍（作）歌钟，元鸣无期，子孙鼓之。（1·216-218 蔡

侯纽钟，春晚）

硕：表示"大"义，只有充当谓语中心词一种句法功能：

孔淑且<u>硕</u>，乃龢且鸣。（子犯编钟，春秋后期）

鲁：表示"大"义，只有充当谓语中心词一种句法功能：

虔不惰，<u>鲁</u>覃京师，辥（乂）我万民。（5·2826晋姜鼎，春早）

弘：有充当定语和状语两种句法功能，如：

<u>弘</u>鲁卲（昭）王，广惩楚刑（荆），佳（唯）寏（贯）南行。（16·10175史墙盘，西中）

多友厷（<u>弘</u>）[1] 折首执讯，凡以公交车折首二百又口又五人。（5·2835多友鼎，西晚）

介：表示"大"义，只有充当定语一种句法功能，如：

臣保天子，用厥剌（烈）且（祖）<u>介</u>德。（5·2830师才鼎，西中）

用赐纯录（禄），受害（<u>介</u>）福。（叔多父盘，西晚）

废：表示"大"义，只有充当状语一种句法功能，如：

古（故）天异（翼）临子，瀍（<u>废</u>）保先王，匍有四方。（5·2837大盂鼎，西早）

吁：表示"大"义，有充当定语和状语两种用法，如：

祗显穆王，井（型）帅宇（<u>吁</u>）诲（谟），申宁天子。

---

[1] 参见曾繁宜《多友鼎铭文集释及相关问题研究》，华东师范大学2019年硕士学位论文118—119页。

（16·10175 史墙盘，西中）

用厥昭好，益口懿德，康亡不懋，孝友叮明。（齸公盨，西中）

翰：只有充当谓语中心词一种句法功能，皆为"终翰且扬"组合，如：

中（终）翰且扬，元鸣孔皇。（王孙诰编钟，春晚）

广：只有充当状语一种句法功能，如：

王命师俗、史密曰：东征。……广伐东或（国）。（史密簋，西中）

左右武王，口口百蛮，广司四方。（16·10342 晋公盆，春秋）

敷：表"广遍"义，只有充当状语一种句法功能，如：

在武王嗣文作邦，辟（闢）厥匿（慝），匍（敷）有四方。（5·2837 大盂鼎，西早）

虩虩成唐（汤），又（有）敢（严）才（在）帝所，専（敷）受天命。（1·285 叔夷钟，春晚）

合：只有充当状语一种句法功能，如：

上帝降懿德大屏，匍有上下，合受万邦。（16·10175 史墙盘，西中）

小：皆充当定语，修饰指物名词或指地名词，如：

余兄为女（汝）兹小欝彝。（10·5428-5429 叔欢父卣，西早）

乖白（伯）拜手稽首天子休，弗忘小裔邦。（8·4331 乖伯归夆簋，西晚）

小大：只有充当定语一种句法功能，如：

余令女（汝）史（使）小大邦。（3·949 中甗，西早）

虔夙夕惠我一人，雍我邦小大猷。（5·2841 毛公鼎，西晚）

末：表示"小"义，只有充当定语一种句法功能，修饰指人名词，如：

余唯（虽）末小子，余非敢宁忘（荒），有虔不易，佐右（佑）楚王。（1·216-218 蔡侯纽钟，春晚）

2. 表示多少义的

多：主要充当定语，修饰抽象名词，如：

祈多福眉寿永令（命）无疆。（15·9716-9717 梁其壶，西中）

用祈眉寿万年无疆多宝。（8·4168 虢兑簋，西晚）

以受大福，屯（纯）鲁多釐，大寿万年。（1·267-270 秦公镈，春早）

或修饰指人名词和时间名词，如：

用从井（邢）侯征事，用卿（飨）多者（诸）友。（5·2706 麦方鼎，西早）

用乍（作）大御于厥且（祖）厥父母多申（神）。（10·5427 作册嗌卣，西中）

子子孙孙多世其永宝。（8·4341 班簋，西中）

或充当状语和主语（很少），如：

王用弗望（忘）圣人之后，多蔑历易（赐）休。（5·2812 师望鼎，西中）

多易（赐）宴，宴用乍（作）朕文考日己宝簋。（7·4118-4119 宴簋，西晚）

吾台（以）为弄壶，自容既好，多寡不吁。（15·9715 夶氏壶，春晚）

厚：充当定语，修饰抽象名词，如：

降余厚多福无疆。（1·109-110 井人妄钟，西晚）

繁：充当定语，修饰抽象名词，如：

其才（在）上，降余多福緐（繁）釐。（8·4242 叔向父禹簋，西晚）

爾：充当定语，修饰抽象名词，如：

剌（烈）且（祖）文考弋口受（授）墙爾歚福。（16·10175 史墙盘，西中）

频：（1）表示"频繁"义，充当状语，1见：

其濒（频）才（在）帝廷陟降，申固皇帝大鲁命。（8·4317 胡簋，西晚）

（2）表示"多"义，充当定语，1见：

鲁天子受厥频福，克奔走上下帝无冬（终）命于有周。（8·4241 邢侯簋，西早）

众：充当谓语中心词，如：

尔母（毋）大而肆，母（毋）富而乔（骄），母（毋）众而嚣。（5·2840 中山王鼎，战晚）

庶：表示"众多"义，充当定语，如：

天命是扬，定均庶邦，休有成庆。（1·210-211 蔡侯纽

钟，春晚）

群：充当定语，修饰指人名词，如：

陈侯午台（以）群者（诸）侯献金乍（作）皇姚孝大妃祭器
敦。（9·4646-4647 十四年陈侯午敦，战晚）

诸：充当定语，皆修饰指人名词，如：

中（仲）几父史（使）几事于者（诸）侯、者（诸）监。
（7·3954 仲几父簋，西晚）

我用召卿事（士）辟王，用召者（诸）考、者（诸）兄。
（9·4628 伯公父簋，西晚）

列：充当定语，1 见：

闢启封疆，方数百里，剌（列）城数十。（5·2840 中山
王鼎，战晚）

少：多与数量词组合，且出现较晚，如：

亡智口兼音夫庶蒐择吉金铸鼏，少半。（5·2746 梁十九
年亡智鼎，战国）

寡：表示"少"，1 见：

吾台（以）为弄壶，自容既好，多寡不吁。（15·9715 林
氏壶，春晚）

3. 表示长、长久等义的

长₁：表示"长度"，充当定语或作谓语中心词，如：

长榜截首百，执讯卌，夺孚（俘）人四百。（8·4323 敌
簋，西晚）

亓（其）题凑长三毛（尺）。（16·10478 兆域图铜版，战晚）

长₂：表示"长久"义，可以充当定语或状语，如：

申宁天子，恪缵文武长刺（烈）。（16·10175 史墙盘，西中）

长为人宗，闻于天下之勿（物）矣。（5·2840 中山王鼎，战晚）

或充当谓语中心词，如：

佳（唯）惪（德）附民，佳（唯）宜（义）可长。（15·9735 中山王壶，战早）

永：多修饰名词，构成永福、永命、永寿、永世等组合。或充当状语，其中"永宝用"最多见，其他还有永用享、永受大福、永保鼓之等。

畯：皆作状语，如：

此其万年无疆，畯臣天子霝（令）冬（终）。（8·4303—4309 此簋，西晚）

用祷寿，匄永令（命），畯才（在）立（位）。（8·4317 胡簋，西晚）

畯保其子孙。（戎生编钟，春早）

引：有充当状语和谓语中心词两种句法功能，如：

不（丕）显文武，皇天引猒（厌）厥德，配我有周，膺受大命。（5·2841 毛公鼎，西晚）

孙孙子子其万年永宝，用兹王休，其日引勿替。（狱簋，西中）

通：只有"通禄"一种组合，如：

用追孝祈匄康娱、纯祐、通彔（禄）、永命。（8·4332-4339颂簋，西晚）

霋：表"长久"义，皆作状语，如：

楚敢拜手稽首，霋扬天子不（丕）显休。（8·4246-4249楚簋，西晚）

畯霋才（在）天，高引又（有）庆。（8·4315秦公簋，春早）

旧₂：表"长久"义，1见：

元器其旧（久），戈（载）公眉。（1·245邾公华钟，春晚）

远：表"远"义，只有充当状语一种句法功能，如：

王亲远省师，王至晋侯苏师，王降自车，立南向。（晋侯苏编钟，西晚）

遥：表"远"义，只有充当状语一种句法功能，如：

卫文君夫人叔姜作其行鬲，用从遥征。（卫夫人鬲，春秋前期）

亘：1见：

用享于朕文考辛公，用匄得纯和，亘命需终。（师道簋，西中）

扬：主要充当谓语中心词，多为"终翰且扬"形式，其他如：

其音嬴少则扬，穌平均皇，灵色若华。（敂钟，春秋后期）

或充当状语，如：敢明易（扬）告。（15·9734中山姧鲞

壶，战早）

4. 表示高深、直曲、清浊等义

高： 有充当状语和谓语中心词两种用法，如：

弋皇且（祖）考高对尔剌（烈）。（1·246 兴钟，西中）

畯毚才（在）天，高引又（有）庆。（8·4315 秦公簋，春早）

深： 只有充当谓语中心词一种句法功能，如：

故辞豊（礼）敬则骒（贤）人至，恤爱深则骒（贤）人
窥（亲）。（15·9735 中山王壶，战早）

直、曲： 1 器 2 见：

不择贵贱，宜曲则曲，宜植（直）则直。（16·10407 鸟
书箴铭带钩，战国）

冢（重）： 有充当状语和谓语中心词两种功能，如：

或得贤佐司马赒，而冢（重）任之邦。（15·9734 中山赒
蚉壶，战早）

重十二镒九口。（春成侯盉，战国前期，《近出二编》3：835）

清： 2 见①：

侯氏受福眉寿，卑（俾）旨卑（俾）静（瀞）。（16·10361
国差蟾，春秋）

我西（酒）即〈既〉清，我用以克口。（郑义伯，春秋）

5. 表示老幼、新旧等义

老： 只有充当谓语中心词一种句法功能，如：

---

① 参见谢明文《郑义伯罉铭文补释》，《国家博物馆馆刊》2015 年第 7 期。

余老，止公仆（附）庸土田多刺。（8·4292 五年琱生簋，西晚）

用祈匄眉寿，其万年霝冬（终）难老。（15·9713 夋季良父壶，西晚）

壮：只有充当谓语中心词一种句法功能，如：

含（今）余方壮，智（知）天若否。（5·2840 中山王鼎，战晚）

新：有充当定语和状语两种句法功能，如：

邵大叔以新金为賔车之斧。（18·11788 吕大叔斧，春秋）

茅蒐畋猎，于皮（彼）新土。……敬明新墬（地），雨（襦）祠先王。（15·9734 中山䣅䇓壶，战早）

新赐厥田，以牲马十又五匹……。（姊季姬尊，西中，《近出二编》2：586）

旧₁：只有充当定语一种句法功能，如：

王弗望（忘）厥旧宗小子。（11·6011 盠驹尊，西中）

令女（汝）司乃且（祖）旧官小辅鼓钟。（8·4324-4325 师䟆簋，西晚）

6.表示急缓、难易等义的

疾：只有充当状语一种句法功能，如：

乃敢疾讯人，则唯専（辅）天降丧，不肖唯死。（9·4469 冉盨，西晚）

难：充当状语，如：

此易言而难行施（也）。……邻邦难亲，仇人才（在）彷（旁）。（5·2840 中山王鼎，战晚）

或组成"难老"组合，出现于宾语部分，如：

用祈眉寿难老，室家是保。（邾公典盘，春秋后期）

易₁：充当状语，如：

事少女（如）长，事愚女（如）智，此易言而难行旃（也）。（5·2840 中山王鼎，战晚）

7. 表示态度的

恭：充当谓语中心词，如：

是少（小）心恭齐，灵力若虎。（1·272–278 叔夷钟，春晚）

温恭穆秉德，受命纯鲁，宜其士女。（秦子簋盖，春秋前期）

毖恭：皆作谓语中心词，如：

余毖恭威（畏）忌，盅（淑）穆不惰于厥身。（1·245 邾公华钟，春晚）

敬：只有充当谓语中心词一种句法功能，如：

故辞豊（礼）敬则贤人至。（15·9735 中山王壶，战早）

严敬不敢怠荒。（15·9735 中山王壶，战早）

严（俨）：一种是"严"单用，如：

皇考其严才（在）上……降余鲁多福亡疆。（1·145 士父钟，西晚）

前文人严在上……降余多福、康娱、纯祐、永命。（逨编钟，西晚）

一种是与"翼"前后对用，如：

前文人其严在上，异（翼）才（在）下。（晋侯苏编钟，

西晚）

翼：一种是与"严"对用（见前），一种是单用（充当状语），如：

翼受明德，以康奠协朕或（国）。（1·267–270 秦公镈，春早）

齐：只有充当谓语中心词一种句法功能，如：

是小心恭齐，灵力若虎，董（勤）劳其政事。（1·285 叔夷钟，春晚）

肃："庄重"义，只有充当谓语中心词一种句法功能，如：

肃哲圣武，惠于政德，淑于威义（仪）。（1·261 王孙遗者钟，春晚）

康：表示"康乐"义，只有充当谓语中心词一种句法功能，如：

台（以）乐可康，嘉而宾客。（1·144 越王者旨於赐钟，战早）

余亡康昼夜，亟（经）雍先王，用配皇天。（8·4317 胡簋，西晚）

娱：表示"欢乐"义，如：

饮飤歌舞，孙孙用之，后民是语（娱）。（1·183 徐娸口儿钟，春晚）

懈：表示"懈怠"义，只有充当谓语中心词一种句法功能，如：

凤夜不解（懈），以诱道（导）寡人。（5·2840 中山王鼎，

战晚）

受赁（任）佐邦，凤夜匪解（懈）。（15·9735 中山王壶，战早）

惰：只有充当谓语中心词一种句法功能，如：

追考（孝）对，不敢豪（惰）。（8·4241 荣作周公簋，西早）

勿瀍（废）朕命，女（毋）豪（惰）乃政。（1·60-63 逆钟，西晚）

易₂：表"轻慢"义，充当谓语中心词，如：

余非敢宁忘，有虔不**易**，佐右（佑）楚王。（1·210 蔡侯纽钟，春晚）

虔恤不**易**，左右余一人。（1·272-278 叔夷钟，春晚）

荒宁：充当谓语中心词，如：

女（汝）母（毋）敢妄（荒）宁，虔凤夕惠我一人。（5·2841 毛公鼎，西晚）

余不段（暇）妄（荒）宁，巠（经）雖明德。（5·2826 晋姜鼎，春早）

宁荒：充当谓语中心词，如：

余非敢宁忘（荒），有虔不易，佐右（佑）楚王。（1·210 蔡侯纽钟，春晚）

怠荒：充当谓语中心词，1 见：

穆穆济济，严敬不敢怠荒。（15·9735 中山王壶，战早）

骄：充当谓语中心词，如：

余不敢为乔（骄），我以盲（享）孝。（1·225-237 郘黛

钟，春晚）

母（毋）富而乔（骄），母（毋）众而嚣。（5·2840 中山王鼎，战晚）

纵：表示"放纵"义，充当谓语中心词，如：

勿事（使）敢又（有）疾止从（纵）狱。（8·4340 蔡簠，西晚）

肆：表示"放肆"义，充当谓语中心词，如：

尔母（毋）大而肆，母（毋）富而乔（骄），母（毋）众而嚣。（5·2840 中山王鼎，战晚）

吝：充当谓语中心词：余弗敢吝。（8·4298-4299 大簋盖，西晚）

8. 表示颜色的

白：有充当定语和谓语中心词两种用法，如：

公赏乍（作）册大白马。（5·2758-2761 作册大方鼎，西早）

自乍（作）谣钟，不帛（白）不骍。（1·198 者减钟，春秋）

素：皆作定语，修饰指物名词，如：

载易（赐）女（汝）韦市素黄（衡）銮口。（8·4286 辅师嫠簋，西晚）

赐汝……金甬、朱旗、马四匹、銮勒、素钺。（师克盨，西晚）

幽：皆作定语，修饰指物名词，如：

王册令尹易（赐）盠赤市、幽亢（衡）、銮勒。（16·9899-9900 盠方彝，西中）

易（赐）女（汝）秬鬯一卣、玄衮衣、幽夫（黼）、赤舄、驹车……幽勒。（5·2816 伯晨鼎，西中或晚）

玄：有充当谓语中心词和定语两种用法，如：

其金孔吉，亦**玄**亦黄。（9·4628 伯公父簠，西晚）

易（赐）女（汝）**玄**衮衣、赤舄。（8·4340 蔡簋，西晚）

王以侯内（入）于寝，侯易（赐）**玄**周（琱）戈。（11·6015 麦方尊，西早）

旅：作定语，修饰指物名词，如：

商（赏）瓒一□，彤弓一，彤矢百，**旅**弓十，**旅**矢千。（8·4320 宜侯夨簋，西早）

赤：作定语，皆修饰指物名词，如：

中（仲）竞父易（赐）**赤**金，盄拜稽首。（11·6008 盄尊，西中）

侯乘于**赤**旂舟从。（11·6015 麦方尊，西早）

朱：作定语，皆修饰指物名词，如：

余易（赐）女（汝）秬鬯卣、金车……**朱**虢。（8·4302 泵伯冬簋盖，西中）

易（赐）女（汝）玄衣黹屯（纯）、赤市、**朱**黄（衡）、銮旗。（5·2825 膳夫山鼎，西晚）

彤：作定语，修饰指物名词，如：

易（赐）女（汝）玄衣黹屯（纯）……**彤**沙（綏）、銮旗、鋚勒。（8·4321 訇簋，西晚）

赐（赐）用弓，**彤**矢其央。（16·10173 虢季子白盘，

西晚）

繻：作定语，仅"繻里"一种组合，如：

易（赐）女（汝）……虎冟（幎）熏（繻）里……。（8·4318-4319 三年师兑簋，西晚）

恳：作定语，仅"蔥黄"一种组合，如：

易（赐）朱市、恳（蔥）黄（衡）……。（8·4326 番生簋盖，西晚）

黄：有充当定语和谓语中心词两种用法，如：

余择其吉金黄镴，余用自乍（作）旅簋。（9·4631-4632 曾伯霖簋，春早）

其金孔吉，亦玄亦黄。（9·4628 伯公父簠，西晚）

骍：有充当定语和谓语中心词两种用法，如：

易（赐）勻骍犅。曰：用窒（禘）于乃考。（8·4165 大簋，西中）

自乍（作）谣钟，不帛（白）不骍。（1·198 者减钟，春秋）

缁：指黑色，作定语，修饰指物名词，如：

王或赐狱佩、缁市、朱衡。（狱簋，西中）

9.叠音词

雝雝：形容钟声，如：

取厥吉金，用作宝协钟，厥音雝雝。（戎生编钟，春早）

阑阑：形容钟鼓之声，传世文献作"简简"，如：

阑阑龢钟，用宴以喜。（王孙诰编钟，春秋后期）

悠悠：指声音远扬，如：

其音悠悠，闻于四方，皇皇熙熙，眉寿无期。（1·182 徐王子旃钟，春秋）

仓仓：模拟钟声，如：

会奏仓仓，歌乐自喜。（敢钟，春秋后期）

翼翼：庄严的样子，如：

函恭舒迟，畏忌趩趩（翼翼）。（王孙诰编钟，春秋后期）

穆穆：（1）形容乐器的和乐之声，如：

中（终）翰且扬，元鸣孔皇，穆穆龢钟，用匽（宴）以喜。（1·153-154 许子鎝镈，春秋）

（2）形容仪态的威严，可以充当状语、定语或谓语中心词，如：

不（丕）显皇且（祖）考，穆穆克慎厥德。（8·4326 番生簋盖，西晚）

穆穆鲁辟，徂省朔旁（方）。（5·2746 梁十九年亡智鼎，战国）

有严穆穆，敬事楚王。（王孙诰编钟，春秋后期）

肃肃：形容庄严之貌，如：

肃肃义政，齐侯左右，母（毋）疾母（毋）已。（1·285 叔夷钟，春晚）

祗祗：形容恭敬之貌，如：

均子夫（大）夫，建我邦国，口命祗祗，不愆不忒。（1·210-222 蔡侯纽钟，春晚）

秩秩：表示肃敬之貌，如：

秉德秩秩，柔燮万邦。（16·10342 晋公盆，春秋）

宪宪：形容圣明之貌。

妾**宪宪**圣爽，寙处宗室。（1·109-110 井人妾钟，西晚）

桓桓：形容威武之貌，充当定语和谓语中心词，如：

不（丕）显**桓桓**皇且（祖）穆公，克夹召先王，奠四方。（5·2833-2834 禹鼎，西晚）

丕显朕皇高祖单公**桓桓**，克明慎厥德，夹召文王、武王挞殷。（逑盘，西晚）

烈烈：威武严猛之貌，如：

剌剌（**烈烈**）卲（昭）文公静公宪公，不惰于上。（1·267-270 秦公镈，春早）

蔼蔼：形容容止之盛，如：

蔼蔼文武，镇静不廷，虔敬朕祀，乍（作）肆宗彝。（8·4315 秦公簋，春早）

蔼蔼允义，翼受明德，以康奠协朕或（国）。（1·262-266 秦公钟，春早）

虩虩：显盛之貌，如：

虩虩（赫赫）成唐（汤），又（有）敢（严）才（在）帝所。（1·285 叔夷钟，春晚）

犀犀：读为"迟迟"，舒缓之貌，如：

犀犀康盄（淑），承受屯（纯）悳（德）。（15·9719-9720 令狐君孺子壶，战中）

它它、陁陁：和乐、喜悦之貌，如：

它它（佗佗）受兹永命，无疆屯（纯）右（祐）。（8·4160-4161 伯康簋，西晚）

阤阤降余多福宪烝宇慕远猷。（8·4317 㝬簋，西晚）

遊遊：宽闲安适之貌，如：

威义（仪）**遊遊**，需颂托（妊）商（彰）。（11·6010 蔡侯尊，春晚）

乔乔：壮大之貌，如：

蹻蹻（乔乔）其龙，既旆（申）㠽虞。（1·225-237 郘黛钟，春晚）

汸汸、滂滂：繁盛之貌，如：

四牡**汸汸**，以取鲜蒿，卿（飨）祀先王。（15·9734 中山舒䌽壶，战早）

用祀用卿（飨），多福**滂滂**。（15·9708 冶仲考父壶，春早）

霖霖：流泪的样子，如：

霖霖（潜潜）流涕，不敢盗（宁）处。（15·9734 中山舒䌽壶，战早）

哀哀：或释为"哀伤"义[1]，或谓同"殷殷"[2]。春秋金文

---

[1]　孙敬明、何琳仪、黄锡全《山东临朐新出铜器铭文考释及有关问题》（《文物》1983 年第 12 期 13 页）谓："哀哀利锥"与"哀哀父母"句式基本相同。

[2]　杨明明《金文叠音词札记（四则）》（复旦网 2009-2-20 首发）谓："哀哀"释为"哀哀凄凄"之"哀哀"，乃悲伤之义，恐与文义不合，当有他意。求之于读音，盖借为"殷殷"。……殷殷，盛多之貌。……则铭文用"殷殷"形容"利锥"，指才华之盛，犹今之才华横溢。

1 见：

哀哀利锥，用孝用亯（享）。（5·2750 上曾大子鼎，春早）

翩翩：纷乱的样子，如：

翩翩四方，大从（纵）不静。（5·2841 毛公鼎，西晚）

显显：显盛之貌，如：

休同公克成妥（绥）吾考以于显显受令。（8·4330 它簋，西早）

柬柬兽兽：相当于传世文献的"简简优优"，形容宽舒之貌，如：

命（令）瓜（狐）君孺子乍（作）铸尊壶，柬柬兽兽，康乐我家。（15·9719-9720 令狐君孺子壶，战中）

柬柬兽兽，令尹子庚，殿民之所亟（极）。（5·2811 王子午鼎，春中或晚）

皇皇熙熙：形容钟声洪亮、和谐，如：

其音悠悠，闻于四方，皇皇熙熙，眉寿无期。（1·182 徐王子旃钟，春秋）

它它熙熙：美好貌，如：

它它熙熙，寿考无期，永保用之。（16·10163 夆叔盘，春早）

穆穆济济：敬慎貌，如：

以卿（飨）上帝，以祀先王，穆穆济济，严敬不敢怠荒。（15·9735 中山王壶，战早）

穆穆翼翼：敬慎貌，如：

穆穆异异（翼翼），克慎厥德。（1·189 梁其钟，西晚）

穆穆熙熙：盛美貌，如：

余严敬兹禋盟，穆穆熙熙，至于子子孙孙。（郑大子之孙与兵壶，春秋后期）

穆穆衅衅：敬勉貌，如：

穆穆衅衅，恩害欣扬，威义（仪）遊遊，需颂托商（彰）。（11·6010 蔡侯尊，春晚）

爰爰穆穆：闲雅之貌，如：

至于辥（予）皇考邵伯，爰爰穆穆。（戎生编钟，春早）

祇祇翼翼：恭敬貌，如：

祇祇翼翼，卲（昭）告后嗣。（15·9735 中山王壶，战早）

桓桓趩趩：壮武盛美貌，如：

休辥皇且（祖）宪公，桓桓趩趩，启厥明心，广垩（经）其猷。（戎生编钟，春早）

烈烈桓桓：威武貌，如：

穆穆帅秉明德，刺刺（烈烈）桓桓，迈（万）民是敹。（8·4315 秦公簋，春早）

惮惮懔懔：形容危惧之貌，如：

寡人惧其忽然不可得，惮惮懔懔，恐陨社稷之光。（5·2840 中山王鼎，战晚）

穌穌仓仓：形容钟声清越，如：

自作穌钟，穌穌仓仓，孔乐父兄，万年无期。（韶编镈，

春秋后期）

逢逢渊渊：形容盛大之貌[1]，如：

前文人其严在上，翼在下，逢逢渊渊，降余多福。（晋侯苏编钟，西晚）

渊渊逢逢：同上。

先王其严才（在）上，渊渊逢逢，降余多福，福余冲孙。（1·260 戴钟，西晚）

鎗鎗鐭鐭等：皆形容钟声洪亮，如：

作朕皇考龚叔穌钟，鎗鎗鐭鐭，肃肃雍雍。（速编钟，西晚）

乍（作）厥穌钟，灵音鎗鎗雍雍。（1·262-266 秦公钟，春早）

厥音雍雍，鎗鎗鋪鋪，爰爰雌雌，既穌且盂（淑）。（戎生编钟，春早）

10.联绵词

绰绾：宽绰貌，如：

用祈匄百彔（禄）、眉寿、绾绰、永命。（5·2777 史伯硕父鼎，西晚）

舒迟：宽缓貌，如：

舒迟文考乙公遽（竞）爽，得屯（纯）无刺。（16·10175 史墙盘，西中）

---

[1] 何琳仪《逢逢渊渊释训》（《安徽大学学报（哲学社会科学版）》2006 年 4 期 84-87 页）认为应读为"逢逢渊渊"，本是形容钟鼓之声的象声词，引申为形容盛大之貌。

函恭舒迟，畏忌趩趩，敬厥盟（明）祀，永受其福。
（5·2811 王子午鼎，春中或晚）

竞爽： 强盛貌，如：

舒迟文考乙公遽（竞）爽，得纯无刺。（16·10175 史墙
盘，西中）

二　形容词的语法功能

（一）形容词的组合功能

1. 与程度副词组合

因为金文中只有"孔"一个程度副词，故形成的组合形
式不多，如：

择之金，佳（唯）镐佳（唯）卢（鑪），其金孔吉。（9·
4628 伯公父簠，西晚）

白父孔显又（有）光，王赐（赐）乘马，是用左（佐）
王。（16·10173 虢季子白盘，西晚）

大师作为子仲姜沬盘，孔硕且好。（子仲姜盘，春秋前
期 7）

子犯及晋公率西之六师搏伐楚荆，孔休。……孔淑且硕，
乃龢且鸣。（子犯编钟，春晚）

自乍（作）龢钟，中（终）翰且扬，元鸣孔皇，孔嘉元
成。（1·203 沇儿钟，春晚）

因为两周金文特定内容的关系，受"孔"修饰的形容词

都是含有赞美义的褒义词，最常见的是"皇"，多见于春秋钟镈类铭文中，形容钟声洪亮。

2. 与名词组合

如：

申敢对扬天子休命，用乍（作）朕皇考孝孟尊簋，申其万年用。（8·4267 申簋盖，西中）

走乍（作）朕皇且（祖）文考宝龢钟。（1·54-58 走钟，西晚）

兮中（仲）乍（作）大林钟。（1·79 兮仲钟，西晚）

余小子肇帅井（型）朕皇且（祖）考懿德。（1·82 单伯昊生钟，西晚）

用亯（享）于其皇祖文考，用易害（匄）眉口黄耇灵冬（终）。（8·4156 伯家父簋盖，西晚）

用乍（作）朕剌（烈）且（祖）乙白（伯）同益姬宝簋。（8·4342 师询簋，西晚）

自作龢铎，终翰且扬，元鸣孔皇。（登铎，春早，《铭图续》1048）

徐王庚之淑子沇儿，择其吉金，自乍（作）龢钟。（1·203 沇儿钟，春晚）

3. 同义或近义连用

前者如：

用从井（邢）侯征事，用卿（飨）多者（诸）友。（5·2706 麦方鼎，西早）

降余厚多福无疆。（1·109–110 井人妄钟，西晚）

用喜侃前文人，庸厚多福，用申就先王，受皇天大鲁命。（2·358 五祀胡钟，西晚）

敢对扬武公不（丕）显耿光，用乍（作）大宝鼎。（5·2833–2834 禹鼎，西晚）

其音赢少则扬，龢平均煌，灵色若华。（敢钟，春秋后期）

后者如：

易（赐）佩，敢乍（作）文人大宝协龢钟。（1·247–250 兴钟，西中）

宏鲁卲（昭）王，广惩楚刑（荆），隹（唯）寏南行。（16·10175 史墙盘，西中）

敢对扬天子不（丕）显鲁休命。（8·4279–4282 元年师旋簋，西晚）

不（丕）显皇考惠叔，穆穆秉元明德。（1·242 虢叔旅钟，西晚）

番生不敢弗帅井（型）皇且（祖）考不（丕）秠元德。（8·4326 番生簋盖，西晚）

（二）形容词的句法功能

1. 充当定语

是形容词最主要的句法功能。从形容词的具体类别看，表示“珍贵”义的“宝”基本只修饰器物名词（见前）。

表示“美善”义的形容词是定语的主要充当者，可以修饰指物名词和指人名词，还多修饰抽象名词。前者如：

格白（伯）取<u>良</u>马乘于倗生。（8·4264-4265 倗生簋，西中）

命武公遣乃<u>元</u>士羞追于京师。（5·2835 多友鼎，西晚）

其用亯（享）孝皇申（神）且（祖）考，于<u>好</u>倗友。（9·4449-4452 杜伯盨，西晚）

夂季良父乍（作）口姒尊壶，用实<u>旨</u>酒。（15·9713 夂季良父壶，西晚）

用匽（宴）用喜，用乐<u>嘉</u>宾。（1·142 齐鲍氏钟，春晚）

诸侯羞<u>元</u>金于子犯之所，用为龢钟九堵。（子犯编钟，春秋后期）

后者如：

何拜稽首，对扬天子<u>鲁</u>命，用乍（作）宝簋。（8·4202 何簋，西晚）

洹子孟姜用乞<u>嘉</u>命，用祈眉寿。（15·9729 洹子孟姜壶，春秋）

肃肃<u>义</u>政，齐侯左右，母（毋）疾母（毋）已。（1·285 叔夷钟，春晚）

表示光明、显明义的形容词，只有修饰指人名词和抽象名词的用法，前者如：

对扬朕皇君休，用乍（作）朕剌（<u>烈</u>）考尊壶。（15·9721-9722 几父壶，西中）

追夷不敢昧先人之显，对扬厥<u>显</u>祖之遗宝。（追夷簋，西

晚,《近出二编》2：428）

后者如：

不自乍（诈），小子夙夕専由先且（祖）刺（烈）德，用臣皇辟。（5・2830 师才鼎，西中）

敢对扬武公不（丕）显耿光，用乍（作）大宝鼎。（5・2833-2834 禹鼎，西晚）

女（汝）母（毋）弗帅用先王乍（作）明井（刑）。（5・2841 毛公鼎，西晚）

表示安宁、和谐义的形容词，有修饰器物和抽象名词的用法，但用例均有限。如：

迟父乍（作）齐妥（绥）鱻林钟。（1・103 迟父钟，西晚）

虢【季】作为协钟，其音鸣【雍】。（虢季编钟，西晚）

母（毋）折缄，告余先王若德。（5・2841 毛公鼎，西晚）

表示聪敏、勇武等品性义的形容词，以修饰指人名词为主，如：

肃哲康王，囗尹宧（亿）疆。（16・10175 史墙盘，西中）

青（静）幽高且（祖），才（在）微霝处。（16・10175 史墙盘，西中）

亦则於女（汝）乃圣且（祖）考，克専（辅）右（佑）先王。（8・4342 师询簋，西晚）

攻敔王光自乍（作）用剑，台（以）挡勇人。（18・11654 攻敔王光剑，春晚）

也有修饰抽象名词的，但较少，如：

不（丕）显皇考惠叔，穆穆秉元明德。（1·242 虢叔旅钟，西晚）

阤阤降余多福、宪烝、宇慕（谟）、远猷。（8·4317 㝬簋，西晚）

朕文考懿叔，亦帅型法则先公正德，俾作司马于滕。（羊编镈，春秋后期）

状态形容词中表示大小义的形容词，以修饰抽象名词居多，如：

用乃孔德，逊屯（纯）乃用心，引正乃辟安德。（5·2830 师才鼎，西中）

其万年无疆，子子孙孙永受大福用。（16·10142 齐叔姬盘，西晚）

阤阤降余多福、宪烝、宇慕（谟）、远猷。（8·4317 㝬簋，西晚）

用祈屯（纯）彔（禄）、永命、鲁寿。（8·4331 乖伯归夆簋，西晚）

用赐纯录（禄），受害（介）福。（叔多父盘，西晚）

其次是修饰指人名词，如：

不（丕）肆王乍（作）庚，不（丕）克乞（讫）衣（卒）王祀。（8·4261 天亡簋，西早）

虘罘蔡姬永宝，用邵大宗。（1·88-89 虘钟，西中）

弘鲁邵（昭）王，广惩楚刑（荆），佳（唯）窦南行。

（16·10175 史墙盘，西中）

还可以修饰指物名词，如：

余兄为女（汝）兹小𢼸彝。（10·5428-5429 叔欢父卣，西早）

兮中（仲）乍（作）大林钟，其用追孝于皇考己白（伯）。（1·79 兮仲钟，西晚）

还有修饰指地名词的，但用例很少，如：

穆穆王才（在）镐京，乎（呼）渔于大池。（8·4207 遹簋，西中）

我乃至于淮，小大邦亡敢不口具逆王命。（9·4464 驹父盨盖，西晚）

表示多少义的形容词，主要修饰抽象名词，如：

拜稽首，鲁天子受厥频福。（8·4241 邢侯簋，西早）

朕皇考叔旅鱼父宝钟，降多福无疆。（1·39 叔旅鱼父钟，西晚）

其才（在）上，降余多福鞣（繁）釐，广启禹身。（8·4242 叔向父禹簋，西晚）

还有修饰指人名词和国名的用法，如：

用受德，妥（绥）多友，亯（享）奔走令。（11·6015 麦方尊，西早）

中（仲）几父史几事（使）于者（诸）侯者（诸）监。（7·3954 仲几父簋，西晚）

天命是扬，定均庶邦，休有成庆。（1·210-211 蔡侯纽

钟，春晚）

表示长、长久等义的形容词，主要修饰抽象名词，如：

井（型）帅宇诲，申宁天子，悆缵文武长剌（烈）。（16·10175 史墙盘，西中）

用喜侃【前】文人，用祈屯（纯）鲁永命，用匃眉寿无疆。（1·140 师奭钟，西晚）

用追孝祈匃康娱、屯（纯）右（祐），通彔（禄）、永命。（8·4332-4339 颂簋，西晚）

用享于朕文考辛公，用匃得纯和，叀命霝终。（师道簋，西中）

修饰时间名词仅 1 见：

保有齐邦，永世母（毋）忘（亡）。（9·4648 十年陈侯午敦，战晚）

表示老幼、新旧等义的形容词，有修饰指人、指物、指地名词的用法，例如：

新君子之，不用豊（礼）宜（仪）。（15·9735 中山王壶，战早）

王弗忘厥旧宗小子。（11·6011 盠驹尊，西中）

郘大叔以新金为贪车之斧。（18·11788 吕大叔斧，春秋）

取吴蓋旧疆，付吴虎。（吴虎鼎，西晚）

表示高深、方直、清浊等义和表示急缓、难易等义的形容词，无充当定语的用法。

颜色词也是定语的主要充当者，但用法单一，基本只修饰指物名词，如白马、白金、白鹿、白狼、素市、素钺、赤市、赤舄、赤金、朱旂、朱衡、彤弓、彤矢、彤綏、金钪、金甬、金车、金镳玄衣、玄衮衣、旅弓、旅矢、缁市、葱衡、幽衡、纁里等组合形式。

叠音词形容词可以充当定语，主要修饰指人、指物名词，如：

不（丕）显桓桓皇且（祖）穆公，克夹召先王，奠四方。（5·2833-2834 禹鼎，西晚）

穆穆鲁辟，徂省朔旁（方）。（5·2746 梁十九年亡智鼎，战国）

刺刺（烈烈）昭文公静公宪公，不惰于上。（1·267-270 秦公镈，春早）

穆穆酥钟，用匽（宴）以喜。（1·153-154 许子盅镈，春秋）

乔乔其龙，既旃（申）邕虡。（1·225-237 邾黛钟，春晚）

形容词性联绵词只有一个充当定语的：

舒迟文考乙公遽（竞）爽，得屯（纯）无刺。（16·10175 史墙盘，西中）

2. 充当谓语或谓语中心词

如：

王令员执犬，休善，用乍（作）父甲肆彝。（5·2695 员方鼎，西中）

中（终）翰且扬，元鸣孔皇，孔嘉元成。（1·203 沇儿钟，春晚）

司余小子弗彶，邦将害（曷）吉？（5·2841 毛公鼎，西晚）

圣智龏（恭）良，其受此眉寿。（1·172–180 郘叔之仲子平钟，春晚）

侯氏受福眉寿，卑（俾）旨卑（俾）瀞。（16·10361 国差𦉜，春秋）

余毕恭威（畏）忌，淑穆不惰于厥身。（1·245 邾公华钟，春晚）

䨻肇从遣征，攻龠无啻（敌），眚（省）于厥身。（5·2731 䨻鼎，西中）

允才（哉）显，隹（唯）敬德，亡逌（攸）违。（8·4341 班簋，西中）

廿六年，皇帝尽并兼天下诸侯，黔首大安，立号为皇帝。（16·10372 商鞅量，战国）

用宴用宁，用享用孝，用祈眉寿，万年无疆。子子孙孙，永宝用乐。（子犯编钟，春秋后期）

肆皇帝亡斁，临保我有周，雩四方民，亡不康静。（8·4342 师询簋，西晚）

余函恭舒迟，畏忌趩趩，肃哲圣武。（1·261 王孙遗者钟，春晚）

天子明哲，显孝于申（神）。（5·2836 大克鼎，西晚）

才（在）先王小学，女（汝）敏可事（使）。（8·4324–4325

师厘簋，西晚）

不（丕）显子白，壮武于戎工（功）。（16·10173 虢季子白盘，西晚）

雩乃讯庶有讼，毋敢不中不型。（卅三年逨鼎，西晚）

佳（唯）皇上帝百神，保余小子，朕猷又（有）成亡（无）竞。（1·260 胡钟，西晚）

善效（教）乃友内（入）辟，勿事（使）虣（暴）虐从（纵）狱。（9·4469 冉盨，西晚）

允才（哉），显！佳（唯）敬德，亡遒（攸）违。（8·4341 班簋，西中）

中（终）翰且扬，元鸣孔皇，孔嘉元成，用盘饮酉（酒）。（1·203 沇儿钟，春晚）

元器其旧，哉（载）公眉寿。（1·245 邾公华钟，春晚）

余老，止公仆（附）庸土田多刺。（8·4292 五年召伯虎簋，西晚）

自乍（作）谣钟，不帛（白）不骍，不铄不凋。（1·198 者减钟，春秋）

其金孔吉，亦玄亦黄。（9·4628 伯公父簠，西晚）

取厥吉金，用作宝协钟，厥音雍雍。（戎生编钟，春早）

有严穆穆，敬事楚王。函恭舒迟，畏忌翼翼。（王孙诰编钟，春秋后期）

丕显朕皇高祖单公桓桓，克明慎厥德。（逨盘，西晚）

犀犀康盄（淑），承受屯（纯）惠（德）。（15·9719-9720

令狐君孺子壶，战中）

命（令）瓜（狐）君孺子乍（作）铸尊壶，柬柬兽兽，康乐我家。（15·9719—9720 令狐君孺子壶，战中）

用祀用卿（饗），多福滂滂。（15·9708 冶仲考父壶，春早）

自作龢钟，龢龢仓仓，孔乐父兄，万年无期。（韶编镈，春秋后期）

用祈眉寿万年无疆，它它巳巳（熙熙），男女无期。（9·4645 齐侯作孟姜敦，春晚）

穆穆帅秉明德，烈烈桓桓，迈（万）民是敕。（8·4315 秦公簋，春早）

3. 充当状语

如：

既龢无测，父母嘉寺（持），多用旨食。（5·2750 上曾大子鼎，春早）

女（汝）母（毋）弗蠹（善）效姜氏人。（8·4340 蔡簋，西晚）

其有敢乱兹命，曰：汝使召人，公则明殛。（五年琱生尊，西晚）

虔不惰，鲁覃京师，辥（乂）我万民。（5·2826 晋姜鼎，春早）

亦唯噩（鄂）侯驭方率南淮尸（夷）东尸（夷）广伐南或（国）东或（国），至于历沎。（5·2833—2834 禹鼎，西晚）

追虔夙夜恤厥死（尸）事，天子多易（赐）追休。

（8·4219—4224 追簋，西中）

其各（格）前文人，其瀕（频）才（在）帝廷陟降，申就皇帝大鲁令，用令保我家朕立（位）胡身。（8·4317 默簋，西晚）

不（丕）显文武，皇天引猒（厌）厥德，配我有周。（5·2841 毛公鼎，西晚）

王亲远省师，王至晋侯苏师。（晋侯苏编钟，西晚）

余虽小子，穆穆帅秉明德。（8·4315 秦公簋，春早）

阤阤降余多福、宪烝、宇慕、远猷。（8·4317 胡簋，西晚）

第四节　数量词

一　数词

除了自然数字——十外，还有贰、再、两、乘、叁、廿、卅、卌、百、千、万、亿、半、数等数词。

贰：仅 1 见：公宕其叁，女（汝）则宕其贰；公宕其贰，女（汝）则宕其一。（8·4292 五年琱生簋，西晚）

叁：修饰名词，有叁寿、叁有司、叁世等组合。如：叁寿佳（唯）利；（1·260 胡钟，西晚）用司六师王行叁有司；
（11·6013 盠方尊）佳（虽）又（有）死辠，及叁世亡不若
（赦）。（5·2840 中山王鼎，战晚）单用如上例。

再：仅修饰时间名词一种用法，如：唯廿又再祀。
（1·157-161 虤羌钟，战早）

两₁：多数位于指称名词后，如：王亲旨盠，驹易（赐）
两；（11·6011 盠驹尊，西中）曾（赠）匍于東㢡贲韦两、赤
金一勺（钧）；（匍盉，西中）叔向父为备宝簋两、宝鼎二。
（7·3870 叔向父为备簋，西晚）少数位于指称名词前，如：
自豕鼎降十又【一】簋八两罍两壶；（5·2745 函皇父鼎，西
晚）两堂间八十毛（尺）。（16·10478 兆域图铜版，战晚）

乘₁：表示"四"这个数量[1]，多数指称"马"，如：易
（赐）女（汝）马乘、钟五金；（8·4184-4187 公臣簋，西晚）
王赐（赐）乘马，是用左（佐）王。（16·10173 虢季子白盘，
西晚）或指称其他物品，如：宾用虎皮再（乘）。（霸伯盉，
西中）[2]

廿：位于指称名词前，如：唯廿年正月既望甲戌；

---

[1] 林宛蓉《殷周金文数量词研究》（台湾东吴大学 2006 年硕士学位论文 34
页）谓：金文中常以"乘"来代"四匹马"，如《克钟》"赐克佃车、马
乘"，"马乘"就是"马四匹"；《九年卫鼎》之"帛䌸乘"是"帛制的马
䌸四个"的意思。

[2] 张恒蔚《霸伯铜器群研究》（35 页）谓：诸家皆释为"再"，黄锦前、张
新俊、张亮读作"乘"，……古时计物以四为乘。……笔者倾向黄锦前、
张新俊、张亮的意见……视为量词。

（16·10170 走马休盘，西中）南尸（夷）东尸（夷）具见，廿又六邦。（1·260 胡钟，西晚）位于指称名词后，如：孚（俘）车马五乘大车廿、羊百……孚（俘）戎金合（盒）卅、戎鼎廿、铺五十、剑廿。（5·2779 师同鼎，西晚）

卅：位于指称名词前，如：白大师易（赐）白（伯）克仆卅夫；（15·9725 伯克壶，西晚）王咸诰，何易（赐）贝卅朋。（11·6014 何尊，西早）位于指称名词后，如：厥宅邑卅又五；（8·4320 宜侯夨簋，西早）孚（俘）戎金合（盒）卅……。（5·2779 师同鼎，西晚）

卌：位于指称名词前，如：【乃】来岁弗赏（偿），则付卌秭；（5·2838 曶鼎，西中）亓（其）坡卌毛（尺），丘平者卌毛（尺）；（16·10478 兆域图铜版，战晚）位于指称名词后，如：长榜载首百，执讯卌……告禽馘百、讯卌。（8·4323 敔簋，西晚）

百：多数位于指称名词前，有百神、百子、百工、百姓、百辟、百晦、百人、百僚、百男百女、百诸婚媾、百蛮、百民、百福、百禄、百车、百世、百岁、百朋、二百家、三百锊、百乘、百钧、二百乘舟、数百里、百尺等组合。位于指称名词后，如：易（赐）彤弓一、彤矢百。（1·107 应见公钟，西中或晚）

千：位于指称名词前，只有"千孙"组合。位于指称名词后，如：旅弓十、旅矢千。（8·4320 宜侯夨簋，西早）或单独作宾语：实余有散氏心贼，则爰千罚千。（16·10176 散

氏盘，西晚）

万：多位于指称名词前，有世万子孙、万民、万世、万岁、万寿、万年、万亿（年）、万福、万邦等组合。位于指称名词后，如：孚（俘）人<u>万</u>三千八十一人。（5·2839小盂鼎，西早）

亿：用例不多，皆位于指称名词前，如：囗尹畣（亿）疆；（16·10175史墙盘，西中）祈无疆至于万畣（亿）年。（15·9719–9720令狐君孺子壶，战中）

半：一种是"半＋量词"组合，如：四斗大<u>半</u>斗；（卅六年壶，战国）一益（镒）少<u>半</u>益（镒）。（15·9707安邑下官壶，战晚）一种是后面无量词，如：三斗少<u>半</u>；（15·9682原氏扁壶，战国）一斗五升大<u>半</u>。（十五年高陵君鼎，战晚）①

数：一种是"数＋数量"形式，如：大启邦宇，枋（方）<u>数</u>百里；（15·9734中山舒鲞壶，战早）一种是"数＋数词"，如：刺（列）城<u>数</u>十。（5·2840中山王鼎，战晚）

二　量词

关于金文量词的分类，文乾锡（1992）分为单位量词和

---

① 王赛《战国记容铭文的整理与研究》（11页）有关于"夲"是否为"半斗"的讨论。又谓：故丘光明先生所说至确，此字却不是半斗的专用字，常冠于容量单位和重量单位之前，相当于数词的用法，即"半"字。（42页）王司（后）左椃室，九叙（铢）反（半）。（44页）燕国陶文中有诸多"数字＋容量单位＋反"类的格式，例如：十二觳反、三觳反、二觳反等。……故此字放于数字＋容量单位后，应为"半"。

个体量词两大类，单位量词下又分为标准量词、盛器量词、集体量词（转引自林宛蓉文）；吴铮（2009）认为只有集体量词、容器量词、度量衡量词三类；管燮初（1981）分为个体量词、集体量词、度量词、临时量词四类；马国权（1979）分为天然单位、集体单位、度量衡和货币单位等和其他四类；张玉金（2004）分为度量衡单位量词、个体单位量词、集体单位量词、借用量词四类；赵鹏（2004）分为个体量词、集体量词、容器量词、度量衡量词四类；林宛蓉（2006）分为个体量词、集体量词、容器量词、准量词、度量衡量词五类；赵鹏（2006）分为个体量词、集体量词、容器量词、度量衡、货币单位量词和其他量词五类；徐力（2007）论及了共有量词、度量衡量词、容器量词、个体量词、集体量词五类；张桂光（2009）分为原身量词、借用量词、个体量词、集合量词、度量量词五类。①

　　参考各家分类及金文量词实际情况，我们将金文量词分为如下诸类。

（一）自然单位量词

　　多借用名词为之，有下述诸词。

---

① 林宛蓉（44页）有前人量词分类表，可参看。

人①：皆为"数词＋人"组合，如：折首卅又六<u>人</u>，执讯二<u>人</u>。……公车折首百又十又五<u>人</u>，执讯三<u>人</u>；（5·2835多友鼎，西晚）凡兴士被甲，用兵五十<u>人</u>以上，必会君符。（18·12109 杜虎符，战晚）

馘：仅2见：【执】【兽】三人，获馘四千八百口二<u>馘</u>……执兽一人，孚（俘）<u>馘</u>二百卅七<u>馘</u>。（5·2839小盂鼎，西早）

夫：多数为"指人名词＋数词＋夫"形式，如：人鬲自驭至于庶人六百又五十又九<u>夫</u>……人鬲千又五十<u>夫</u>；（5·2837大盂鼎，西早）获馘百，执讯二<u>夫</u>；（8·4322冬簋，西中）少数为"数词＋夫"形式，如：凡十又五<u>夫</u>……凡散有司十<u>夫</u>。（16·10176散氏盘，西晚）②

伯：仅如下2例：易（赐）尸（夷）司王臣十又三白（<u>伯</u>）；（5·2837大盂鼎，西早）易（赐）奠（郑）七白（<u>伯</u>）。（8·4320宜侯矢簋，西早）比照前面的"人"和"夫"，当视为量词。

---

① 林宛蓉（54 页）谓："人"究竟是不是量词？学界有不同的意见。有一些学者认为"人"只是名词，不是量词（王力、太田辰夫、王绍新）。笔者认为，虽然现代汉语中，"人"的量词性不强，但在西周金文中，"人"的量词性是很强的。《小盂鼎》的"人万三千八十一人"、《冬簋》的"俘人百又十又四人"，显然与卜辞"人十又六人"这样的结构是相承的，都是重复名词以形成量词。重点是《小盂鼎》"兽三人"在铭文中跟"马□□匹""车卅辆"是对应的，《叔德簋》"臣嬲十人"与"贝十朋"是对应的，《作册矢令簋》的"鬲百人"是与"贝十朋""臣十家"对应的。

② 林宛蓉（57 页）谓："夫"在西周早期到西周晚期所称数的对象都是奴隶、俘虏、奴仆等地位低下之人，但在西周晚期有了转变，《散氏盘》"夫"称数的对象是参与勘查田界的官吏，此时的"夫"变成用作成年男子的特定计数单位。

牛、羊：用为量词，仅如下 1 器：孚（俘）车卅两（辆），孚（俘）牛三百五十五<u>牛</u>、羊廿八<u>羊</u>。（5·2839 小盂鼎，西早）

家：计量"臣、仆、贾"，皆为"指人名词＋数词＋家"形式，如：令女（汝）官司成周贾廿<u>家</u>；（8·4332—4339 颂簋，西晚）余易（赐）女（汝）马车、戎兵、釐仆三百又五十<u>家</u>。（1·285 叔夷钟，春晚）

田：多数为"田＋数词＋田"形式，如：厥贾，其舍田十<u>田</u>。……其舍田三<u>田</u>；（15·9456 裘卫盉，西中）易（赐）女（汝）弓一、矢束、臣五家、田十<u>田</u>；（8·4328—4329 不其簋，西晚）少数为"数词＋田"形式，如：格白（伯）取良马乘于倗生，厥贾卅<u>田</u>。（8·4262 倗生簋，西中）

卣："鬯"的计量单位，如：易（赐）女（汝）鬯一<u>卣</u>；（5·2837 大盂鼎，西早）易（赐）女（汝）秬鬯一<u>卣</u>……。（15·9728 𣄰壶盖，西中）

邑：皆"数词＋邑"组合，如：侯氏易（赐）之邑二百又九十又九<u>邑</u>。（1·271 素镈，春中或晚）

金：计量"钟"，皆为"钟＋数词＋金"，如：易（赐）女（汝）马乘钟五<u>金</u>；（8·4184—4187 公臣簋，西晚）叔専父乍（作）奠（郑）季宝钟六<u>金</u>、尊甗四、鼎七。（9·4453—4457 叔専父甗，西晚）[1]

---

[1] 张亚初认为"金"应该是表示"钟"的量词，而不是一般意义上所说的青铜的"金"（《金文新释》，《第二届国际中国古文字学研讨会论文集》294 页，香港中文大学 1993 年）。

（二）专门量词

两₂：指称"车"的，普遍认为即"辆"，如：孚（俘）车卅**两**（辆）……孚（俘）车百□**两**（辆）；（5·2839 小盂鼎，西早）其他仅有：舍矩姜帛三**两**；（5·2831 九年卫鼎，西中）易（赐）卤积千**两**。（5·2826 晋姜鼎，春早）①

乘₂：主要计量"车"，多为"车、车马+数词+乘"形式，如：孚（俘）戎车百**乘**一十又七**乘**……孚（俘）车十**乘**；（5·2835 多友鼎，西晚）孚（俘）车马五**乘**、大车廿、羊百；（5·2779 师同鼎，西晚）少数为"数词+乘"形式：屯廿檐台（以）堂（当）一车，台（以）毁于五十**乘**之中。（18·12110–12112 鄂君启车节，战国）计量"舟"仅1见：庚率二百**乘**舟。（15·9733 庚壶，春晚）

匹：主要计量"马"，多数为"马+数词+匹"，如：易

① 前1例，林宛蓉（61页）、张桂光（27页）、赵鹏《西周金文量词析论》（2006）、吴铮《殷周汉语名量词辨析》（115页）均视为量词。林宛蓉（34页）谓：《九年卫鼎》"两"既作为布帛的单位词，……由此可知，"两"作为布帛的单位词，也是因为"双行"之故。后1例，林宛蓉（60页）亦视为量词。谓：《晋姜鼎》的"卤责（积）千两"，过去有学者认为这个"两"是度量衡的"两"。李学勤将《晋姜鼎》与新见的《戎生编钟》联系起来，两者都记述"嘉遣卤积，征繁汤，取厥吉金"之事，也就是"派出晋国所赐予的盐一千大车，到繁汤这个地方去交换铜料"，《晋姜鼎》以及《戎生编钟》都是此行所得的铜铸造的。所以《晋姜鼎》铭的"卤积千两"，应是载盐的货车一千辆的意思。

（赐）贝卅朋、马四匹；（再簋，西中）易（赐）女（汝）马十匹、牛十；（8·4327 卯簋盖，西中）其他形式只有：楷中（仲）赏厥口口遂毛两、马匹；（5·2729 楷仲方鼎，西早）用匹马、束丝。（5·2838 智鼎，西中）计量"布"的 1 见：易（锡）贝十朋，幺（玄）布二乙（匹）。（胡应姬鼎，西周，《铭图续》0221）

品：计量"玉"，皆"玉+数词+品"，如：先君蔑尹姞历玉五品、马三匹；（3·754-755 尹姞鬲，西中）王赏裸玉三品、贝廿朋；（16·10166 鲜盘，西中）计量其他名词为"数词+品"，如：诞兄（贶）六品；（10·5415 保卣，西早）易（赐）臣三品。（8·4241 邢侯簋，西早）①

具：1 见：函皇父乍（作）周妘盘盉尊器鼎簋一具，自豕鼎降十又一簋八两鐳（罍）两壶。（16·10164 函皇父盘，西晚）

秭：仅见于如下器（计量"禾"）：赏（偿）智禾十秭，遗十秭，为廿秭。【乃】来岁弗赏（偿），则付卌秭。……智觅匡卅秭。（5·2838 智鼎，西中）

束：计量豑、丝、帛、矢，基本为"名词+束"形式，如：吴姬宾帛束；（8·4195 鬲簋，西中）易（赐）女（汝）

---

① 后者是否为量词有不同意见，林宛蓉（65 页）、杨州《金文"品"及"裸玉三品"梳析》（《山西师大学报（社会科学版）》2007 年 3 期）认为是量词。于洋《西周涉祭礼铭文校释与研究》（87 页）有关于"六品"的集释，可参看。

弓一、矢束、臣五家、田十田。（8·4328-4329 不其簋，西晚）
"束＋名词"仅 1 见：用匹马束丝。（5·2838 智鼎，西中）

秉：1 见：女（汝）其舍口矢五秉。（5·2838 智鼎，西中）

朋：计量"贝"，多数为"贝＋数词＋朋"，如：周公易（赐）小臣单贝十朋；（12·6512 小臣单觯，西早）王易（赐）公贝五十朋。（10·5433 效卣，西中）偶尔为"贝＋朋"，如：王易（赐）鸣士卿贝朋。（11·5985 鸣士卿尊，西早）

款：用为量词，或释为"件"，或释为"介"或"个"①。皆"数词＋款"形式，如：孚（俘）戎兵盾、矛、戈、弓、箙、矢、裨胄，凡百又卅又五款；（8·4322 冬簋，西中）牛六十又九款，羊三百又八十又五款。（姊季姬尊，西中）

钣："金"的计量单位，皆"金＋数词＋钣"，如：王迟赤金十反（钣）。……王则畀柞白（伯）赤金十反（钣）（柞伯簋，西早）；舍盉……金一反（钣）。（5·2831 九年卫鼎，西中）

笥："玉"的计量单位，皆"玉＋数词＋笥"，如：于南宫

---

① 林宛蓉（70 页）谓：唐兰首先读如"款"，即"件"的意思（唐兰《用青铜器铭文来研究西周史》附录《伯冬三器铭文的译文及考释》，《唐兰先生金文论集》页 506—508）。李春桃《古文字考论两篇》（之二）同意董珊读为"介"或"个"的意见。或释为量词"挈"（参见李学勤《季姬方尊研究》（《中国史研究》2003 年 4 期 14 页）、王晖《季姬尊铭与西周兵民基层组织初探》（《人文杂志》2014 年 9 期 74 页）、李家浩《季姬方尊铭文补释》（《黄盛璋先生八秩华诞纪念文集》144 页）。

子用璧二、备（佩）玉二笥，鼓钟一肆。（15·9730 洹子孟姜壶，春秋）

肆：与"列"同，计量"钟"和"彝"，皆为"名词＋数词＋肆"形式，如：公易（赐）黾宗彝一肆，易（赐）鼎二，易（赐）贝五朋；（8·4159 黾簋，西中）赐圭瓒、彝一肆、祀尊；（伐簋，西中）楚公逆用自作龢协锡（钖）钟百飤（肆）。（楚公逆编钟，西晚）

堵：仅计量"钟"，皆"钟＋数词＋堵"形式，如：铸辝（予）龢钟二锗（堵）；（1·149–152 郑公悝钟，春晚）用为龢钟九堵。（子犯编钟，春秋后期）

彀："玉"和"璧"的计量单位，皆为"名词＋数词＋彀"形式，如：赐玉五彀、马四匹、矢三千；（应侯视工簋一，西中）赐玉十又二彀、贝廿朋。（亦簋，西中）

（三）度量衡量词

1. 容量单位量词

主要见于东周金文。

斗：皆为"数词＋斗"形式，如：四斗大半斗；（卅六年壶，战国）府啬夫戠、冶吏狄为之，大斛一斗。（15·9707 安邑下官壶，战晚）

升：皆为"数词＋升"形式，如：西一斗七升大半升盖；（8·4315 秦公簋，春早）七年□合阳王鼎，容廿五升。（七年□合阳王鼎，战国后期，《近出》2：314）

斞：1 见：谷（容）一斞。（5·2701 公朱左师鼎，战晚）

觳、鵂：如：受一觳六鵂。（15·9617 重金扁壶，战国）①

甔：见于战国金文，皆"数词＋量词"组合，如：大梁司寇肖（赵）亡智铸为量，膏半甔；（5·2610 廿七年大梁司寇鼎，战国）载四分甔，六益（镒）半斦之冢（重）。（5·2793 平安君鼎，战晚）②

量：如：用帏二百、丹二量、虎皮一；（霸伯簋，西中）休朕匋君公白（伯）易（赐）厥臣弟廩井五量。（廩簋，西中）③

---

① 前者，《通解》（3452 页）释为容量单位。林宛蓉（119 页）谓：战国燕系文字容量单位量词有……，朱德熙认为都是"觳"的假借字，黄盛璋认为是燕国"觳"特有的写法。后者，李家浩《盱眙铜壶刍议》（《古文字研究》第 12 辑第 357 页）谓：这个字又可能是从"鸟""又"声。"又"、"有"古通，疑即见于《玉篇》等书的"鵂"。这个字是比"觳"低一级的容量单位（转引自王赛《战国记容铭文的整理与研究》（41 页）。

② 《通解》（1207 页）、李刚（129 页）、王赛《战国记容铭文的整理与研究》（8 页）引李学勤、丘光明、吴振武说，皆视为记容单位。但郭永秉《魏国青铜器记容铭文中的"截"和"膏"》（《中华文史论丛》2020 年 4 期 99 页）认为是鼎的自名，并非代表某固定容量的一个单位。

③ 前 1 例，张恒蔚《霸伯铜器群研究》（75 页）谓：伯鸿、黄锦前、张新俊释为"量"，是容积单位。孙苗苗《霸国三器铭文集释及相关问题研究》（70 页）谓：该字当取黄锦前、张新俊之说。"粮"释作"量"。《集韵》："斗斞曰量。"……因此"粮"在铭文中充当度量单位修饰"丹"，"丹二量"与下文"虎皮一"结构相同。后 1 例，于秀玲《金文文字考释汇纂（2000—2015）》（270 页）引白于蓝（2013）视为量词。或释为"粮"，裘锡圭《西周粮田考》（载《胡厚宣先生纪念文集》，科学出版社 1999 年 4 月）谓：此铭"井五"下一字从"早"从"东"，由于笔画不是很清晰，前人皆误释。上引李文（指李零）释作"量"，读为"粮"，是正确的。黄益飞、谢尧亭《霸伯簋铭文考》（《郑州大学学报》（哲学社会科学版）2018 年 1 期 96 页）也释为"粮"。

2. 重量单位量词

钧：主要计量"金"，皆"数词＋量词"组合，如：宾马两、金十**钧**；（8・4179-4180 小臣守簋，西周）入享赤金九万**钧**。（楚公逆编钟，西晚）计量其他物品的1见：易（赐）女（汝）圭（珪）瓒一、汤（锡）钟一肆、镱鍪百匀（**钧**）。（5・2835 多友鼎，西晚）

锊：计量"贝、金、赎"，多数为"名词＋数词＋锊"，如：王易（赐）金百寽（**锊**）；（7・4041 禽簋，西早）取赎五寽（**锊**）；（8・4246-4249 楚簋，西晚）其他组合有：用赎延卖（赎）丝（兹）五夫，用百寽（**锊**）；（5・2838 智鼎，西中）便（鞭）女（汝）五百，罚女（汝）三百寽（**锊**）。（16・10285 训匜，西晚）

斤、两：皆为"数词＋量词"组合，如：四**斤**十二**两**；（4・2530 王子中府鼎，战国）六**斤**十二**两**。过。六**斤**十一**两**。（蒉阳鼎，战晚）

釿：皆"数词＋量词"形式，如：五益（镒）六**釿**半**釿**四分**釿**之冢（重）；（5・2764 卅二年坪安君鼎，战晚）再（称）二益（镒）六**釿**。（5・2773 信安君鼎，战晚）

石：皆"数词＋量词"形式，如：冢（重）一**石**百卅二刀之冢（重）。（15・9674 十年右使壶，战早）

刀：皆"数词＋量词"形式，如：冢（重）五百六十九**刀**。（15・9685 十二茾扁壶，战早）

铢：皆"数词＋量词"组合，如：十三斤八两十四朱

（铢）。（5·2658 卅六年私官鼎，战晚）

镒：皆"数词＋量词"组合，如：冢（重）十八益（镒）；（15·9616 春成侯壶，战国）再（称）二益（镒）六釿……再（称）九益（镒）。（5·2773 信安君鼎，战晚）

3. 长度、面积等单位量词

尺：仅见于中山器，如：亓（其）题凑长三毛（尺），两堂间百毛（尺），王后堂方二百毛（尺）。（16·10478 兆域图铜版，战晚）

寸：1 器 2 见：大良造鞅，爰积十六尊（寸）五分尊（寸）壹为升。（16·10372 商鞅量，战国）[1]

步：长度单位量词，仅见于中山器，如：从内宫至中宫廿五步，从内宫以至中宫卅步，从内宫至中宫卅六步，从内宫至中宫卅六步。（16·10478 兆域图铜版，战晚）

里：计量土地，如：赏毕土方五十里；（16·10360 召朢器，西早）大启邦宇，枋（方）数百里。（15·9734 中山好盗壶，战早）

颂：计量土地，仅 1 见：武王则令周公舍寓（宇）以五十颂处。（1·252 兴钟，西中）[2]

---

[1] 唐兰释为"寸"（《商鞅量与商鞅量尺》，《唐兰先生金文论集》第 30 页），各家从之无疑义。

[2] 李零《西周金文中的土地制度》（《李零自选集》107 页）谓：铭文"颂"字，学者有不同理解，唐兰先生读"颂"为"通"是很正确的。……"五十通"合半成之地。

晦（亩）： 计量土地，1 见：公命事，晦（贿）贤百晦（亩）口，用乍（作）宝彝。（7·4104-4106 贤簋，西中）[1]

三　数量词的组合方式

（一）名词 + 数词 + 量词

此种组合最多见，如：

遽白（伯）还乍（作）宾尊彝，用贝十朋又四朋。（7·3763 遽伯睘簋，西早）

王易（赐）金百乎（锊），禽用乍（作）宝彝。（7·4041 禽簋，西早）

姜商（赏）令贝十朋、臣十家、鬲百人。（8·4300-4301 作册夨令簋，西早）

易（赐）口罍一卣……易（赐）宜庶人六百又口六夫。（8·4320 宜侯夨簋，西早）

王咸诰，何易（赐）贝卅朋。（11·6014 何尊，西早）

易（赐）女（汝）邦司四白（伯），人鬲自驭至于庶人

---

[1] 郭沫若《两周金文辞大系图录考释》（上海书店出版社 1999 年 225 页）作：晦（贿）贤百晦（亩）粮；于省吾《双剑誃吉金文选》（365 页）作：公命事晦，贤百晦口；唐兰《西周青铜器铭文分代史征》（中华书局 1986 年 120 页注 2）谓：《说文》："晦，六尺为步，步百为晦。" 亩是晦的或体，古书多用亩字。马承源《商周青铜器铭文选》（第三册 248 页注二）谓：第二晦为亩之本字。《通解》（3199 页）谓：农田面积单位词；林宛蓉（110 页）视为长度单位。

六百又五十又九夫……人鬲千又五十夫。(5·2837 大盂鼎，西早)

获馘四千八百口二馘，孚(俘)人万三千八十一人……孚(俘)车卅两(辆)，孚(俘)牛三百五十五牛、羊廿八羊……孚(俘)馘二百卅七馘，孚(俘)人口口人，孚(俘)马百四匹，孚(俘)车百口两(辆)。(5·2839 小盂鼎，西早)

先君蔑尹姞历玉五品、马三匹。(3·754–755 尹姞鬲，西中)

内史令口事易(赐)金一勻(钧)。(5·2696 口鼎，西中)

舍矩姜帛三两……金一反(钣)。(5·2831 九年卫鼎，西中)

女(汝)其舍口矢五秉。……匡众厥臣廿夫，寇智禾十秭……赏(偿)智禾十秭……凡用即智田七田，人五夫。(5·2838 智鼎，西中)

格白(伯)取良马乘于倗生，厥贾卅田。(8·4262 倗生簋，西中)

王蔑厥老亦历，赐玉十又二瑴、贝廿朋。(亦簋，西中)

马十又五匹、牛六十又九款、羊三百又八十又五款。(季姬尊，西中，《近出二编》2：586)

师同从，折首执讯，孚(俘)车马五乘、大车廿、羊百。(5·2779 师同鼎，西晚)

肆武公乃遣禹率公戎车百乘、斯（厮）驭二百、徒千。（5·2833-2834 禹鼎，西晚）

孚（俘）戎车百乘一十又七乘……孚（俘）车十乘。（5·2835 多友鼎，西晚）

易（赐）女（汝）弓一矢束、臣五家、田十田。（8·4328-4329 不其簋，西晚）

叔専父乍（作）奠（郑）季宝钟六金、尊簋四、鼎七。（9·4453-4457 叔専父簋，西晚）

余毕恭威（畏）忌，铸辝（台）龢钟二锗（堵）。（1·149-152 邾公牼钟，春晚）

（二）数词 + 量词

诞兄（贶）六品。（10·5415 保卣，西早）

【乃】来岁弗赏（偿），则付冊秭……智觅匡卅秭。（5·2838 智鼎，西中）

凡百又卅又五款。（8·4322 冬簋，西中）

易（赐）于亡一田，易（赐）于口一田，易（赐）于队一田。（8·4327 卯簋盖，西中）

冢（重）一石百冊二刀之冢（重）。（15·9674 十口右使壶，战早）

两堂间百毛（尺），王堂方二百毛（尺）。（16·10478 兆域图铜版，战晚）

从内宫以至中宫卅步，从内宫至中宫五步。（16·10478

兆域图铜版，战晚）

　　大斛一斗，一益（镒）少半益（镒）。（15·9707 安邑下
官壶，战晚）

　　十三斤八两十四朱（铢）。（5·2658 卅六年私官鼎，战晚）

　　五益（镒）六釿半釿四分釿之冢（重）。（5·2764 卅二年
坪安君鼎，战晚）

　　大良造鞅，爰积十六尊（寸）五分尊（寸）壹为升。
（16·10372 商鞅量，战国）

　　屯廿檐台（以）堂（当）一车，台（以）毁于五十乘之
中。（18·12110–12112 鄂君启车节，战国）

（三）名词＋数词

　　王益（易－赐）叔德臣口十人、贝十朋、羊百。（7·3942
叔德簋，西早）

　　易（赐）……彤弓一、彤矢百、旅弓十、旅矢千，……
厥宅邑卅又五，厥口百又卅。（8·4320 宜侯夨簋，西早）

　　作册口口友小夫丽（俪），锡珪一、璧一、璋五。（陶觥，
西早，《铭图续》0893）

　　获馘百，执讯二夫。（8·4322 冬簋，西中）

　　孚（俘）戎金合（盒）卅、戎鼎廿、铺五十、剑廿。
（5·2779 师同鼎，西晚）

　　肆武公乃遣禹率公戎车百乘、斯（厮）驭二百、徒千。
（5·2833–2834 禹鼎，西晚）

叔向父为备宝簋两、宝鼎二。（7·3870 叔向父为备簋，西晚）

长榜截首百，执讯卌，夺孚（俘）人四百。……告禽馘百、讯卌。（8·4323 敔簋，西晚）

遣尔般（盘）、匜、壶两、簋两、鼎一，永害（匄）福尔后。（季姒盘，春早）

辟（闢）启封疆，方数百里，剌（列）城数十。（5·2840 中山王鼎，战晚）

（四）数词 + 名词

用司六师王行叄有司：司土（徒）、司马、司工（空）。（11·6013 盠方尊，西中）

用祈匄百彔（禄）、眉寿、绾绰、永命。（5·2777 史伯硕父鼎，西晚）

自豕鼎降十又一簋八两罍、两壶。（16·10164 函皇父盘，西晚）

佳（唯）廿年正月既望甲戌。（16·10170 走马休盘，西中）

用璧两壶、八鼎。（15·9729 洹子孟姜壶，春秋）

用征用行，迈（万）岁用尚（常）。（9·4406 为甫人盨，春早）

祈无疆至于万酋（亿）年。（15·9719–9720 令狐君嗣子壶，战中）

（五）数词 + 量词 + 名词

晦（贿）贤百晦（亩）粮。（7·4104-4106 贤簋，西中）

西一斗七升大半升盖。（8·4315 秦公簋，春早）

庚率二百乘舟。（15·9733 庚壶，春晚）

（六）量词 + 名词

我既卖（赎）女（汝）五【夫】【效】父，用匹马束丝。
（5·2838 智鼎，西中）

（七）名词 + 量词

余口于君氏大章（璋），报妇氏帛束、璜。（8·4292 五年
琱生簋，西晚）

四　数量词的语法功能

（一）充当定语

主要由数词充当，如：

介（匄）三寿，懿德万年。（異仲壶，西早，《近出》3：
965）

乃令叁有司。（15·9456 裘卫盉，西中）

肃哲康王，口尹宦（亿）疆。（16·10175 史墙盘，西中）

南尸（夷）东尸（夷）具（俱）见，廿又六邦。（1·260

戴钟，西晚）

自豕鼎降十又【一】簋八两罍两壶。（5·2745 函皇父鼎，西晚）

好倗（朋）友雩（与）百者（诸）婚遘（媾）。（8·4331 乖伯归夆簋，西晚）

鲁覃京师，辥（乂）我万民，嘉遣我。（5·2826 晋姜鼎，春早）

江汉之阴阳，百岁之外，以之大行。（1·074 敬事天王钟，春晚）

两堂间八十毛（尺）……两堂间百毛（尺）。（16·10478 兆域图铜版，战晚）

也可以由数词词组充当，如：

晦（贿）贤百晦（亩）粮。（7·4104-4106 贤簋，西中）

西一斗七升大半升盖。（8·4315 秦公簋，春早）

庚率二百乘舟。（15·9733 庚壶，春晚）

由量词充当的很少，如：

我既卖（赎）女（汝）五【夫】【效】父，用匹马束丝。（5·2838 曶鼎，西中）

（二）充当状语

主要是数词＋时间名词（"万年"最常见），如：

中（仲）殷父乍（作）鼎，其万年子子孙孙宝用。（4·2463-2464 仲殷父鼎，西晚）

京叔乍（作）𫫇盨，其万寿永宝用。（9·4381 京叔盨，西晚）

栾书之子孙，万世是宝。（16·10008 栾书缶，春秋）

其他如：

尸（夷）用或敢再拜稽首。（1·285 叔夷钟，春晚）

陈喜再立事岁。（15·9700 陈喜壶，战早）

叁拜，稽首于皇考烈祖。（郑大子之孙与兵壶，春秋后期）

车五十乘，岁罷（一）返。（18·12110-12112 鄂君启车节，战国）

（三）充当谓语

厥宅邑卅又五，厥口百又卅。（8·4320 宜侯夨簋，西早）

格白（伯）取良马乘于倗生，厥贾卅田。（8·4262 倗生簋，西中）

大钟八聿（肆），其竃四堵。（1·225-237 郘黛钟，春晚）

二年，寺工师初丞拑禀人莽，三斗。（15·9673 寺工师初壶，战国）

为鄂君启之府造铸金节，车五十乘。（18·12110-12112 鄂君启车节，战国）

辟启封疆，方数百里，刺（列）城数十。（5·2840 中山王鼎，战晚）

执旦官方百毛（尺），五奎官方百毛（尺）。（16·10478 兆域图铜版，战晚）

从内宫至中宫<u>廿五步</u>，从内宫以至中宫<u>卅步</u>，从内宫至中宫<u>卅六步</u>，从内宫至中宫<u>卅六步</u>。（16·10478 兆域图铜版，战晚）

丘平者<u>卅乇（尺）</u>，亓（其）坡<u>卅乇（尺）</u>。（16·10478 兆域图铜版，战晚）

一斗半正，<u>十三斤八两十四朱（铢）</u>。（5·2658 卅六年私官鼎，战晚）

大斛<u>一斗</u>，一益（镒）少半益（镒）。（15·9707 安邑下官壶，战晚）

冢（重）<u>五百六十九刀</u>。（15·9685 十二苿扁壶，战早）

（四）出现于宾语部分

获馘<u>四千八百□二馘</u>，孚（俘）人<u>万三千八十一人</u>。（5·2839 小盂鼎，西早）

遽白（伯）还乍（作）宾尊彝，用贝<u>十朋又四朋</u>。（7·3763 遽伯睘簋，西早）

乙卯，王令保及殷东或（国）五侯，诞兄（贶）<u>六品</u>。（10·5415 保卣，西早）

师同从，折首执讯，孚（俘）车马<u>五乘</u>、大车<u>廿</u>、羊<u>百</u>。（5·2779 师同鼎，西晚）

公交车折首<u>百又十又五人</u>，执讯<u>三人</u>。（5·2835 多友鼎，西晚）

公宕其<u>叁</u>，女（汝）则宕其<u>贰</u>；公宕其<u>贰</u>，女（汝）则

宕其一。（8·4292 五年琱生簋，西晚）

长榜载首百，执讯卌，夺孚（俘）人四百……武公入右敔，告禽馘百、讯卌。（8·4323 敔簋，西晚）

实余有散氏心贼，则爰千罚千。……余有爽变，爰千罚千。（16·10176 散氏盘，西晚）

于南宫子，用璧二、备（佩）玉二笥、鼓钟一肆。（15·9730 洹子孟姜壶，春秋）

容一斗一升。（蔑阳鼎，战晚）

十二年，再（称）二益（镒）六斩。（5·2773 信安君鼎，战晚）

或为双宾语的后一项，如：

易（赐）女（汝）鬯一卣……。（5·2837 大盂鼎，西早）

姜商（赏）令贝十朋、臣十家、鬲百人。（8·4300–4301 作册夨令簋，西早）

凡用即智田七田、人五夫。（5·2838 智鼎，西中）

公易（赐）黾宗彝一肆，易（赐）鼎二，易（赐）贝五朋。（8·4159 黾簋，西中）

牛六十又九款，羊三百又八十又五款。（姊季姬尊，西中）

易（赐）彤弓一、彤矢百。（1·107 应见公钟，西中或晚）

易（赐）女（汝）马乘、钟五金。（8·4184–4187 公臣簋，西晚）

报妇氏帛束、璜。（8·4292 五年琱生簋，西晚）

易女（汝）弓<u>一</u>、矢<u>束</u>、臣<u>五家</u>、田<u>十田</u>。（8·4328-4329

不其簋，西晚）

白大师易（赐）白（伯）克仆<u>卅夫</u>。（15·9725 伯克壶，

西晚）

两周金文中的数词除了自然数字———十外，还有贰、叁、

再、两、乘、廿、卅、卌、百、千、万、亿、半、数等词，

除了自然数字外，其他的只有“百”“万”比较多见，其余均

出现频次不高。组合方面，除了多与量词组合一起指称相应

名词（构成“名词＋数词＋量词”形式）外，直接与名词组

合（有“名词＋数词”“数词＋名词”两种形式）也比较多见，

这与数词指称的赏赐物品出现于赏赐铭文中有关，因为赏赐

物品多采用列举的叙述方式。

两周金文中的量词包括自然单位量词、专门量词、度量

衡量词，前两类主要见于西周金文，后一类则主要见于东周

金文。自然单位量词有人、馘、夫、伯、牛、羊、家、田、

卣、邑、金诸词，均指称相应的名词。专门量词，指称的对

象相对固定，如“朋”只计量“贝”，“笥”只计量“玉”，

“秉”只计量“矢”，“钣”只计量“金”，“堵”只计量“钟”，

“秭”只计量“禾”，“乘”计量“车、舟”，“匹”计量“马、

布”，“品”计量“玉、臣”，“肆”计量“钟、彝”，“毃”计

量“玉、璧”，只有“两（辆）、束、款”三词计量的对象为

三种物品或以上。度量衡量词包括容量单位量词、重量单位

量词、长度或面积单位量词三类，其中重量单位量词个体词

目略多，其与容量单位量词均主要见于东周金文，出现形式也比较固定，长度或面积单位量词则用例有限。

数量词有七种组合形式，其中"名词＋数词＋量词"最多见，其次"名词＋数词""数词＋量词"（指称对象或见于前文）"数词＋名词"也比较多见，而"数词＋量词＋名词""量词＋名词""名词＋量词"三种形式则很少见。数量词的句法功能主要是充当定语，其次是充当谓语，出现于宾语部分时则常与所指称的名词同现，充当状语则很有限。

第五节　代词

代词是起替代或指示作用的词，就其仅有指代功能言，代词和一般的实词不同，即没有实在的词汇义，所以在传统的古汉语语法研究中，代词往往被视为虚词；但就句法功能言，代词实际上很接近实词，即多数代词都可以单独充当句子的某一句法成分，所以在现代的语法体系中，代词一般被视为实词。本文依据现代汉语语法体系将代词归入实词系统。两周金文中的代词有人称代词、指示代词、疑问代词和无指代词四类。

一　人称代词

包括第一人称、第二人称、第三人称和己身称四类。

（一）第一人称代词

有我、朕、吾、予①，有下述几种句法功能。

1. 充当定语

（1）修饰亲属称谓名词，如：

余用作朕文考大仲宝尊彝。（11·6011 盉驹尊，西中）

史伯硕父追考于朕皇考釐仲、王（皇）母泉母。（5·2777 史伯硕父鼎，西晚）

余或（又）至我考我母令（命）。（8·4292 五年琱生簋，西晚）

用享以乐于我皇祖文考。（5·2811 王子午鼎，春中或晚）

保吾兄弟，用求考命弥生，肃肃义政，保吾子姓。……世万至於辝（予）孙子。（1·271 素镈，春中或晚）

此类中出现频次最高的是"朕"，其次是"我"，两者的

---

① "吾"，金文多借用"虚"字。"予"，金文多借用"辝"字，或释为"台"，或释为"予"，本文取后者。向熹《简明汉语史（修订本下）》（商务印书馆 2017 年第 77 页）谓：台：《尔雅·释诂上》："台，我也。"第一人称代词"台"只见于《尚书》和东周铜器铭文里。（78 页）"台"的来源，周法高认为可能是"余"和"之"合音，郭沫若认为是"余"的音变。

共同点是都可以修饰"皇祖、文考、烈考"一类组合，但是"朕"的比例远高于"我"，即"朕"更倾向于出现在具有明显风格色彩的语境中。"我"还可以修饰"考、母、姑、孙、弟子、子、父兄"等亲属名词，即亲属称谓词前没有修饰性成分。

（2）修饰其他指人名词，如：

休，朕公君燕侯赐圉贝。（4·2505 圉方鼎，西早）

虢仲令公臣司朕百工。（8·4184 公臣簋，西晚）

用乐我嘉宾……及我正卿。（1·102 邾公钅华钟，春秋）

将与吾君并立於世，齿长於会同。（15·9735 中山王壶，战早）

巠（经）雍明德，……用召匹辥（予）辟。（5·2826 晋姜鼎，春早）

（3）修饰其他名词（非指人名词），如：

我以乐我心。（甚六编镈，春秋前期）

敬夙夜勿废朕命。（8·4288-4291 师酉簋，西中）

汝台（以）恤余朕身，余赐汝马、车、戎兵……。（1·285 叔夷钟，春晚）

余复其疆喜（鄙），行相曾邦，以长辥（予）夏。……恭畏侍公及我大夫，黼黼豫政，作辥（予）邦家。（嬭加编钟，春中）

"我"修饰的有"家、邦、国、土、田、车"等名词，"朕"修饰的主要为"令、祀、猷、身、位、心"等抽象名词，修饰其他名词，如"国、邦"的很少见。

（4）修饰指物名词，如：

徐王义楚择余吉金。（12·6513 徐王义楚觯，春晚）

铸辝辝（予）龢钟二鍺（堵）。（1·149 邾公径钟，春晚）

2. 充当主语

有"我、朕、余、吾"四词，如：

我用召卿事（士）、辟王。（9·4628 伯公父簠，西晚）

我以享孝，乐我先祖。（1·225-237 郘黛钟，春晚）

朕余名之，胃（谓）之少虞。（18·11696 少虞剑，春晚）

余其敢对扬天子之休。（11·6011 盠驹尊，西中）

昔先王既命汝，今余唯或申就乃命。（宰兽簋，西中）

吾台（以）为弄壶，自容既好，多寡既吁。（15·9715 朴氏壶，春晚）

周室之既庳（卑），吾用燮就楚。（曾侯与编钟，春晚）

其中充当主语是"余"的最主要用法，"我"主要充当定语，其次是主语，而"吾"和"朕"充当主语都很有限。

3. 充当宾语

（1）充当一般宾语，如：

遂不敢不敬畏王命，逆见我。（9·4464 驹父盨盖，西晚）

虔不惰，鲁覃京师……嘉遣我。（5·2826 晋姜鼎，春早）

余无卤（由）具寇正（足）【稀】，不出，鞭余。（5·2838 智鼎，西中）

二人先歙，八人屎（缵）余，其眉寿无疆。（公子侯簠，

春晚,《铭图续》0514)

（2）充当双宾语中的间接宾语,如:

毋折缄,告余先王若德。（5·2841 毛公鼎,西晚）

其严在上,降余多福、繁釐。（8·4242 叔向父禹簋,
西晚）

4.充当同位语的前一成分

如:

夙夕召（绍）我一人烝四方。（5·2837 大盂鼎,西早）

余小子司朕皇考,肇帅井（型）先文祖。（8·4242 叔向
父禹簋,西晚）

毋童（动）余一人在位。（5·2841 毛公鼎,西晚）

女（汝）勿口（逸）余乃辟一人。（5·2837 大盂鼎,
西早）

5.充当兼语

如:

口则卑我赏（偿）禾……。（5·2838 智鼎,西中）

王令我羞追于西。（8·4328 不其簋,西晚）

师田父令余司口官。（8·4206 小臣传簋,西早）

从出现频次看,"我""朕""余"三词很多见,"吾""予"
频次很低。从时间分布看,"朕"主要见于西周中期和晚期,
"我""余"主要见于西周晚期和春秋时期,"吾""予"只见
于东周时期。从句法功能看,"朕""我""吾""予"以充当
定语为主,"余"以充当主语为主。

（二）第二人称代词

有"乃、汝、尔、而、若"五词，其句法功能如下。

1. 充当定语

（1）修饰亲属称谓名词，如：

令汝盂井（型）乃嗣祖南公……赐乃祖南公旂。（5·2837大盂鼎，西早）

载先王既令乃祖考事……令汝更乃祖考。（8·4316师虎簋，西中）

昔才（在）尔考公氏，克述文王。（11·6014何尊，西早）

（2）修饰其他称人名词，如：

以乃师左比毛公……以乃师右比毛父。（8·4341班簋，西中）

汝康能乃有事，罘乃嫡寮。（1·272–278叔夷钟，春晚）

余命汝司辞釐（莱），……为汝嫡寮。（1·272–278叔夷钟，春晚）

台（以）乐可康，嘉而宾客。（1·144越王者旨於赐钟，战早）

（3）修饰其他非指人名词，如：

弋皇祖考高对尔烈。（1·246兴钟，西中）

敬乃风夜，用屏朕身，勿废朕命，毋惰乃政。（1·60–63逆钟，西晚）

用从（纵）尔大乐，用铸尔羞铜……用御尔事。（15·9729
洹子孟姜壶，春秋）

其万福屯（纯）鲁，龢协而又（有）事。（1·285 叔夷钟，
春晚）

2. 充当主语

如：

汝毋弗帅用先王作明井（型）。（5·2841 毛公鼎，西晚）

引（矧）唯乃智（知）余非，庸有闻。（5·2841 毛公鼎，
西晚）

唯乃明乃心，享于乃辟。（克罍，西早，《近出》3·416）

尔有唯（虽）小子亡识，视于公氏有功于天。（11·6014
何尊，西早）

王曰：盂，若敬乃正，勿灋（废）朕令。（5·2837 大盂
鼎，西早）

3. 充当宾语

如：

余其舍汝臣十家。（5·2803 令鼎，西早）

汝既静京师，釐（赉）汝。（5·2835 多友鼎，西晚）

乃师或以汝告，则致乃鞭千。（16·10285 训匜，西晚）

4. 充当兼语

如：

令静曰：卑（俾）汝口司在曾鄂师。（静方鼎，西早，
《近出》2·221）

5. 充当同位语的前一成分

如：

今余唯令<u>汝</u>盂召（绍）荣，敬雍德经……令<u>汝</u>盂井（型）乃嗣祖南公。（5·2837 大盂鼎，西早）

求乃人，乃弗得，<u>汝</u>匡罚大。（5·2838 智鼎，西中）

从出现频次看，"汝""乃"很多见，"尔、而、若"有限。从句法功能看，"汝"的句法功能最丰富。同时，"乃"和"汝"截然有别，即"乃"几乎只充当定语，"汝"主要充当宾语、主语和兼语，几乎不作定语，"尔"主要充当定语和主语，"而"均充当定语。

（三）第三人称代词

有"厥、其、之"三词，其句法功能如下。

1. 充当定语

（1）修饰亲属称谓名词，如：

遊作<u>厥</u>文考宝尊彝。（4·2347 遊鼎，西早）

藤虎敢肇作<u>厥</u>皇考公命仲宝尊彝。（7·3828 藤虎簋，西中）

作<u>其</u>子孟姬朕（媵）盘。（16·10154 鲁少司寇盘，春秋）

用享于<u>其</u>皇祖、文考。（8·4156 伯家父簋盖，西晚）

姬鬼母作鲁鼎，用旨尊<u>厥</u>公、<u>厥</u>姊。（姬鬼母温鼎，西早，《铭图续》153）

（2）修饰其他指人名词，如：

兽其万年永宝用，朝夕飨<u>厥</u>多朋友。（5·2655 先兽鼎，西早）

其万年用享<u>厥</u>辟鲁侯。（叔旅簋，西中，《铭图续》417）

唯乙祖述匹<u>厥</u>辟……堪事<u>厥</u>辟。（16·10175 史墙盘，西中）

口生智父师害及仲智，以召<u>其</u>辟。（7·4116 师害簋，西晚）

（3）修饰非指人名词，如：

绾绰、眉寿、永令（命），弥<u>厥</u>生，万年无疆。（7·4108 叔口孙父簋，西晚）

眉寿万年，永保<u>其</u>身。（15·9709 公子土折壶，春晚）

仑（论）<u>其</u>德，省<u>其</u>行，亡不顺道。（5·2840 中山王鼎，战晚）

2.充当句子的主语

如：

<u>厥</u>反（叛），王降征令于大（太）保。（8·4140 大保簋，西早）

<u>厥</u>不从厥右征。（5·2809 师旂鼎，西中）

寡人惧<u>其</u>忽然不可得。（5·2840 中山王鼎，战晚）

3.充当句子的宾语，只有"之"一词

如：

公曰：甬甬（庸庸），商（赏）<u>之</u>台（以）邑。（15·9733

庚壶，春晚）

　　侯氏赐<u>之</u>邑二百又九十又九邑……侯氏从告<u>之</u>曰。
（1·271 素镈，春中晚）

　　就出现频次看，"厥"最多见，"其"次之，"之"最低。
就句法功能看，"厥""其"几乎只作定语，"之"全部作宾语，
表现出明显的互补关系。"厥""其"二词相同的方面主要表
现在句法功能上，即二者都以作定语为主。具体而言，两者
都可以修饰指人名词，也可以修饰非指人名词；修饰指人名
词时均以亲属称谓名词为主，甚至出现的场合（如作器时）
都很相似。两者的不同主要是"厥"主要见于西周，"其"则
主要见于东周。

（四）己身代词

　　只有"自"一词，基本都出现在"自作＋器名"格式
中，如：

用<u>自</u>作其龢钟、龢铃。（1·50 邾君钟，春晚）

<u>自</u>作荐鬲，子子孙孙永保用之。（自作荐鬲，春秋后期，
《近出》1：132：）

　　其他形式很少见，如：

王母唯用<u>自</u>念于周公孙子。（5·2774 帅隹鼎，西早）

子孙永宝，万年无疆，<u>自</u>用。（5·2603 奚子宿车鼎，
春早）

二　指示代词

有"兹、厥、其、是、之、此、若、乃、彼、它"诸词，其句法功能如下。

1. 充当定语

（1）指称指物名词，如：

苏其万年无疆，子子孙孙永宝兹钟。（晋侯苏编钟，西晚）

获巢，俘厥金胄，用作旅鼎。（4·2457 肆侯鼎，西早）

鲁子仲之子归父为其善敦。（9·4640 归父敦，春秋）

可（何）是金锗，吾台（以）为弄壶。（15·9715 杕氏壶，春晚）

楚叔之孙途为之盉。（15·9426 楚叔之孙途盉，春晚）

【择厥】吉金，【用自】作此钲铖。（2·428 冉钲铖，战国）

（2）指称称人名词，如：

智则拜稽首，受兹五夫。（5·2838 智鼎，西中）

伯买父殛以厥人戍汉、中、州……厥人禹廿夫。（3·949 中甗，西早）

求乃人，乃弗得，汝匡罚大。（5·2838 智鼎，西中）

皿皮（彼）吉人享，士余是尚（常）。（2·425 徐口尹钲铖，春秋）

俗（欲）兹百姓亡不口临逢鲁。（伯狱簋乙，西中，《铭

图续》0460）

（3）指称抽象名词，如：

齹公曰：民唯克用兹德，亡诲（悔）。（齹公盨，西晚）

其受此眉寿，万年无諆（期）。（1·172-180 郘叔之仲子平钟，春晚）

百世孙孙子子受厥屯（纯）鲁。（5·2791 伯姜鼎，西早）

敬厥盟祀，永受其福。（5·2811 王子午鼎，春中晚）

今余唯申就乃命。（8·4343 牧簋，西中）

孙孙子子其万年永宝用，兹王休其日引勿替。（狱盉，西中）

（4）指称处所名词，如：

余其宅兹中或（国），自之乂民。（11·6014 何尊，西早）

天子口靈，用建于兹外土。（戎生编钟，春早，《近出》1·41）

女（汝）勿丧勿败，余处此南疆。（2·428 冉钲铖，战国）

厥逆（朔）疆暨历田，厥东疆暨散田，厥南疆暨散田，厥西疆暨历田。（5·2832 五祀卫鼎，西中）

严奠（恭）寅天命，保业厥秦。（8·4315 秦公簋，春早）

余赐汝釐（莱）都……，其县三百。（1·272-278 叔夷钟，春晚）

唯逆（朕）先王，茅蒐田猎，于皮（彼）新土。（15·9734 中山𰁟䳅壶，战晚）

乃祖克逑先王，異（翼）自它邦。（8·4331 乖伯归夆簋，西晚）

2. 充当宾语

（1）充当句子的一般宾语，如：

用明则之于铭。（1·157 虢羌钟，战早）

女（汝）其用兹，妥（绥）安乃寿。（1·120 者减钟，战早）

迺唯是丧我或（国）。（5·2841 毛公鼎，西晚）

此类中以"永宝用之"最多见，其次是"为之"（主要见于战国时期），还有"永保/百岁鼓之"等组合。

（2）充当介词宾语，只有"之"，如：

余其宅兹中或（国），自之义民。（11·6014 何尊，西早）

百岁之外，以之大行。（1·73 敬事天王钟，春晚）

充当介词的前置宾语，只有"是"，如：

肆毋有弗竟，是用寿考。（5·2724 毛公旅方鼎，西早）

王赐乘马，是用左（佐）王。（16·10173 虢季子白盘，西晚）

（3）充当双宾语中的近宾语，只有"之"：

朕余名之，胃（谓）之少虞。（18·11696 少虞剑，春晚）

（4）充当动词的前置宾语，如：

万年无疆，子孙是尚（常），子孙之宝。（7·4107 丰伯车父簋，西晚）

自作龢钟，子子孙孙，永保是从。（1·93 臧孙钟，春晚）

以御宾客，子孙是若。（5·2732 邨大史申鼎，春晚）

3. 充当主语

如：

雩生叔夷，<u>是</u>辟于齐侯之所，<u>是</u>小心恭齐，灵力若虎，勤劳其政事。（1·272-278 叔夷钟，春晚）

<u>此</u>易言而难行旅（也）。（5·2840 中山王鼎，战晚）

就出现频次看，"之"最高，其次是"其"和"厥"，以下依次为兹、是、诸、若、乃、此、彼、它，出现频次差别很大。句法功能方面，"之"只作宾语，"是"主要充当前置宾语和复指前置宾语，"其、厥、兹、诸、此、乃"虽都主要作定语，但"乃"集中于"申就乃令"这一形式中，"此"用例很少，"其、厥"主要出现在"作＋其／厥＋器名"和"择其／厥吉金"形式中；两者的差别是"厥"主要见于西周时期，"其"主要见于春秋时期。

三　疑问代词

是对人、事、物、处所等表示询问的代词。只有下列二词。

隹（谁）： 用于问人，如：

非信与忠，其<u>隹</u>（谁）能之，其<u>隹</u>（谁）能之？（5·2840 中山王鼎，战晚）

害（曷）： 用于问事，如：

司余小子弗彶，邦将<u>害</u>（曷）吉？（5·2841 毛公鼎，西晚）

关于疑问代词的产生时间，向熹认为是周代产生的[①]，张玉金认为"到了西周时代，已有了疑问代词，并已形成一个系统"。[②]两周金文中疑问代词非常有限，且出现时间亦晚。

四　无指代词

传统上将表示"没有谁""没有什么"一类含义的代词称为"无指代词"（或无定代词）。金文只有"亡、莫、无"三词，如：

文王孙亡弗裹井（型），亡克竞厥烈。（8·4341 班簋，西中）

肆皇帝亡斁，临保我又（有）周，雩四方民亡不康静。（8·4342 师询簋，西晚）

自作元用，在行之先，以用以获，莫敢御余。（18·11718 姑发口反剑，春晚）

为人臣而返（反）臣其宝，不羊（祥）莫大焉。（15·9735 中山王壶，战晚）

利于辟王、卿事、师尹、朋友、兄弟、者（诸）子、婚媾，无不喜曰……。（叔多父盘，西晚）

[①]　向熹《简明汉语史（修订本下）》（103 页）谓：商代卜辞和西周金文都没有疑问代词。上古汉语疑问代词系统是周代产生的。

[②]　张玉金《西周汉语语法研究》（商务印书馆 2004 年 111 页）。

　　各词都有限："亡"的无指代词用法殷墟甲骨文已见，西周金文沿用；"莫"始见于春秋金文中，出现较晚；"无"很少见。

第三章　两周金文虚词

第一节　副词

　　副词是位于谓语动词前对谓语起修饰作用，表示行为动作或状态性质等所涉及的范围、程度、时间、频度、语气、情貌以及肯定否定等情况的一类词。两周金文中计有否定、范围、程度、时间、频率、情态、语气、方式八类副词。

一　否定副词

　　两周金文中计有"不、弗、毋、勿、非、亡、无、未、某"九个否定副词。其中"不、弗、毋、勿"四词出现频次较高，其余各词用例有限。

　　依据语法功能或语法意义，可以分为如下几组：

　　第一组：不、弗

　　从组合功能看，可以分为两类：

（一）其后动词不带宾语，如：

　　唯王龏德谷（裕）天，顺（训）我<u>不</u>每（敏）。（11·6014何尊，西早）

母（毋）敢<u>不</u>明<u>不</u>中<u>不</u>井（型）。（8·4343 牧簋，西中）

余<u>不</u>畏<u>不</u>差，叀（惠）于政德，盘（淑）于威义（仪）。（王孙诰编钟，春晚）

耳休，<u>弗</u>敢且（沮），用乍（作）父乙宝尊彝。（10·5384 耳卣，西早）

求乃人，乃<u>弗</u>得，女（汝）匡罚大。（5·2838 曶鼎，西中）

（二）其后动词带宾语，如：

番生<u>不</u>敢弗帅井（型）皇且（祖）考<u>不</u>（丕）坏元德。（8·4326 番生簋盖，西晚）

者（诸）楚刅（荆）<u>不</u>听命于王所。（子犯编钟，春晚）

弗敢<u>不</u>对扬朕辟皇君之登屯（纯）厚乃命……余<u>弗</u>敢瀍（废）乃命。（1·285 叔夷钟，春晚）

俗（欲）我<u>弗</u>乍（作）先王忧。（5·2841 毛公鼎，西晚）

"不""弗"二词在其后动词是否带宾语方面表现出明显的差异，即"不"后动词以不带宾语为主，而"弗"后动词以带宾语为主。带宾语时，"不"所修饰的成分没有"弗"那么集中；不带宾语时，"不"主要修饰动词和形容词，"弗"或修饰助动词，或修饰单个动词。

第二组：毋、勿

二词的主要差异表现在语法意义方面，即"毋"既表示禁止性否定，又表示一般性否定，而"勿"只表示禁止性否定。前者如：

佳（唯）女（汝）焂其敬辥（乂）乃身，母（毋）尚为小子。（10·5428 叔欢父盨，西早）

母忘尔邦……毋替厥邦。（5·2840 中山王鼎，战晚）

其百世子子孙孙永宝用，勿坠。（16·10168 守宫盘，西早）

用夙夜事，勿灋（废）朕令。（5·2816 伯晨鼎，西中）

往已叔姬，虔敬乃后，子孙勿忘（亡）。（16·10298 吴王光鉴，春晚）

后者如：

女（汝）母（毋）敢不善。（8·4327 卯簋盖，西中）

燔燧事，虽毋会符，行殹。（18·12109 杜虎符，战晚）

总体上看，"毋"表示禁止性否定和表示一般性否定，二者相差不多，而"勿"只表示禁止性否定。从其后动词是否带宾语看，"毋"不带宾语的多于带宾语的，"勿"则明显以不带宾语为主。

第三组：非

除了表示一般否定外，还用于假设句中。前者如：

班非敢觅，佳（唯）乍（作）昭考爽益（谥）曰大政。（8·4341 班簋，西中）

余非敢宁忘（荒），有虔不易（惕）。（1·210 蔡侯纽钟，春晚）

夙夜匪（非）解（懈）。（15·9735 中山王壶，战早）

后者如：

厥非正命，乃敢疾讯人，则佳（唯）尃（辅）天降丧。

（9·4469 冉盨，西晚）

非信与忠，其佳（谁）能之？其佳（谁）能之？（5·2840中山王鼎，战晚）

第四组：亡、无、未、某

皆表示一般性否定，且用例有限，如：

余亡康昼夜，巠（经）雍先王。（8·4317 戟簋，西晚）

进退逃（兆）乏（法）者，死亡若（赦）。（16·10478 中山王兆域图，战晚）

外内毋敢无闻智（知）。（宰兽簋，西中）

康其万年眉寿，永宝兹簋，用凤夜无怠（已）。（8·4161伯康簋，西晚）

兹小彝妹（未）吹（坠），见余，佳（唯）用謀（其）徲女（汝）。（10·5428 叔欢父卣，西早）①

寡人幼冲，未通智。（5·2840 中山王鼎，战晚）

余某弗再公命，余自无，则鞭身莿传。（霸伯盉，西中）②

---

① 单育辰《焂卣补释》（复旦网 2013-5-4 首发）作：兹小彝妹（未）吹见，余唯用謀（其）徲（延）汝。……谓"见"疑读为"献"。

② 参见白军鹏《翼城大河口墓地 M2002 所出鸟形盉铭文解释》（复旦网2011-5-4 首发）、裘锡圭《翼城大河口西周墓地出土鸟形盉铭文解释》（《中国史研究》2012 年第 3 期）；沈培《试论西周金文否定词"某"的性质》（《历史语言学研究》第七辑）谓：本文同意多数学者将"某"看作否定词的观点，但不同意将之读为"无"，认为应当读为"毋"。……我们认为将谏簋和气盉的两个"某"看成否定词是正确的。前引各家对谏簋的"某"为什么应当看成否定词已提出了理由。何景成（2008）同意杨树达先生的看法，并对谏簋的"某"当是否定词做了补充论证。

女（汝）某不又（有）昏，母（毋）敢不善。（8·4285 谏簋，西晚）

二　范围副词

是指表示动作或性状范围的一类副词。有"咸、俱、皆、率、并、凡、一、毕"八词。从语法意义看，多数语义指向其前的主语，如：

咸宜，王令士道归（馈）貉子鹿三。（10·5409 貉子卣，西早）

武文咸剌（烈），永世母（毋）忘。（1·158 骉羌钟，战早）

南尸（夷）、东尸（夷）具（俱）见廿又六邦。（1·260 㝬钟，西晚）

厥南疆毕人眔（暨）疆，厥西疆方姜眔（暨）疆，厥俱履夆（封）。（吴虎鼎，西晚）

氒（是）以寡人许之，谋虑皆从。（5·2840 中山王鼎，战晚）

使其老策赏中（仲）父，者（诸）侯皆贺。（15·9735 中山王壶，战早）

唯殷边侯田雩（与）殷正百辟率肄于酒。（大盂鼎，西早）

少数语义指向其后的宾语，如：

万民是敕，咸蓄胤士。（8·4315 秦公簋，春早）

伊少（小）臣佳（唯）辅，咸有九州，处禹之堵（土）。（1·285-叔夷钟，春晚）

用乍（作）父辛宝尊彝，辛伯其并受厥永福。（5·2712 乃子克鼎，西早）

今余既一名典献，白（伯）氏则报璧。（8·4293 六年琱生簋，西晚）

凡散有司十夫。（16·10176 散氏盘，西晚）

凡用即智田七田、人五夫。（5·2838 智鼎，西中）

任蔑历，事（使）献为（货）于王，则疇（毕）买。（任鼎，西中）①

就语法意义言，"咸、俱、皆、率、一、毕"用于总括其前主语或其后宾语所指事物的范围，"凡"主要用于总括数量范围，"并"表"共同"义，表现出同中有异的特点。语义指向上，"皆""具"只指向其前的主语，"咸""率""一"有指向前和指向后两种，"凡"只指向其后的数量成分，"并"只指向其前的主语。

表示限制的范围副词，只有"唯"一词，能肯定的用例亦很有限，如：

---

① 董珊《任鼎新探——兼说元鼎》（《黄盛璋先生八秩华诞纪念文集》164页）谓："疇"可读为"毕"。……在此作为副词，训为"尽""皆"。于秀玲《金文文字考释汇纂（2000—2015）》（173 页）引【马楠 2014】又见多友鼎，……"卒复""疇复"文意相类，知"疇"实即"尽"字，训为悉、皆。作册嗌卣（《集成》5427）"盪"亦即"尽"字。

引（矤）其唯王智（知），乃唯是丧我或（国）。（5·2841
毛公鼎，西晚）

昭告后嗣，佳（唯）逆生祸，佳（唯）顺生福。……佳
（唯）德附民，唯宜（义）可长。（15·9735 中山王壶，战晚）

佳（唯）吾老䎿是（寔）克行之。（5·2840 中山王鼎，
战晚）

三　程度副词

只有表示程度高的"孔"一词，有充当状语和谓语中心
词两种句法功能，如：

桓桓子白（伯），献馘于王，王孔加（嘉）子白（伯）义。
（16·10173 虢季子白盘，西晚）

余若（诺）龏（恭）孔惠（惠），其眉寿用馈。（9·4623
郑大宰簠，春早）

大师乍（作）为子中（仲）姜沫盘，孔硕且好。（子仲姜
盘，春早）

中（终）翰且扬，元鸣孔皇。（1·203 沇儿镈，春晚）

子犯及晋公率西之六师博（搏）伐楚荆（荆），孔休。……
孔盅（淑）且硕，乃穌且鸣。（子犯编钟，春晚）

从形式上看，"孔"多出现于韵文中，以修饰形容词为主，
修饰动词很少见（如第 1 例），且所修饰的均是含赞美义的形
容词。

四　时间副词

表示动作行为发生的时间，有下述诸词。

既：出现频次最高。或与时间名词同现，如：

载先王既令乃且（祖）考事，啻（嫡）官司左右戏緐（繁）拊（荆），今余佳（唯）帅井（型）先王令。（8·4316师虎簋，西中）

余既令女（汝）疋（胥）师龢父司左右走马，今余佳（唯）申就乃令。（8·4318-4319三年师兑簋，西晚）

或出现于复句的前一个分句中，后一分句多有承接连词"廼""则"与之相应，如：

雩武王既杀殷，微史剌（烈）且（祖）廼来见武王。（1·251-256兴钟，西中）

佳（唯）正月初吉，晋侯奱马既为宝盂，则乍（作）尊壶。（晋侯奱马壶，西晚）

也有单独出现的，如：

尚拜稽首。既稽首，延宾。（霸伯盂，西中）

金道锡行，具（俱）既卑（俾）方。（9·4631曾伯霥簋，战早）

已：表示"已经"，如：

三年巳（已）舣（校），大十六舄（斜）。（三年垣上官鼎，战国）

初：表示"初次"，如：

匽（燕）侯旨<u>初</u>见（视）事于宗周。（5·2628 匽侯旨鼎，西早）

<u>初</u>得其铸金。（攻吴王光铎，春晚，《铭图续》1047）

方：表示"正"义，如：

舍（今）舍（余）<u>方</u>壮，智（知）天若否。（5·2840 中山王鼎，战晚）

将：表示将来，如：

司余小子弗伋，邦<u>将</u>害（曷）吉？（5·2841 毛公鼎，西晚）

外之则<u>将</u>使上董（觐）于天子之庙……<u>将</u>与吾君并立于世。（15·9735 中山王壶，战早）

先：表示时间在前，皆修饰动词，如：

厥非<u>先</u>告蔡，毋敢疾有入告。（8·4340 蔡簋，西晚）

折首五百，执讯五十，是以<u>先</u>行。（16·10173 虢季子白盘，西晚）

适：表示"恰好"义，如：

<u>适</u>曹（遭）匽（燕）君子哈……（15·9735 中山王壶，战早）

五　频率副词

可以确定的有下述诸词。

又：表示重复，多借用"或"字，偶尔用本字，如：

余令女（汝）事（使）小大邦，厥<u>又</u>舍女（汝）刍量。（3·949 中甗，西早）

于智用五田，用众一夫……廼或（<u>又</u>）即智用田二，又臣一夫。（5·2838 智鼎，西中）

矩伯庶人取堇（瑾）章（璋）于裘卫……矩或（<u>又</u>）取赤虎两。（15·9456 裘卫盉，西中）

多友有折首执讯……或（<u>又</u>）搏于龏，折首卅又六人。（5·2835 多友鼎，西晚）

原：见于《霸伯盉》，各家皆释为"再"义。

邍（<u>原</u>）毁（贿），用玉，宾出。以俎，或延白（伯），或邍（<u>原</u>）毁（贿），用玉。（霸伯盉，西中）

亦：或表类同关系，如：

不（丕）显桓桓皇且（祖）穆公，克夹召先王奠四方，肆武公<u>亦</u>弗叚（暇）望（忘）朕圣且（祖）考幽大叔、懿叔，命禹仦（缵）朕且（祖）考，政于井（邢）邦，肆禹<u>亦</u>弗敢惷，賜（惕）共（恭）朕辟之命。（5·2833 禹鼎，西晚）

或表并列关系，如：

用天降大丧于下或（国），<u>亦</u>佳（唯）噩（鄂）侯驭方率南淮尸（夷）、东尸（夷），广伐南或（国）东或（国）。（5·2833 禹鼎，西晚）

其金孔吉，<u>亦</u>玄<u>亦</u>黄。（9·4628 伯公父簠，西晚）

复：表示重复、再又，如：

衣（卒）焚，佳（唯）马殴盡（尽），<u>复</u>夺京师之孚（俘）。

（5·2835 多友簋，西晚）

至于边柳，復涉宪。（16·10176 散氏盘，西晚）

再：表示再次，如：

尸（夷）敢用拜稽首……尸（夷）用或敢再拜稽首。（1·272-278 叔夷钟，春晚）

奠（郑）易、陈得再立（莅）事岁。（15·9703 陈璋方壶，战中）

尚：表示仍然、还是，如：

佳（唯）女（汝）伎其敬辥（乂）乃身，毋尚为小子。（10·5428 叔欢父卣，西早）

犹：表示仍然、还是，如：

犹迷惑于子之而亡其邦。（5·2840 中山王鼎，战晚）

以上"或、亦、又、復、原、再"表示动作的重复，"尚、犹"表示动作的持续。出现频次均不高。

六　情态副词

表示动作行为的状态方式，有"允、实、审、必"四词，用例均很有限。如：

余炉镠是择，允佳（唯）吉金，乍（作）铸穌钟。（甚六编镈，春早）

惟此壶章，先民之尚。余是楙是则，允显允異（翼）。（曾伯桼壶，春早）

攻敔王光自乍（作）用剑，桓余允至（鸷）。（18·11666
攻敔王光剑，春晚）

我既付散氏田器，有爽，实余有散氏心贼。（16·10176
散盘，西晚）

是（实）有屯（纯）德遗训，以阤（施）及子孙。
（15·9735 中山王壶，战早）

厉乃许曰：余审贾田五田。（5·2832 五祀卫鼎，西中）

凡兴士被甲，用兵五十人以上，必会王符，乃敢行之。
（18·12109 新郪虎符，战晚）

七 语气副词

用于动词前表示各种语气，有"宁、曾、尚、式"四
词，如：

氏（是）以游夕饮飤，盗（宁）有憛惕。（15·9735 中山
王壶，战早）"宁"表反诘语气。

蔑（与）其溺于人也，宁溺于渊。（5·2840 中山王鼎，
战晚）"宁"表肯定语气。

故邦亡身死，曾亡（无）鼠（一）夫之救。（15·9735 中
山王壶，战早）"曾"为"竟然"义。

自乍（作）宝鼎，宣丧（尚）用雍（饔）其者（诸）父
者（诸）兄。（5·2737 曾子仲宣鼎，春早）"丧"通"尚"，
表希望语气。

弋（式）尚（当）卑（俾）处厥邑，田厥田。……弋（式）佳（唯）朕【禾】赏（偿）。（5·2838 智鼎，西中）"式"表期望语气。

八　方式副词

只有"亲"一词，为"亲自"义，所修饰的主要为"令""赐"等动词。如：

王亲遹省东或（国）南或（国），……王亲令晋侯苏……王亲远省师……亲令晋侯苏……王亲易（赐）驹四匹……王亲侪（赉）晋侯苏。（晋侯苏编钟，西晚）

王窥（亲）易（赐）驭方玉五瑴、马四匹、矢五束。（5·2810 鄂侯鼎，西晚）

含（今）吾老赒窥（亲）率参（三）军之众，以征不宜（义）之邦。（5·2840 中山王鼎，战晚）

第二节　介词

介词是起介绍作用的一类虚词，它把名词、代词或名词性成分引入句中，以表明与谓语中心词相关的时间、地点、对象、原因、方式等。两周金文中有引进动作处所、时间、对象、原因四类介词。

一 引进处所的介词

（一）引进动作行为所在的处所

有"于、於、在"三词，组成的介词词组主要充当补语，如：

保侃母易（赐）贝于庚宫。（7·3744 保侃母簋盖，西早）

龏（恭）王才（在）周新宫，王射于射庐。（5·2784 十五年趞曹鼎，西中）

陈侯午朝群邦者（诸）侯于齐。（9·4648 十年陈侯午敦，战晚）

晋人救戎於楚竟（境）。（1·38 刑历钟，春晚）

大司马邵（昭）阳败晋师於襄陵之岁。（18·12110 鄂君启车节，战国）

唯十又四月，王彤，大禘，祷在成周。（叔矢方鼎，西早，《近出二编》1：320）

充当状语的很少，如：

于邵（昭）大室东逆（朔）营二川。（5·2832 五祀卫鼎，西中）

（二）引进动作行为到达的处所

只有"于"一词，如：

王各于成周大庙。（8·4323 敔簋，西晚）

我乃至于淮小大邦……还至于蔡。（9·4464 驹父盨盖，西晚）

天降休命于朕邦。（5·2840 中山王鼎，战晚）

此类"于"，其前动词集中于"各、至、入"等带有明显方向性的动词。

（三）引进动作行为的起始处所

有"自、于、从"三词，以充当补语为主，如：

才（在）十又一月，公反（返）自周。（保员簋，西早）

乃且（祖）克逑先王，异（翼）自它邦。（8·4331 乖伯归夆簋，西晚）

隹（唯）戎大出于軝。（8·4237 臣谏簋，西中）

隹（唯）十月初吉壬申，驭戎大出于楷。（害簋，西晚）

充当状语的略少些，如：

余其宅兹中或（国），自之辥（乂）民。（11·6014 何尊，西早）

窥（亲）令晋侯苏自西北遇（隅）敦伐匋城。（晋侯苏编钟，西晚）

从内宫至中宫廿五步，从内宫以至中宫卅步，从内宫至

中宫卅六步。（16·10478 中山王兆域图，战晚）

（四）引进动作行为涉及的方面或范围

有"于、於、雩、自、以"五词，其例如：

女（汝）肇敏于戎攻（功）……女（汝）尃（辅）余于艰恤（恤）。（1·272–278 叔夷钟，春晚）

母（毋）诈母（毋）谋，不汲於利。（16·10407 鸟书箴铭带钩，战国）

匍（敷）又（有）四方，畯正厥民，在雩御事。（5·2837 大盂鼎，西早）

用夹召厥辟莫大令，整龢雩政。（8·4342 师询簋，西晚）

人鬲自驭至于庶人，六百又五十又九夫。（5·2837 大盂鼎，西早）

自豕鼎降十，又簋八。（5·2745 函皇父鼎，西晚）

乃即散用田，履：自瀗涉，以南，至于大沽（湖），一奉（封）。……道以东一奉（封），还，以西一奉（封）。（16·10176 散盘，西晚）

用兵五十人以上，必会王符。（18·12108 新郪虎符，战晚）

综上，引进所在处所的有"于""於"两词，前者很多见，后者很有限。引进动作到达处所的只有一个"于"，出现频次较高。引进动作行为起始点的有"自""于""从"三词，只有"自"稍多见。引进范围或方面的除"于"略多见外，其他均很少见。总体上看，此类介词主要是"于"，不但出现频次高，用法也较为丰富，其他词则出现频次低且用法简单。

二 引进时间的介词

有"自、于、及、以"四词，其例如：

其<u>自</u>今日，孙孙子子母（毋）敢望（忘）白（伯）休。（8·4269 县改簋，西中）

历<u>自</u>今，出入尃（敷）命于外。（5·2841 毛公鼎，西晚）

至<u>于</u>万年，分器是寺（持）。（1·140 郑公孙班镈，春晚）

承受屯（纯）德，旂（祈）无疆，至<u>于</u>万亿年。（15·9719 令狐君孺子壶，战中）

<u>及</u>叁世，亡不若（赦）。（5·2840 中山王鼎，战晚）

王四月，鄟（单）孝子台（<u>以</u>）庚寅之日，命铸䤉鼎鬲。（5·2574 鄟孝子鼎，战中）

此类介词出现频次都很低。用法上，"自"引进的是时间的起点，其他三词引进的是动词行为发生的时间。

三 引进对象的介词

（一）引进动作行为的偕同对象

有"暨、及、以、与"四词，如：

王眔（<u>暨</u>）右即西六师，左即东八师。（贤鼎，西中，《铭

图续》0228）

用自乍（作）宝尊簋，走其眔（暨）厥子子孙孙万年永宝用。（8·4244走簋，西晚）

兔叔乍（作）仲姬旅盨，兔叔其万年，永彶（及）仲姬宝用。（9·4425兔叔盨，西晚）

白（伯）庶父乍（作）醴壶，彶（及）姜氏永宝用。（15·9619伯庶父壶，西晚）

用自乍（作）宝器，万年以厥孙子宝用。（8·4192肆簋，西中）

食仲走父作旅盨，永宝用，走父以其子子孙孙宝用。（9·4427食仲走父盨，西晚）

外之则将使上董（觐）於天子之庙，而退与者（诸）侯齿长於会同。（15·9735中山王罍壶，战晚）

将与吾君并立於世，齿长於会同，则臣不忍见也。（15·9735中山王壶，战早）

以上四词的共同特点是出现频率都很低，用法也简单。出现时间有较为明显的先后时间顺序，即依次为以、暨、及、与。

（二）引进动作行为的直接受事对象

有"于、於"二词，如：

裘卫乃彘（矢）告于白（伯）邑父、荣白（伯）、定伯……（15·9456裘卫盉，西中）

其用言（享）孝于皇神、且（祖）考……于好倗（朋）友。（9·4448-4452 杜伯盨，西晚）

侯氏从造（告）之曰：叶（世）万至於辝（予）孙子。（1·271 素镈，春中或晚）

"于"的出现频次很高，"於"很少见且出现时间明显偏晚。

（三）引进动作行为涉及的对象

是指介词引进的对象与其前动词表示的动作有某一方面的关涉，但又不构成直接支配关系，具体有如下几种情况：

1.引进动作的终至对象，有"于、於、及"三词，组成的介词词组主要充当补语，如：

王降征令于大（太）保。（8·4140 大保簋，西早）

公告厥事于上。（8·4341 班簋，西中）

符於索宫之顫。（2·288 曾侯乙钟，战早）

是（寔）有屯（纯）德遗训，以阤（施）及子孙。（15·9735 中山王壶，战早）

充当状语的只有"于"，如：

于上天子用璧玉备（佩）……于大无司折（誓）、于大司命用璧、两壶、八鼎。（15·9729 洹子孟姜壶，春秋）

2.引进动作行为所从出的对象，有"于、於、自"三词，如：

佳（唯）用妥（绥）康命于皇辟侯。（8·4237 臣谏簋，

西中）

尹弔（叔）用妥（绥）多福于皇考德尹、叀（惠）姬。（8·4198 蔡姞簋，西晚）

台（以）毁於五十乘之中。（18·12110 鄂君启车节，战国）

懋父赏御正卫马匹自王。（7·4044 御正卫簋，西早）

毛公易（赐）朕文考臣自厥工。（8·4162 孟簋，西中）

3. 引进动作行为旁涉的对象，有"以、庸、及、为"四词，其例如：

余告庆，余以邑讯有司，余典勿敢封。（8·4293 六年琱生簋，西晚）

女（汝）休，弗以我车圅（陷）于艰。（8·4328 不其簋，西晚）

引隹（唯）乃智（知）余非，墉（庸）又（有）闻。（5·2841 毛公鼎，西晚）

戎大同，从追女（汝），女（汝）彶（及）戎大敦搏。（8·4328 不其簋，西晚）

铸客为集脰（厨）为之。（4·2297 铸客为集脰鼎，战晚）

为鄂君启之府造铸金节。（18·12110 鄂君启车节，战国）

4. 引进动作行为的施事对象：有"于、於、为"，组成的介词词组基本都充当补语，如：

作册麦易（赐）金于辟侯，麦扬，用乍（作）宝尊彝。（11·6015 麦方尊，西早）

屯蔑历于亢卫，用乍（作）肆彝父乙。（4·2509 屯鼎，西中）

闲於天下之勿（物）矣，犹迷惑於子之而亡其邦。（5·2840 中山王鼎，战晚）

只有"为"构词的介词词组充当状语，如：

犹迷惑於子之而亡其邦，为天下戮。（5·2840 中山王鼎，战晚）

5. 引进动作行为凭借的对象，有"用、以"二词，集中见于"作/铸＋器……用/以＋动词……"和"择……，用/以＋作……"格式。前者如：

师器父乍（作）尊鼎，用卣（享）考（孝）于宗室，用旆（祈）眉寿黄耇吉康。（5·2727 师器父鼎，西中）

铸兹宝簠，台（以）卣（享）台（以）孝于大宗、皇且（祖）、皇妣、皇考、皇母。（9·4629 陈逆簠，战早）

后者如：

郑叔之白（伯）口友择厥吉金，用铸其酥钟。（1·87 郑叔之伯钟，春秋）

择厥吉金，台（以）乍（作）厥元配季姜之祥器。（9·4629 陈逆簠，战早）

其他形式如：

穆穆克盟（明）厥心，慎厥德，用辟于先王。（5·2812 师望鼎，西中）

共（恭）明德，秉威义（仪），用申固莫保我邦我家。

（8·4242 叔向父禹簠，西晚）

郘大叔<u>以</u>新金为贰车之斧十。（18·11788 吕大叔斧，春秋）

陈侯午台（<u>以</u>）群邦者（诸）侯献金，乍（作）皇妣孝大妃祭器鋐敦。（8·4145 陈侯午敦，战早）

此外，"以"组成的介宾词组也可以充当句子的补语，如：

商（赏）之台（<u>以</u>）邑……商（赏）之台（<u>以</u>）兵甲车马。（15·9733 庚壶，春晚）

者（诸）侯享台（<u>以</u>）吉金，用乍（作）平寿造器敦。（9·4648 十年陈侯午敦，战晚）

"用、以"二词在用法上有很多相似之处，不同的一是"用"的出现频次远高于"以"，二是"用"的出现时间明显早于"以"（前者集中于西周和春秋，后者集中于春秋和战国）。

四　引进原因的介词

只有"用、以"二词，如：

是<u>用</u>寿考。（5·2724 毛公旅方鼎，西早）

折首五百，执讯五十，是<u>以</u>先行。（16·10173 虢季子白盘，西晚）

氏（是）<u>以</u>寡人委任之邦而去之遊……氏（是）<u>以</u>寡人许之……氏（是）<u>以</u>赐之厥命。（5·2840 中山王鼎，战晚）

第三节　连词

连词是连接词、词组、分句等，帮助表示语言成分之间关系的一类虚词。两周金文中计有表示并列、承接、因果、假设、让步、递进关系的六类连词。

一　并列连词

有"眔（暨）、及、以、雩、既、终、且、与、而、又"诸词，就所连接成分看，主要有下述几种情况。

（一）连接名词或名词性成分

组成的并列词组主要充当动词宾语，如：

疋（胥）师戏司走马驭人眔（暨）五邑走马驭人。（虎簋盖，西中）

官司量田甸（佃），眔（暨）司庶（虞），眔（暨）司㣇，眔（暨）司寇，眔（暨）司工（空）事。（8·4294 扬簋，西晚）

以乐楚王、者（诸）侯、嘉宾及我父兄、者（诸）士。（王孙诰编钟，春晚）

尸（夷）典其先旧，及其高且（祖）。（1·272-278 叔夷钟，春晚）

爽左右于乃寮（僚）以乃友事。（11·6016 矢令方尊，西早）

用好（孝）宗朝（庙），亯（享）夙夕，好倗（朋）友雩（与）百者（诸）昏（婚）遘（媾）。（8·4331 乖伯归夆簋，西晚）

勠穌三军徒众雩（与）厥行师，慎中厥罚。（1·272-278 叔夷钟，春晚）

侯氏易（赐）之邑二百又九十又九邑，与鄩之民人都啚（鄙）。（1·271 素镈，春中或晚）

其次是充当主语，如：

令眔（暨）奋，乃克至，余其舍女（汝）臣十家。（5·2803 令鼎，西早）

子犯及晋公率西之六师博（搏）伐楚荆（荆），孔休。（子犯编钟，春秋后期）

大以厥友守，王卿（飨）醴。（5·2807 大鼎，西中）

佳（唯）殷边侯田（甸）雩（与）殷正百辟，率肄（肆）于酉（酒）。（5·2837 大盂鼎，西早）

非信与忠，其佳（谁）能之？（5·2840 中山王鼎，战晚）

偶尔充当介词宾语或定语，如：

盂以者（诸）侯眔（暨）侯田（甸）男口口从盂征。

（5·2839 小盂鼎，西早）

叔皮父乍（作）朕文考莤公眔（暨）朕文母季姬宝簋。
（7·4090 叔皮父簋，西晚）

（二）连接形容词性成分

主要有"既、终、且"三词，如：

自作穌镈宗彝，既淑既平，冬（终）穌且鸣。（曾公求编
钟，春秋）

用乐庶侯，及我父兄，既温既记（忌）。（楚太师邓弋慎
编钟，春中）

鸣阳（扬）条（调）虞，既孜且紫。（1·223-224 蔡侯甬
钟，春晚）

中（终）翰且扬，元鸣孔皇（煌）。（王孙诰编钟，
春晚）

自乍（作）穌钟，卑（俾）鸣攴（且）好。（1·142 齐鲍
氏钟，春晚）

（三）连接动词性成分

此类很少见，如：

小臣逨蔑历，眔（暨）易（赐）贝。（8·4238 小臣逨簋，
西早）

考寿万年，永保其身，卑（俾）百斯男而艺斯字。
（1·272-278 叔夷钟，春晚）

外之则将使上董（觐）於天子之庙，<u>而</u>退与者（诸）侯齿长於会同。（15·9735 中山王壶，战晚）

又：是金文并列连词中比较特殊的一个词，主要连接时间词语，用于记时，如：

佳（唯）廿<u>又</u>二年，四月既望己酉，王客（格）口宫。（5·2748 庚嬴鼎，西早）

佳（唯）八年十<u>又</u>二月初吉丁亥，齐生（甥）鲁肇贾。（16·9896 齐生鲁方彝盖，西中）

连词"又"比较多见，或用于纪年，或用于纪月，或纪年加纪月。组成的词组主要位于句首，偶尔位于句末。

此外，"又"还可以连接数量成分，如：

易（赐）贝十朋，<u>又</u>丹一管。（10·5426 庚嬴卣，西早）

俘戎车百乘一十<u>又</u>七乘……折首卅<u>又</u>六人。（5·2835 多友鼎，西晚）

以上除了"又"主要连接数量成分，"既、终、且"主要连接形容词外，其他各词均主要连接名词或名词性成分。数量上，除了"又"很多见，"暨"略多见外，其余各词均很有限。出现时间，"以、暨、零"只见或基本只见于西周时期，"又"主要见于西周时期，"既、终、且"只见于春秋时期，"及"主要见于春秋时期，"而、与"只见于东周时期。

二　承接连词

有"则、廼、乃、遂、因、爰、以、而"九词①。多数位于后一分句中，且多数位于后一分句句首，如：

膺受大命，匍又（有）四方，<u>则</u>繇佳（唯）乃先圣且（祖）考夹召先王，恭董（谨）大命。（逨盘，西晚）

晋侯僰马既为宝盂，<u>则</u>乍（作）尊壶。（晋侯僰马壶，西晚）

佳（唯）王初女（如）口，<u>廼</u>自商师復还至于周。（8·4191 穆公簋盖，西中）

事（使）厉誓，<u>廼</u>令参（三）有司……帅（率）履裘卫厉田四田，<u>廼</u>舍寓（宇）于厥邑。（5·2832 五祀卫鼎，西中）

噩（鄂）侯驭方内（纳）醴于王，<u>乃</u>口之，驭方侑王，王休匽（宴），<u>乃</u>射。（5·2810 鄂侯鼎，西晚）

厥取厥服，董（谨）尸（夷）俗，<u>遂</u>不敢不敬畏王命，逆见我。（9·4464 驹父盨盖，西晚）

述（遂）定君臣之位，上下之体。（15·9735 中山王壶，

---

① 另，如"王省武王、成王伐商图，延省东或（国）图"；（8·4320 宜侯夨簋，西早）"唯王伐逨鱼，延伐淖黑"（8·4169 墉伯崖簋，西早）类例句中的"延"，旧多视为表示承接关系的连词，然一直有不同释读意见，故本文暂不包括。可参看王祎伟《殷周金文集成（修订增补本）七类青铜容器铭文校订》（东北师范大学 2018 年硕士学位论文 17 页）。

战早）

妊氏令蟎事保厥家，因付厥且（祖）仆二家。（5·2765
蟎鼎，西中）

穆穆济济，严敬不敢怠荒，因载所美，邵口皇工（功）。
（15·9735 中山王壶，战早）

王各周庙宣廎，爰卿（缮）。（16·10173 虢季子白盘，
西晚）

大良造鞅，爰积十六尊（寸）五分尊（寸）壹为升。
（16·10372 商鞅量，战国）

或位于后一分句的主谓语之间，如：

柞白（伯）十再（称）弓无瀍（废）矢，王则畀柞白
（伯）赤金十反（钣）。（柞伯簋，西早）

雩武王既杀殷，微史剌（烈）且（祖）乃来见武王，武
王则令周公舍寓（宇）于周。（16·10175 史墙盘，西中）

女（汝）贾田不（否）？厉迺许曰：余审贾田五田。
（5·2832 五祀卫鼎，西中）

遂不敢不敬畏王命，逆见我，厥献厥服，我乃至于淮。
（9·4464 驹父盨盖，西晚）

楚季宝钟，厥孙迺献于公，公其万年受厥福。（楚季钟，
西中，《铭图续》1015）

"以"与其他诸词不同，主要连接动词或动词性成分，如：

至于大沽（湖），一奉（封），以陟，二奉（封），至于边
柳。（16·10176 散氏盘，西晚）

苏拜稽首，受驹以出。（晋侯苏编钟，西晚）

含（今）吾老赒竀（亲）率参（三）军之众，以征不宜（义）之邦。（5·2840 中山王鼎，战晚）

从该类连词所表示的语义关系看，多数都表示时间或事件的承接（顺接），偶尔有用于其他关系复句中的用例。用于假设复句中的如：

见其金节则毋政（征），不见其金节则政（征）。（18·12110 鄂君启车节，战国）

厥非正命，酉敢疾讯人，则佳（唯）尃（辅）天降丧。（9·4469 冉盨，西晚）

见于对比关系复句中的如：

氐则卑（俾）我赏（偿）马，效父则卑（俾）复厥丝束。（5·2838 智鼎，西中）

戎献金于子牙父百车，而易（赐）鲁殿敖金十匀（钧）。（8·4213 殿敖簋盖，西晚）

用于紧缩复句中如：

氏（是）以寡人委任之邦而去之遊。（5·2840 中山王鼎，战晚）

明肆之于壶而时观焉。（15·9735 中山王壶，战早）

此类连词除"则""酉"略多见外，其他各词都很有限。其中多数词主要连接分句，少数词主要连接动词或动词性成分。语义方面则多数表达承接关系，少数见于其他关系复句中。

三　因果连词

有"故、肆、用、唯"四词，皆位于因果复句的后一分句中表示结果，如：

嗟！酉（酒）无敢酖，有紫烝祀无敢扰，古（故）天异（翼）临子。（5·2837 大盂鼎，西早）

故辞礼敬则贤人至。（15·9735 中山王壶，战早）

不（丕）显桓桓皇且（祖）穆公，克夹召先王奠四方，肆武公亦弗叚（暇）望（忘）朕圣且（祖）考幽大叔懿叔，命禹仦（肖）朕且（祖）考，政于井（邢）邦，肆禹亦弗敢惷，睗（惕）共（恭）朕辟之命。（5·2833 禹鼎，西晚）

敢对扬天子不（丕）显鲁休，用乍（作）朕皇且（祖）南公、亚且（祖）公中（仲）。（1·181 南宫乎钟，西晚）

少数连词，如"用、唯"还可以用于因果复句的前一分句中表示原因，如：

乌虖哀哉，用天降大丧于下或（国），亦佳（唯）噩（鄂）侯驭方率南淮尸（夷）、东尸（夷），广伐南或（国）、东或（国）。（5·2833 禹鼎，西晚）

用严（玁）狁放兴，广伐京师，告追于王。（5·2835 多友鼎，西晚）

佳（唯）殷边侯田（甸）雩殷正百辟，率肄于酉（酒），古（故）丧师巳（也）。（5·2837 大盂鼎，西早）

佳（唯）天将集厥命，亦佳（唯）先正口辥（乂）厥
辟。……乃佳（唯）是丧我或（国）。（5·2841 毛公鼎，
西晚）

以上四词，除"用"较多见外，其余三词均用例有限。
其中"故、肆"只用于后一分句中表示结果，"唯"只用于前
一分句中表示原因，"用"则两种用法都有，但以用于后一分
句中表示结果为主。

四　假设连词

有"乃、廼、如、倘"四词，各词用例均有限，如：

乃克至，余其舍女（汝）臣十家。（5·2803 令鼎，
西早）

东宫乃曰：求乃人，乃弗得，女（汝）匡罚大。（5·2838
曶鼎，西中）

廼縣宕，卑（俾）复虐逐厥君厥师，乃乍（作）余一人
咎。（9·4469 冉盨，西晚）

女（如）载马牛羊，台（以）出内（入）关，则政（征）
于大府，毋政（征）于关。（18·12113 鄂君启舟节，战国）

女（如）马女（如）牛女（如）犆，屯十台（以）堂
（当）一车。女（如）檐徒，屯廿檐台（以）堂（当）一车。
（18·12110 鄂君启车节，战国）

叡（襄—尚）我乃其于宗彝大宝，肆厥名（铭）。（梤伯

盘，西中）①

襄（倘）余亦改朕辞，则鞭五百，罚五百乎（锊）。……
余既曰再公命，襄（倘）余改朕辞，则出弃。（霸姬盉，
西中）②

五　让步连词

只有"虽"一词，如：

余虽小子，穆穆帅秉明德。（1·270 秦公镈，春早）

余唯（虽）末小子，余非敢宁忘（荒）。（1·210 蔡侯纽
钟，春晚）

燔燧事，虽毋会符，行殹（也）。（18·12108 新郪虎符，
战晚）

---

① 谢明文《梇伯盘铭文考释》（复旦网 2021-7-8 首发）谓：叞读作"尚"，
古书中常作"倘"，假如义。霸姬盉、霸姬盘铭文中亦有"叞"字，读作
"倘"。

② 裘锡圭《大河口西周墓地 2002 号墓出土盘盉铭文解释》（复旦网
2018-7-14）（16 页）谓："叞（倘）余亦改朕辞"句亦见于盉铭，李
学勤《试释翼城大河口鸟形盉铭文》解释此句第一字说："……'叞'
字乃'襄'字所从，此处应读为'尚'，即后来写的'倘'字。"今从
之。黄益飞、刘佳佳《霸姬盘铭文与西周誓制》（《考古》2019 年 3 期
96 页）谓：襄，读为向，……向，假设连词；王静《山西翼城大河
口墓地出土霸姬盘、盉铭文试析》（《殷都学刊》2020 年 2 期 73 页）
谓：襄，李学勤、董珊释为倘，假设连词，裘锡圭、严志斌、谢尧亭
从之。

六　递进连词

只有"剓"一词，如：

其用侑，亦引（剓）隹（唯）考（孝）。（5·2724 毛公旅方鼎，西早）

无隹（唯）正昏，引（剓）其隹（唯）王智（知），乃隹（唯）是丧我或（国）。（5·2841 毛公鼎，西晚）

第四节　语气词

语气词是用来帮助表达各种语气的一类虚词。语气词的内部分类主要有两种方式：一种是根据所表示的语气分为陈述、疑问、感叹、祈使四类语气词；一种是根据语气词在句中所处的位置分为句首、句中、句尾语气词。鉴于两周金文内容的关系，本文采用后一种方式。

一　句首语气词

此类有"唯、雪、若、曰、夫"五词，从各词的具体位置看，有下述几种情况。

（一）位于时间词语前

有"唯、雩、若"三词，如：

隹（唯）十又二月初士（吉），伯士（吉）父乍（作）毅尊鼎。（5·2656 伯吉父鼎，西早）

隹（唯）三年二月初吉丁亥，王才（在）周。（8·4318-4319 三年师兑簋，西晚）

雩八月初吉庚寅，王以吴口、吕刚……（8·4273 静簋，西中）

雩旬又一日辛亥。（10·5430 繁卣，西中）

雩若二月，侯见于宗周……雩若翌日，才（在）辟雍。（11·6015 麦方尊，西早）

其中，"唯"用于时间词语前帮助标示时间是其最主要的用法，占全部"唯"字用例的三分之二；其他各词则比较少见，"若"没有单用的用例。

（二）位于主谓句句前

如：

隹（唯）王令明公遣三族伐东或（国）。（7·4029 明公簋，西早）

隹（唯）曾子白（伯）尹自乍（作）尊匜。（16·10207 曾子伯父匜，春早）

雩朕皇高且（祖）公叔，克逑匹成王……雩朕皇高且（祖）

新室仲，克幽明厥心……雩朕皇高且（祖）叀（惠）仲盨父，
盩龢于政，有成于猷……雩朕皇高且（祖）灵白（伯），粦明
厥心，不惰口服……雩朕皇亚且（祖）懿仲……克匍（辅）保
厥辟考（孝）王、夷王……雩朕皇考恭叔……（述盘，西晚）

（三）位于动词或动词性成分前

如：

余用匀屯（纯）鲁，雩万年其永宝用之。（5·2820 善鼎，
西中）

雩生叔尸（夷），是辟于齐侯之所。（1·285 叔夷钟，春晚）

（四）位于名词前

如：

旦古文王，初盩龢于政。（16·10175 史墙盘，西中）

夫古之圣王敄（务）在得贤，其即（次）得民。（15·9735
中山王壶，战早）

二　句中语气词

有"唯、其、亦、斯、繄、緜"六词，从各词在句中的
具体位置看，有下述几种情况。

一是位于主语和谓语之间，如：

今我佳（唯）即井（型）稟于玟（文）王正德，若玟

（文）王令二三正，今余佳（唯）令女（汝）盂召荣敬雍德坙（经）。（5·2837 大盂鼎，西早）

今余佳（唯）坙（经）乃先圣且（祖）考，申就乃命。（逨盘，西晚）

余其敢对扬天子之休。（11·6011 盠驹尊，西中）

走其万年子子孙孙永宝用亯（享）。（1·54-58 走钟，西晚）

昔乃且（祖）亦既令乃父死（尸）司荄人。（8·4327 卯簋盖，西中）

旬其万囟（斯）年，子子孙孙永宝。（8·4342 师询簋，西晚）

余典册厥德，殴（緐）民之氐巨。（嬭加编钟，春中）

令尹子庚，殴（緐）民之所亟（极）。（5·2811 王子午鼎，春中或晚）

丕显文武，膺受大令，匍有四方，则緐唯乃先圣祖考……。（四十二年逨鼎，西晚）①

一是位于谓语动词前，其前无直接主语（或承前省略），如：

白（伯）懋父北征，佳（唯）还，吕行捷。（15·9689 吕行壶，西早）

白（伯）冬肇其乍（作）西宫宝，佳（唯）用妥（绥）

___

① 沈培《西周金文中的"緐"和〈尚书〉中的"迪"》（《古文字研究》第二十五辑）认为"緐佳"即《尚书》中的"迪惟"，语气词，用于强调后面的句法成分。

神裒（怀），唬前文人，秉德共（恭）屯（纯），佳（唯）匄万年，子子孙孙永宝。（7·4115 伯冬簋，西中）

乍（作）厥穆穆文且（祖）考宝尊彝，<u>其</u>用凤夜亯（享）于厥大宗。（11·5993 作厥方尊，西中）

仲义乍（作）龢钟，<u>其</u>万年永宝。（1·23—30 仲义钟，西晚）

一种是位于主谓句前，如：

効不敢不万年凤夜奔走扬公休，<u>亦</u>其子子孙孙永宝。（10·5433 効卣，西中）

此外，还有少数"唯"位于前置宾语前，如：

丁公文报，用稽后人亯（享），佳（<u>唯</u>）丁公报。（8·4300 作册矢令簋，西早）

寡人幼童未甬（通）智，佳（<u>唯</u>）偁（傅）姆氏（是）从。（5·2840 中山王鼎，战晚）

"其"还有位于形容词前的用法，只是用例较少，如：

易（赐）用弓，彤矢<u>其</u>央。（16·10173 虢季子白盘，西晚）

皇且（祖）考<u>其</u>逢逢渊渊，降克多福、眉寿永令（命）。（9·4465 善夫克盨，西晚）

三　句尾语气词

有"哉、虖、也、矣、焉、殹"六词，依据其所现句子的语气类型（句类），可以分为下述几类。

（一）见于感叹句中

有"哉、虖、焉、矣"四词，如：

佳（唯）民亡拙①才（哉）！彝昧天命，故亡。（8·4341班簋，西中）

乌呼哀哉！剌（烈）叔、剌（烈）夫人万世用之。（郑臧公之孙鼎，春晚）

於虖慎哉，社稷其庶虖（乎）。（5·2840中山王鼎，战晚）

为人臣而返（反）臣其宝（宗），不羊（祥）莫大焉。（15·9735中山王壶，战早）

往已（矣）叔姬，虔敬乃后，孙孙勿忘。（16·10299吴王光鉴，春晚）

（二）见于祈使句中

有"哉、焉"二词，如：

彻令敬亯（享）戋（哉）！（11·6014何尊，西早）

於虖，念之哉！后人其庸庸（用）之……於虖，念之哉！子子孙孙，永定保之，毋替厥邦。（5·2840中山王鼎，战晚）

明肆之于壶而时观焉。（15·9735中山王壶，战早）

---

① 汤梦甜《班簋铭文集释》（华东师范大学2017年硕士学位论文165页）谓：郭沫若、马承源、陈梦家、刘翔等释为"拙"，义为愚拙、愚蠢、愚钝。

（三）见于陈述句中

有"矣、也、殹"三词，如：

长为人宝（主），闻于天下之勿（物）<u>矣</u>。（5·2840 中山王鼎，战晚）

率肄于酉（酒），古（故）丧师巳（<u>也</u>）。（5·2837 大盂鼎，西早）[1]

莫（与）其沟（溺）于人<u>也</u>，宁溺于渊。（5·2840 中山王鼎，战晚）

燔燧事，虽毋会符，行<u>殹</u>。（18·12108 新郪虎符，战晚）

（四）见于反问句中

只有"乎"一词，如：

犹迷惑于之子而亡其邦，为天下戮，而皇（况）在于少君虖（<u>乎</u>）？（5·2840 中山王鼎，战晚）

---

[1]　张亚初《引得》作：故丧师巳（矣）。于洋《西周涉祭礼铭文校释与研究》（吉林大学 2019 年硕士学位论文 121 页）谓：笔者认为此字隶定为"巳"没有争议，在释读方面更倾向于黄德宽的说法，认为应该释为"也"，属上读。
另，早期多视为叹词（参见武振玉《两周金文虚词研究》所引各家观点）；又如周鹏《大盂鼎铭文"巳"字辨析》（《南华大学学报（社会科学版）》2013 年第 4 期摘要）谓：学者多主张释为"巳"，少数主张释为"也"。释"巳"者一般读为"已"，也有读作"祀"的。读作"已"又有看作语气助词和叹词的不同。我们赞成释读作"巳"（已）和认同"已"是叹词的看法。

第五节　叹词

　　叹词是表示感叹的词，特点是独立于句子之外，不与其他词发生组合关系。金文中仅有"嗟、呜呼"二词，如：

　　嗟！厥反，王降征令于大（太）保。（8·4140 大保簋，西早）①

　　嗟！东尸（夷）大反，白（伯）懋父以殷八师征东尸（夷）。（8·4239 小臣𧽊簋，西早）

　　懋父令曰：义（宜）播。嗟！厥不从厥右征。（5·2809 师旂鼎，西中）

　　乌虖（呜呼）！尔有唯（虽）小子亡（无）哉（识），视于公氏有功于天。（11·6014 何尊，西早）

　　乌虖（呜呼）哀哉，用天降大丧于下或（国）。（5·2833 禹鼎，西晚）

　　呜呼！龚公早陟，余覆其疆啚（鄙），行相曾邦。（嬭加编钟，春中）

---

① 　原字作"叙"，各家皆认为对应于传世文献中的"嗟"，故此径以"嗟"代之。

於虖（呜呼），语不悖哉……於虖（呜呼）慎哉，社稷其
庶虖……於虖（呜呼），攸（悠）哉，天其有型于兹厥邦……
於虖（呜呼），念之哉，后人其庸庸（用）之，毋忘尔邦……
於虖（呜呼），念之哉，子子孙孙，永定保之。（5·2840 中山
王鼎，战晚）

金文中出现的叹词从个体数量到出现频次都很有限。"嗟"
所在的句子多含有警示一类的内容，句中常有"反、伐"等
动词；"呜呼"表义最强烈、最明确，句中常有语气词"哉"
与之呼应，如"呜呼哀哉""呜呼敬哉"等。并且"呜呼"还
一直沿用了下来。

同时期的传世文献中，《尚书》叹词出现较多。钱宗武谓：
"《尚书》的叹词一共有 10 个：呜呼、俞、吁、嗟、咨、已、
都、猷、于、噫。总词次为 108 见。"[①] 与之相比，两周金文中
的叹词还是很有限的。

第六节　助词

助词是附着在别的词、短语、句子前后，表示一定语法

---

① 《今文尚书语法研究》，商务印书馆 2004 年第 326 页。

意义的一类虚词。助词不具备或很少具备词汇意义，需与词、短语或句子结合之后才能表达某种语义。依据语法功能和语法意义，助词一般分为结构助词和音节助词两类。两周金文中只有"之、攸、诸、所、者"五个结构助词，分述如下。

之：表示领属关系，是出现频次最高的一个结构助词。据其后连接成分的不同，可分为以下几种情况。

一　"之" + 指物名词

指物名词以器名为主（"戈"最多见），多见于东周金文，如：

内（芮）公乍（作）铸从钟之句（钩）。（1·32-33 芮公钟钩，西晚）

曹公子沱之造戈。（17·11120 曹公子沱戈，春早）

邓王之惕（赐）金，台（以）为祠器。（15·9678-9679 赵孟庎壶，春晚）

曾孙邵之大行之壶。（曾孙邵壶，春晚，《铭图续》0820）

曾侯乙之用戈。（17·11169 曾侯乙戈，战早）

二　"之" + 指人名词

（一）"之" + 亲属称谓名词

如：

王用弗忘圣人之后，多蔑历易（赐）休。（5·2812 师望鼎，西中）

徐王庚之淑子沇儿，择其吉金，自乍（作）龢钟。（1·203 沇儿钟，春晚）

楚叔之孙佣择其吉金，自作浴鬲。（楚叔之孙佣鼎，春秋后期，《近出》2：341）

子之子、孙之孙，其永保用亡疆。（15·9735 中山王壶，战早）

"之"后的亲属称谓名词以"子"和"孙"为主，其他较少见。多见于春秋晚期。

（二）"之"+其他指人名词

如：

復夺京师之孚（俘），多友乃献孚（俘）馘讯于公。（5·2835 多友鼎，西晚）

子犯及晋公率西之六师搏伐楚荆，孔休。（子犯编钟，春晚）

敢吕王之孙，楚成王之盟仆，男子之艺。（敢编钟，春秋后期）

夫古之圣王，敄（务）才（在）得擎（贤），其即得民。（15·9735 中山王壶，战早）

三　"之"+抽象名词

如：

余其敢对扬天子之休。（11·6011 盠驹尊，西中）

肆禹亦弗敢憃，赐（惕）共（恭）朕辟之命。（5·2833-
2834 禹鼎，西晚）

用铸尔羞铜，用御天子之事。（15·9729 洹子孟姜壶，
春秋）

弗敢不对扬朕辟皇君之易（赐）休命。（1·285 叔夷钟，
春晚）

使智（知）社稷之赁（任），臣主之宜（义）。……恐陨
社稷之光。……智（知）为人臣之宜（义）旃（也）。（5·2840
中山王鼎，战晚）

四　"之"+时间名词

如：

唯天子休于麦辟侯之年，遣孙孙子子其永亡冬（终）。
（11·6015 麦方尊，西早）

王命蒹（膳）夫克舍令于成周遹正八师之年。
（5·2796-2802 小克鼎，西晚）

甲申之辱（晨），搏于口。（5·2835 多友鼎，西晚）

江汉之阴阳，百岁之外，以之大行。(1·074 敬事天王钟，
春晚)

五 "之"+指地名词

如：

啻（鄙）于荣白（伯）之所。(8·4323 敔簋，西晚)

搏伐玁狁于洛之阳，折首五百，执讯五十。(16·10173
虢季子白盘，西晚)

江汉之阴阳，百岁之外，以之大行。(1·074 敬事天王钟，
春晚)

诸侯羞元金于子犯之所，用为龢钟纠（九）堵。(子犯编
钟，春晚)

咸有九州，处禹之堵（土）。(1·285 叔夷钟，春晚)

六 "之"+动词或动词性词组

如：

余郑邦之产，少去母父，乍（作）铸飤器黄镬。(5·2782
哀成叔鼎，战早)

故邦亡身死，曾亡一夫之救。(15·9735 中山王壶，战早)

陈璋内（入）伐匽（燕）亳邦之获。(15·9703 陈璋方壶，
战中)

吾宅兹漾陲，蒿简之无匹。（15·9710-9711 曾姬无恤壶，战国）

尸（夷）用或敢再拜稽首，膺受君公之易（赐）光。（1·285 叔夷钟，春晚）

日夜不忘大去型（刑）罚，以忧厥民之佳（罹）不辜。（15·9734 中山舒盗壶，战早）

据上，结构助词"之"组成的组合形式还是比较丰富，但总体出现时间偏晚一些。

攸：仅如下 1 见：允才（哉）显，佳（唯）敬德，亡遒（攸）违。（8·4341 班簋，西中）①

所：西周金文未见，集中于东周金文中。皆位于动词前，构成的"所"字结构为名词性词组。如：

司料口所寺（持）。（16·10327 司料盆，春秋）

令尹子庚，殹（繄）民之所亟（极）。（5·2811 王子午鼎，春中或晚）

宋公差之所造不易（扬）族戈。（17·11289 宋公差戈，春晚）

是（寔）又（有）纯惠（德）遗训，以阤（施）及子孙，用佳（唯）朕所放（仿）。（15·9735 中山王壶，战早）

邦右库工师口口，冶臣市所伐。（五年春平相邦鼎，战国）

都寿之岁，襄城楚境尹所造。（楚境尹戈，战国后期，

---

① 例中"遒"通"攸"，各家无疑义。或视为语助词，或视为助词。

《近出》4：1170）

者①：有两种情况，一是与动词或动词性成分组成名词性词组，如：

冉子执鼓，庚入，门之，甲<u>者</u>献于灵公之所。（15·9733庚壶，春晚）"甲"活用为动词。

节于麇釜。敦<u>者</u>曰陈纯。（16·10371陈纯缶，战国）

灋度量，则不壹歉疑<u>者</u>，皆明壹之。（16·10372商鞅量，战国）

不行王命<u>者</u>，怏（殃）袭子孙。（16·10478兆域图铜版，战晚）

一种是与时间名词"昔"组合，此类"者"实为音节助词，不具有改变所组合之词词性的功能。如：

昔<u>者</u>，吾先考成王早弃群臣，寡人幼童未甬（通）智，佳（唯）备（傅）姆氏（是）从。……昔<u>者</u>吴人并雩（越）。（5·2840中山王鼎，战晚）

附一诸：古汉语中一般视为兼词，认为是"之＋于"的合音。金文用例有限，如：

---

① 向熹《简明汉语史（修订本下）》（98页）将"者""所""攸"三词视为特殊代词，谓：这三个特殊的代词，不见甲骨文和西周金文，《尚书》里开始出现。它们可以代人、代事物，但不能独立充当句子成分，必须和其他词语组合成"者"字结构或"所"（攸）字结构，才能显示它们的意义。（100页）代词"所"是由名词义转化来的。它通常是放在动词或动词性词组前面，成为"所"字结构。（脚注1："所"的性质，诸家说各不同。……周法高《中国古代语法·称代篇》以为"代词性助词"。）

公命复丰率徒伐者（诸）剌，武又（有）工（功）。（复丰壶，春早）

其音赢少哉（则）扬，穌平均煌，霝（令）印（色）若华，匕（比）者（诸）馨磬，至者（诸）长竽。（敢编钟，春秋后期）①

其获者（诸）男子，勿或（有）柬巳（已）。（鲍子鼎，春晚）②

---

① 《淅川下寺春秋楚墓》（文物出版社 1991 年 10 月第 1 版 257 页）在"者"后括注了"诸"；冯胜君《敢钟铭文解释》（《吉林大学古籍整理研究所建所十五周年纪念文集》，吉林大学出版社 1998 年）谓："者，读为诸"；陈双新《敢钟铭文补议》（《古文字研究》第二十四辑 260 页）谓"者，即诸，之于的合音"。

② 何景成《鲍子鼎铭文补释》（复旦网 2009-9-18）谓：皇，我们认为该字当释为"者"。……"者"读为"诸"，作介词用。

第四章　两周金文句子成分

第一节　主语、谓语和宾语

一　主语的构成

两周金文中的主语，从其构成成分看，主要有两大类：名词性主语和谓词性主语。

（一）名词性主语

是由名词、代词或名词性短语构成的主语。

1.由名词构成的主语，是最常见的。

可以是指人名词，如：

匽侯赏复冂衣臣妾贝，用乍（作）父乙宝尊彝。（11・5978 复作父乙尊，西早）

隹（唯）正月初吉丁亥，虘乍（作）宝钟。（1・88-89 虘钟，西中）

均子夫（大）夫，建我邦国。（1・219-222 蔡侯镈，春晚）

后嗣甬（用）之，职才（在）王室。（15・9710-9711 曾姬无恤壶，战国）

可以是抽象名词，如：

蔡公子囗乍（作）尊壶，其<u>眉寿</u>无疆。（15·9701 蔡公子壶，西晚）

可以是指物名词，如：

<u>元器</u>其旧，哉（载）公眉寿。（1·245 邾公华钟，春晚）

可以是指地名词，如：

易（赐）畁师永厥田阴易（阳）洛，<u>疆眔</u>师俗父田。（16·10322 永盂，西中）

司余小子弗彶，<u>邦</u>将害（曷）吉？（5·2841 毛公鼎，西晚）

2. 由代词构成的主语，如：

<u>我</u>闻殷述（坠）命，佳（唯）殷边侯田（甸）雩殷正百辟，率肆于酉（酒），古（故）丧师巳（也）。（5·2837 大盂鼎，西早）

<u>余</u>其敢对扬天子之休，<u>余</u>用乍（作）朕文考大中（仲）宝尊彝。（11·6011 盠驹尊，西中）

<u>吾</u>以匽（宴）以喜，以乐嘉宾，及我父兄庶士。（1·203 沇儿钟，春晚）

<u>女</u>（汝）受我田牧，弗能许戵比。（8·4278 戵比簋盖，西晚）

<u>厥</u>不从厥右征，今母（毋）播，其又内（纳）于师旂。（5·2809 师旂鼎，西中）

3. 由定中短语构成的主语，如：

<u>青（静）幽高且（祖）</u>，才（在）微需处。（16·10175 史

墙盘，西中）

其子孙永日鼓乐兹钟，其永宝用。（2·356 邢叔采钟，西晚）

阑阑龢钟，用匽（宴）台（以）喜，用乐嘉宾父兄及我佣友。（1·285 叔夷钟，春晚）

陈氏裔孙逆乍（作）为皇祖大宗簠。（7·4096 陈逆簠，战早）

穆穆鲁辟，徂省朔旁（方）。（5·2746 梁十九年亡智鼎，战国）

4. 由名词性并列短语构成的主语，如：

虘罘蔡姬永宝，用邵大宗。（1·88-89 虘钟，西中）

朕文考罘毛公遣中（仲）征无需，毛公易（赐）朕文考臣自厥工。（8·4162-4164 孟簋，西中）

公及王姬曰：余小子，余夙夕虔敬朕祀，以受多福。（1·267-270 秦公镈，春早）

烈烈昭文公、静公、宪公，不惰于上，昭合皇天，以虩事蛮方。（1·267-270 秦公镈，春早）

子犯及晋公率西之六师搏伐楚荆，孔休。（子犯编钟，春秋后期）

5. 由同位短语构成的主语，如：

余小子司朕皇考，肇帅井（型）先文且（祖），共（恭）明德，秉威义（仪）。（8·4242 叔向父禹簋，西晚）

司寇良父乍（作）为卫姬壶，子子孙永保（宝）用。（15·9641 司寇良父壶，西晚）

不（丕）显皇考叀（惠）叔，穆穆秉元明德。（1·238-240 虢叔旅钟，西晚）

樊夫人龙赢用其吉金，自乍（作）行壶。（15·9637 樊夫人龙赢壶，春早）

女（汝）尸（夷），余经乃先祖。（1·285 叔夷钟，春晚）

朕余名之，胃（谓）之少虡。（18·11696-11697 少虡剑，春晚）

亡智罙戟（介）啬夫庶蒐择吉金，铸鑫。（5·2746 梁十九年亡智鼎，战国）[①]

（二）谓词性主语

此类较少，如：

寰肇从遣征，攻禽无啻（敌）。（5·2731 寰鼎，西早）

得纯亡愍，赐釐（赉）无疆。（5·2836 大克鼎，西晚）

二　主语的意义类型

主语的意义类型是根据主语所表示的人、事物和谓语所表示的动作行为之间的语义关系确定的。一般分为如下四类（或三类）。

---

① 周波《三晋梁十九年鼎及中山王口方壶铭文新释》(《出土文献与古文字研究》第八辑 155 页)认为"介"为副贰之义。……与"啬夫庶口"为同位语关系。

（一）施事主语

主语是动作行为的发出者，主语一般为人物，谓语多为表示动作的动词，周金文中的一般主谓句均属于此类，如：

唯弔（叔）从王南征，唯归，佳（唯）八月才（在）居，诲乍（作）宝鬲鼎。（5·2615唯叔鼎，西早）

武公命多友率公车羞追于京师。（5·2835多友鼎，西晚）

亦唯噩（鄂）侯驭方率南淮尸（夷）东尸（夷）广伐南或（国）东或（国）。（5·2833-2834禹鼎，西晚）

王至晋侯苏师，王降自车，立南向。（晋侯苏编钟，西晚）

庆叔作朕子孟姜盨匜，其眉寿万年。（16·10280庆叔匜，春秋）

（二）受事主语

主语是动作行为的接受者，而宾语是动词行为的实际发出者，这种句子一般又称为被动句。

1. 没有形式标志的受事主语句，如：

王令生辨事口公宗，小子生易（赐）金黹冟。（11·6001小子生尊，西早）

王咸诰，何易（赐）贝卅朋，用乍（作）口公宝尊彝。（11·6014何尊，西早）

乍（作）册麦易（赐）金于辟侯，麦扬，用乍宝尊彝。（11·6015麦方尊，西早）

2. 有形式标志的受事主语句，如：

息白（伯）易（赐）贝于姜，用乍（作）父乙宝尊彝。（10·5386 息伯卣，西早）

㝬羌……赏于韩宗，令于晋公，卲（昭）于天子，用明则之于铭。（1·157–161 㝬羌钟，战早）

郾（燕）君子徻……长为人宗，闬（见）於天下之勿（物）矣，犹迷惑於之子而亡其邦，为天下戮。（5·2840 中山王鼎，战晚）

形式标志共有"于、於、为"三个，其中"于"最多见，且出现时间亦早，"於、为"少见且晚出。

（三）与事主语

主语表示动作行为的间接对象。如：

师器父其万年子子孙孙永宝用。（5·2727 师器父鼎，西中）

琱生其万年子子孙孙用宝用亯（享）。（3·744 琱生鬲，西晚）

（四）当事主语

主语既不表示施事、受事，又不表示与事，谓语表示主语的性质、用途、存在等。如：

【乙】亥，王又（有）大丰（礼）。（8·4261 天亡簋，西早）

佳（唯）王元年三月既生霸庚申，弔（叔）氏才（在）大庙。（1·60 逆钟，西晚）

才（在）成周，乍（作）旅盨，兹盨友（有）十又二。（9·4435 虢仲盨盖，西晚）

大钟八聿（肆），其竃四堵。（1·225-237 郘黛钟，春晚）

余不畏不差，惠于政德，淑于威义（仪）。（5·2811 王子午鼎，春中或晚）

三　谓语的构成

（一）由动词性词语充当谓语

此类最多见，且具体形式丰富。

1.由单个动词构成，如：

唯弔（叔）从王南征，唯归。（5·2615 唯叔鼎，西早）

蕭从王伐荆，孚（俘），用乍（作）饙簋。（6·3732 蕭簋，西早）

南宫兄（贶），王曰：用先。（12·6514 中觯，西早）

王史（使）小臣唐射，克，小臣阑，用作宝。（小臣唐簋，西早，《铭图续》0385）

丁卯，疑至，告，姒赏贝，扬皇君休。（疑尊，西早，《铭图续》0792）

王蕭（在）毕烝。戊辰，曾（赠）。（8·4208 段簋，西中）

应侯见工<u>侑</u>，赐玉五瑴、马四匹、矢三千。（应侯视工簋一，西中）

王命益公征眉敖，益公至，<u>告</u>。二月，眉敖至，<u>见</u>，献帛。（8·4331 乖伯归夆簋，西晚）

2.由动宾短语构成，如：

白（伯）矩乍（作）宝彝，<u>用言（歆）王出内（入）事（使）人</u>。（4·2456 伯矩鼎，西早）

<u>匽侯赏复裳衣、臣妾、贝</u>，用乍（作）父乙宝尊彝。（11·5978 复作父乙尊，西早）

<u>尸白（伯）宾贝布</u>，用乍（作）朕文考日癸旅宝。（11·5989 作册睘尊，西早）

佳（唯）四月既望丁亥，<u>公大保赏御正良贝</u>。（14·9103 御正良爵，西早）

<u>王则畀柞伯赤金十钣</u>。（柞伯簋，西早）

<u>王蔑老历，赐鱼百</u>。（老簋，西中，《近出二编》2：426）

叀（唯）西六师殷八师，<u>伐噩（鄂）侯驭方</u>。（5·2833-2834 禹鼎，西晚）

<u>用作朕皇祖究仲尊簋</u>，追夷用祈赐眉寿永命。（追夷簋，西晚，《近出二编》2：428）

陈氏裔孙逆乍（作）<u>为皇祖大宗簋</u>，台（以）匃羕（永）命眉寿。（7·4096 陈逆簋，战早）

3.由状中短语构成，如：

文考遗宝责（积），弗敢丧，旆用乍（作）父戊宝尊彝。（5·2555 旆鼎，西早）

用猃狁放（方）兴，广伐京师。（5·2835 多友鼎，西晚）

服肇凤夕明亯（享），乍（作）文考日辛宝彝。（11·5968 服方尊，西中）

其万年寿考，用眔厥朋友旨飨。（召叔簋，西中，《铭图续》0426）

用之征行，其用及百君子宴飨。（伯克父甗甲，春早，《铭图续》0474）

4.由述补短语构成，用介词"于"和"自"引进补语的，如：

彝（恭）王才（在）周新宫，王射于射卢（庐）。（5·2784 十五年趞曹鼎，西中）

隹（唯）正二月初吉，王归自成周。（1·107 应侯见公钟，西中或晚）

王至晋侯苏师，王降自车，立南向。（晋侯苏编钟，西晚）

雩朕皇高祖惠仲盠父，龢龢于政，有成于猷。（逨盘，西晚）

归献于灵公之所，商（赏）之台（以）兵甲车马。（15·9733 庚壶，春晚）

用亯（享）台（以）孝于我皇且（祖）文考。（1·261 王孙遗者钟，春晚）

5. 由并列短语构成，如：

令乍（作）册旂兄（贶）望土于相侯，<u>易（赐）金易（赐）臣</u>。（15·9303 作册旂觥，西早）

公娒令次口田，厥次蔑历，<u>易（赐）马易（赐）裘</u>。（10·5405 次卣，西中）

用乍（作）尊鼎，<u>用倗（朋）用友</u>，其子子孙永宝用。（5·2835 多友鼎，西晚）

<u>我用召卿事（士）辟王</u>，用召者（诸）考者（诸）兄。（9·4628 伯公父簠，西晚）

白（伯）公父乍（作）金爵，<u>用献用酌</u>，用喜（享）用孝于朕皇考。（16·9935–9936 伯公父勺，西晚）

我先且（祖）受天命，<u>商（赏）宅受或（国）</u>。（1·267–270 秦公镈，春早）

尌中（仲）乍（作）献（甗），<u>用征用行</u>，子子孙孙永宝用。（3·933 尌仲甗，春早）

卓林父乍（作）宝簋，<u>用喜（享）用孝</u>。（7·4018 卓林父簋盖，春早）

6. 由连动短语构成，如：

楷白（伯）<u>于遘王</u>，休亡尤，朕辟天子。（8·4205 献簋，西早）

王用弗忘圣人之后，<u>多蔑历赐休</u>。（5·2812 师望鼎，西中）

微史剌（烈）且（祖）<u>乃来见武王</u>。（16·10175 史墙盘，西中）

亦唯噩（鄂）侯驭方率南淮尸（夷）东尸（夷）广伐南或（国）东或（国），至于历涉。（5·2833—2834 禹鼎，西晚）

武公入右（佑）敔，告禽馘百讯册。（8·4323 敔簋，西晚）

戎大同，从追女（汝），女（汝）彶（及）戎大敦搏。（8·4328—4329 不其簋，西晚）

今汝其率蔡侯左至于昏邑。（柞伯鼎，西晚）

子犯及晋公率西之六师搏伐楚荆，孔休。（子犯编钟，春晚）

7.由兼语短语构成，如：

敏谏罚讼，夙夕召我一人烝四方。（5·2837 大盂鼎，西早）

王姜令乍（作）册睘安尸（夷）白（伯），尸白（伯）宾睘贝布，扬王姜休。（10·5407 作册睘卣，西早）

今我唯令女（汝）二人亢眔矢口，左右于乃寮（僚）以乃友事。（11·6016 矢令方尊，西早）

佳（唯）王令明公遣三族伐东或（国）。（7·4029 明公簋，西早）

王乎（呼）师虡召盠，王亲旨盠，驹易（赐）两。（11·6011 盠驹尊，西中）

唯王九年九月甲寅，王命益公征眉敖。（8·4331 乖伯归夆簋，西晚）

命武公遣乃元士羞追于京师，武公命多友率公车羞追于

京师。（5·2835 多友鼎，西晚）

己（纪）侯乍（作）铸壶，事（使）小臣以汲。（15·9632 纪侯壶，春早）

（二）由形容词性成分充当谓语

1.单个形容词充当谓语，如：

余老，不克御事，唯女（汝）悠其敬辥（乂）乃身，母（毋）尚为小子。（10·5428-5429 叔欢父卣，西早）

天子明哲，显孝于申（神）。（5·2836 大克鼎，西晚）

用祀用卿（飨），多福滂滂。（15·9708 冶仲考父壶，春早）

辥（予）皇且（祖）宪公，桓桓趯趯，启厥明心，广埜（经）其猷。（戎生编钟，春早）

子孙蕃昌，永保用之，冬（终）岁无疆。（11·6010 蔡侯尊，春晚）

命（令）瓜（狐）君孺子乍（作）铸尊壶，柬柬兽兽。（15·9719-9720 令狐君孺子壶，战中）

2.由形容词性并列短语构成，如：

白父孔显又（有）光，王赐（赐）乘马，是用左（佐）王。（16·10173 虢季子白盘，西晚）

楚大（太）师登（邓）子辥慎，慎淑温恭，武于戎工（功）。（楚太师邓子辥慎镈，春早，《铭图续》1045）

大师作为子仲姜沬盘，孔硕且好。（子仲姜盘，春秋前期）

自乍（作）龢钟，<u>中（终）翰且扬</u>，元鸣孔皇。（1·203
沈儿钟，春晚）

余惄龏（恭）威（畏）忌，<u>淑穆</u>，不惰于厥身。（1·245
邾公华钟，春晚）

余<u>圅恭舒迟，畏忌趩趩</u>。（1·261 王孙遗者钟，春晚）

其音嬴少则扬，<u>龢平均皇</u>。（敖编钟，春秋后期）

穆穆曾侯，<u>畏忌温恭</u>。（曾侯钟，春晚，《铭图续》1025）

3.由形容词性偏正词组构成，如：

其金<u>孔吉</u>，亦玄亦黄。（9·4628 伯公父簠，西晚）

子犯及晋公率西之六师搏伐楚荆，<u>孔休</u>。（子犯编钟，
春晚）

为人臣而反臣其宗，不兼（祥）<u>莫大</u>焉。（15·9735 中山
王壶，战早）

4.由形容词性述补词组构成，如：

曰古文王，初鳌龢<u>于政</u>，上帝降懿德大屏。（1·251 兴钟，
西中）

则上<u>逆於天</u>，下不<u>顺於人</u>也。（15·9735 中山王壶，
战早）

（三）由数量词组充当谓语

如：

孚（俘）戎兵盾矛戈弓备（箙）矢裨胄，凡<u>百又卅又五
款</u>。（8·4322 冬簋，西中）

自豕鼎降十又【一】簋八两罍两壶。（5·2745 函皇父鼎，西晚）

大钟八聿（肆），其竃四堵。（1·225-237 郘黛钟，春晚）

大启邦宇，枋（方）数百里。（15·9734 中山好蚉壶，战早）

右使啬夫吴口，工口，冢（重）一石百卌二刀之冢（重）。（15·9674 十苯右使壶，战早）

鄂萈阳共鼎，容一斗一升，重六斤七量。（萈阳鼎，战晚）

四　谓语的意义类型

根据谓语对主语所起的不同作用，两周金文中的谓语有下述三种意义类型。

（一）叙述性谓语

谓语对主语加以叙述性说明，主要由动词或动词性成分充当。如：

王受（授）乍（作）册尹者（书），卑（俾）册令免。（8·4240 免簋，西周）

佳（唯）周公于征伐东尸（夷），豊白（伯）尃（薄）古（姑）咸杀。（5·2739 冉方鼎，西早）

颂敢对扬天子不（丕）显鲁休，用乍（作）朕皇考聾弔（叔）皇母聾始（姒）宝尊簋。（8·4332-4339 颂簋，

西晚）

　　陈氏裔孙逆乍（作）为皇祖大宗簠，台（以）匄羕（永）令（命）眉寿。（7·4096 陈逆簠，战早）

（二）描写性谓语

　　谓语主要描写主语的性状，主要由形容词性成分充当。如：

　　不（丕）显皇且（祖）考穆穆，克誓（慎）厥德。（8·4326 番生簋盖，西晚）

　　克明又（有）心，螯䣒胤（俊）士。（1·262-270 秦公镈，春早）

　　休辥皇且（祖）宪公，桓桓趡趡，启厥明心，广埊（经）其猷。（戎生编钟，春早）

　　中（终）翰且扬，元鸣孔皇。其音悠悠，闻于四方。皇皇熙熙，眉寿无期。（1·182 徐王子旃钟，春秋）

（三）判断性谓语

　　谓语说明主语的类属等，主要由名词性成分或由"有""亡"组成的短语充当，如：

　　朕猷又（有）成亡（无）竞。（1·260 胡钟，西晚）

　　乍（作）旅盨，兹盨友（有）十又二。（9·4435 虢仲盨盖，西晚）

　　雴邦人疋（胥）人师氏人，又（有）辠又（有）故（辜）。

（9·4469 冉盨，西晚）

令甲从王折首执讯，休！亡敃。（16·10174 兮甲盘，西晚）

定均庶邦，休！有成庆。（1·210-222 蔡侯纽钟，春晚）

五　宾语的构成

宾语的构成成分可首先大别为两类：名词性宾语和谓词性宾语。

（一）名词性宾语

可以由名词构成，如：

隹（唯）二月乙亥，相侯休于厥臣殳，易（赐）<u>帛金</u>。（8·4136 相侯簋，西早）

翏生从，执讯折首，孚（俘）戎器，孚（俘）<u>金</u>。（9·4459-4461 翏生盨，西晚）

王睗（赐）<u>乘马</u>，是用左（佐）<u>王</u>。……睗（赐）<u>用戈</u>，用政（征）<u>蛮方</u>。（16·10173 虢季子白盘，西晚）

高引又（有）庆，竃（造）囿（佑）<u>四方</u>。（8·4315 秦公簋，春早）

严恭天命，哀命（矜）<u>鳏寡</u>，用克肇谨先王明祀。（羊编镈，春秋后期，《近出二编》1：47-49）

命日壬午，克<u>邦堕城</u>，水灭齐之获。（燕王职壶，战国后

期,《近出二编》3：877）

可以由代词构成,如：

女（汝）既静京师,釐女（汝）。（5·2835 多友鼎,
西晚）

用赐眉寿,子子孙孙其永用之。（15·9677 黾壶盖,
西晚）

其万年霝冬（终）难老,子子孙孙是永宝。（15·9713 叟
季良父壶,西晚）

可以由数量成分构成,如：

获馘四千八百口二馘……孚（俘）馘二百卅七馘。
（5·2839 小盂鼎,西早）

姜商（赏）令贝十朋、臣十家、鬲百人。（8·4300-4301
作册夨令簋,西早）

公交车折首百又十又五人,执讯三人。（5·2835 多友鼎,
西晚）

矩白（伯）庶人取堇（瑾）章（璋）于裘卫,才（裁）
八十朋。（15·9456 裘卫盉,西中）

可以由定中短语构成,如：

公易（赐）望贝,用乍（作）父甲宝彝。（14·9094 望爵,
西早）

王才（在）宗周,王各（格）大师室。（5·2820 善鼎,
西中）

王令毛白（伯）更（赓）虢城公服,屏王立（位）,乍

（作）四方<u>亟</u>（极）。（8·4341 班簋，西中）

王亲衰宠师酉，赐<u>豹裘</u>。（师酉鼎，西中）

复夺京师之<u>俘</u>。（5·2835 多友鼎，西晚）

膺受<u>大鲁命</u>，匍有四方。……丕显文武，膺受<u>大命</u>，匍有四方。（逨盘，西晚）

樊夫人龙赢用其吉金，自乍（作）<u>行壶</u>。（15·9637 樊夫人龙赢壶，春早）

侯母乍（作）侯父<u>戎壶</u>，用征行，用求福无疆。（15·9657 侯母壶，春早）

可以由名词性并列词组构成，如：

王姜史（使）叔事于大保，赏叔<u>蘮鬯、白金、刍牛</u>。（8·4132-4133 叔簋，西早）

王蔑庚赢历，易（赐）<u>贝十朋，又（有）丹一管</u>。（10·5426 庚赢卣，西早）

余其用各（格）<u>我宗子雯（与）百生（姓）</u>。（5·2820 善鼎，西中）

命女（汝）<u>赤市、朱黄（衡）、玄衣黹屯（纯）、銮旂</u>。（8·4250 即簋，西中）

易（赐）女（汝）<u>秬鬯一卣、玄衮衣、赤市、幽黄（衡）、赤舄、鋚勒、銮旂</u>。（15·9728 智壶盖，西中）

更乃且（祖）考，胥师戏司<u>走马驭人眔五邑走马驭人</u>。（虎簋盖，西中）

易（赐）女（汝）<u>玄衣黹屯（纯）、赤市、朱黄（衡）、</u>

鎣旂……用祈匄眉寿、绰绾、永命、霝冬（终）。（5·2825 膳夫山鼎，西晚）

用亯（享）于其皇祖文考，用易（赐）害（匄）<u>眉寿、黄耇、霝冬（终）</u>。（8·4156 伯家父簋盖，西晚）

其才（在）上，降余<u>多福、繛（繁）釐</u>。（8·4242 叔向父禹簋，西晚）

自酢（作）祭鼎，用亯（享）于<u>皇天及我文考</u>。（12·6513 徐王义楚觯，春晚）

阑阑龢钟，用匽（宴）台（以）喜，用乐<u>嘉宾、父兄，及我倗友</u>。（1·261 王孙遗者钟，春晚）

可以由同位短语构成，如：

余其宅兹<u>中或（国）</u>，自之辥（乂）民。（11·6014 何尊，西早）

割井（邢）侯服，易（赐）<u>臣三品：州人、重人、庸人</u>。（8·4241 邢侯簋，西早）

用司六师王行<u>叁有司：司土（徒）、司马、司工（空）</u>。（16·9899—9900 盉方彝，西中）

降余多福，福<u>余</u>冲孙。（1·260 戎钟，西晚）

女（汝）专余于囏（艰）恤，虔恤不易，左右<u>余一人</u>。（1·285 叔夷钟，春晚）

（二）谓词性宾语

可以由单个动词构成，如：

邓小仲获，有<u>得</u>，弗敢阻（沮）尊。（邓小仲方鼎，西早，《近出》2：343）

小子暨服、暨小臣、暨尸仆学<u>射</u>。（8·4273 静簋，西中）

晋侯令（命）晨追于倗，休，有<u>擒</u>。（晨鼎，西中，《近出》2：352）

用严（玁）狁放（方）兴，广伐京师，告<u>追</u>于王。（5·2835 多友鼎，西晚）

初命伐口，有<u>获</u>。（吴王寿梦之子剑，春秋后期，《近出二编》4：1301）

可以由动宾短语构成，如：

唯伯犀父以成师即东，命<u>伐南尸（夷）</u>。（10·5425 竞卣，西中）

司徒微邑、司马单谓、司工邑人服暨<u>受（授）田</u>。（15·9456 裘卫盉，西中）

可以由动词性并列短语构成，如：

从至，追搏于世，多友或（又）厷（宏）<u>折首执讯</u>。（5·2835 多友鼎，西晚）

可以由动词性偏正短语构成，如：

敢对扬天子<u>不显休釐</u>。（5·2810 噩侯鼎，西晚）

方狄（逖）<u>不享</u>，用奠四国万邦。（逨盘，西晚）

<u>膺受君公之赐光</u>。（1·272-278 叔夷钟，春晚）

智（知）<u>为人臣之宜（义）</u>旙（也）。（5·2840 中山王鼎，战晚）

可以由动词性主谓词组构成，如：

十世不望（忘）<u>献身才（在）毕公家、受天子休</u>。
（8·4205 献簋，西早）

<u>叀（惟）王龏（恭）德谷（裕）天</u>，顺（训）<u>我不每</u>
<u>（敏）</u>。（11·6014 何尊，西早）

天君弗望<u>穆公圣龏明，弘甫（辅）先王</u>，各（格）于尹
姑宗室。（3·754-755 尹姑鬲，西中）

对扬<u>朕考赐休</u>。（8·4162 孟簋，西中）

守宫对扬<u>周师釐</u>。（16·10168 守宫盘，西中）

王敦伐<u>其至</u>，扑伐厥都。（1·260 㝬钟，西晚）

女（汝）台（以）戒<u>戎迮</u>。（1·285 叔夷钟，春晚）

日夜不忘大去型（刑）罚，以忧<u>厥民之佳（雁）不辜</u>。
（15·9734 中山舒鲞壶，战早）

天子不忘<u>其又（有）勋</u>。（15·9735 中山王壶，战早）

六　宾语的意义类型

（一）受事宾语

宾语是动作行为的对象或结果，如：

孚（俘）人万三千八十一人，孚（俘）口口口匹，孚
（俘）车卅两（辆），孚（俘）牛三百五十五牛。（5·2839 小
孟鼎，西早）

卑復虐逐厥君厥师，廼乍（作）余一人及。（9·4469 冉

盨，西晚）

楚王酓忎战隻（获）兵铜。（5·2794–2795 楚王酓忎鼎，战晚）

（二）施事宾语

宾语是动作行为的发出者，如：

鬲赐贝于王，用作父甲宝尊彝。（11·5956 鬲作父甲尊，西中）

比锡金于公，用作宝彝。（比盂，西中，《铭图续》0533）

赏于韩宗，令于晋公，昭于天子。（1·157 𪓟羌钟，战早）

（三）与事宾语

宾语表示动作行为所涉及的对象，如：

其万年永宝，用享宗公。（16·10313 口作父丁盂，西中）

其万年祀厥祖考。（7·3979 吕伯簋，西中）

遣伯乍（作）𪓟宗彝，其用夙夜享邵（昭）文神。（𪓟簋，西周）

用追考侃前文人。（1·112 井人妄钟，西晚）

（四）当事宾语

指上述各类宾语之外的，如处所宾语、工具宾语、存现宾语、使动宾语、为动宾语等。如：

夙夕召我一人烝四方。（5·2837 大盂鼎，西早）

佳（唯）三年三月初吉甲戌，王才（在）周师录宫。（5·2817 师晨鼎，西中）

佳（唯）卅年四月初吉甲戌，王才（在）周新宫。（虎簋盖，西中）

用侃喜前文人。（1·65—71 兮仲钟，西晚）

宰引右颂入门，立中廷。（8·4332—4339 颂簋，西晚）

用追孝，卲（昭）格喜侃前文人。（逨编钟，西晚）

第二节　定语和中心语

一　定语的构成

由名词构成的定语，如：

……乍（作）辟日乙鬱尊彝。（妇传尊，西早，《铭图续》0785）

莫（郑）㯅叔宾父乍（作）醴壶，子子孙孙永宝用。（15·9631 郑㯅叔宾父壶，西晚）

白（伯）公父乍（作）金爵，用献用酌。（16·9935—9936 伯公父勺，西晚）

亦唯噩（鄂）侯驭方率南淮尸（夷）东尸（夷）广伐南

或（国）东或（国）。（5·2833-2834 禹鼎，西晚）

邦白（伯）肈乍（作）孟妊齹（膳）鼎，其万年眉寿。（5·2601 邦伯鼎，春早）

吴王孙无壬之腥鼎。（4·2359 吴王孙无壬鼎，春晚）

江汉之阴阳，百岁之外，以之大行。（1·074 敬事天王钟，春晚）

先王之惪（德）弗可复得，霖霖（潸潸）流涕，不敢盜（宁）处。（15·9734 中山奶蚕壶，战早）

藤大司马友冥壶。（藤大司马友壶，战晚，《铭图续》0822）

由代词构成的定语，如：

用畜（禘）于乃考，大拜稽首，对扬王休。（8·4165 大簋，西中）

用丝（兹）四夫。（5·2838 智鼎，西中）

其金孔吉，亦玄亦黄。（9·4628 伯公父簋，西晚）

王在周康夷宫，王亲赐成此钟。（成钟，西晚）

弔（叔）皮父乍（作）朕文考弗公眔朕文母季姬尊簋。（7·4090 叔皮父簋，西晚）

用令保我家朕立（位）胡身，阤阤降余多福、宪杰、宇慕、远猷。（8·4317 猷簋，西晚）

滕侯苏乍（作）厥文考滕中（仲）旅簋。（9·4428 滕侯苏盨，春早）

女（汝）台（以）恤余朕身……女（汝）敬共（恭）辪

（予）命。（1·285 叔夷钟，春晚）

由数量词构成的定语，如：

用祈<u>万</u>寿。（7·3920 伯百父簋，西中）

佳（唯）王<u>三</u>祀四月既生霸辛酉。（8·4214 师𬨎簋盖，西中）

翏生㤅大妘其<u>百</u>男<u>百</u>女<u>千</u>孙。（9·4459-4461 翏生盨，西晚）

于大无（巫）司折（誓）于大司命，用璧<u>两</u>壶<u>八</u>鼎。（15·9729 洹子孟姜壶，春秋）

祈无疆至于<u>万</u>䆸（亿）年。（15·9719-9720 令狐君孺子壶，战中）

由形容词构成的定语，如：

敢对扬天子<u>不（丕）显</u>鲁休命，用乍（作）朕文考釐公尊壶。（15·9728 智壶盖，西中）

鲁邍乍（作）<u>龢</u>钟，用言（享）考（孝）。（1·18 鲁邍钟，西晚）

不（丕）显皇考叀叔，穆穆秉<u>元明</u>德。（1·238-240 虢叔旅钟，西晚）

何拜稽首，对扬天子<u>鲁</u>命，用乍（作）宝簋。（8·4204 何簋，西晚）

其严才（在）上，降余<u>多</u>福緐（繁）釐。（8·4242 叔向父禹簋，西晚）

以<u>良</u>金铸其鼎，百岁用之。（徐子汭鼎，春早，《铭图续》

0189）

邵大叔以<u>新</u>金为賨车之斧。（18・11788 吕大叔斧，春秋）

此余王口君（？）作铸其<u>小</u>鼎。（此余王鼎，春晚，《铭图续》0220）

<u>虩虩</u>（赫赫）叔楚，为之元子。（封子楚簠，春晚，《铭图续》0517）

择厥<u>吉</u>金，台（以）乍（作）厥<u>元</u>配季姜之<u>祥</u>器。（9・4629-4630 陈逆簠，战早）

由动词构成的定语，如：

过伯从王伐<u>反</u>荆。（7・3907 过伯簋，西早）

王降<u>征</u>令于大保。（8・4140 大保簋，西早）

叔硕父乍（作）<u>旅</u>甗，子子孙孙永宝用。（3・928 叔硕父甗，西晚）

唯<u>俘</u>车不克以。（5・2835 多友鼎，西晚）

叔朕择其吉金，自乍（作）<u>荐</u>簠。（9・4620-4622 叔朕簠，春早）

徐王之子庚儿自乍（作）<u>飤</u>𦈻，用征用行。（5・2715-2716 庚儿鼎，春中）

邛立宰孙叔师父乍（作）<u>行</u>具，眉寿万年无疆。（15・9706 孙叔师父壶，春秋）

孟滕姬择其吉金，自乍（作）<u>浴</u>缶，永保用之。（16・10005 孟滕姬缶，春秋）

邛中（仲）之孙白（伯）戋自乍（作）<u>沬</u>盘。（16・10160

伯戋盘，春秋）

庆叔作朕子孟姜<u>盥</u>匜，其眉寿万年。（16·10280 庆叔匜，春秋）

黄子戌之<u>盥</u>斗。（黄子戌之斗，春晚，《铭图续》0912）

吴王夫差择厥吉金，自乍（作）<u>御监</u>（鉴）。（16·10294 吴王夫差鉴，春晚）

邗王之惕（赐）金，台（以）为<u>祠器</u>。（15·9678-9679 赵孟庎壶，春晚）

陈侯午台（以）群诸侯<u>献</u>金，作皇妣孝大妃祭器口敦。（9·4646-4647 十四年陈侯午敦，战晚）

由定中短语构成的定语，如：

佳（唯）王元年六月既望乙亥，王才（在）<u>周穆王大</u>【室】。（5·2838 曶鼎，西中）

珋生乍（作）<u>文考宫中</u>（仲）尊鬲。（3·744 珋生鬲，西晚）

由动补短语构成的定语，如：

白（伯）懋父承王令易师率征自五<u>齵</u>贝。（8·4238 小臣謎簋，西早）

由动词性短语构成的定语，如：

佳（唯）<u>王令南宫伐反虎方</u>之年。（5·2751-2752 中方鼎，西早）

王省<u>珷</u>（武）王成王<u>伐商</u>图，诞省东或（国）图。（8·4320 宜侯夨簋，西早）

唯<u>天子休于麦辟侯</u>之年，遣孙孙子子其永亡冬（终）。

（11·6015 麦方尊，西早）

王命善（膳）夫克舍令于成周<u>遹正八师</u>之年。（5·2796—2802 小克鼎，西晚）

<u>郾客臧嘉</u>问王於茂郢之岁，亯（享）月己酉之日。（16·10373 郾客问量，战国）

<u>献鼎</u>之岁，兼陵公祠之畏所郜（造）。（17·11358 兼陵公戈，战国）

由介宾短语构成的定语，如：

命静曰：卑汝口司<u>在曾、鄂</u>师。（静方鼎，西早）

易（赐）汝田<u>于盍、于小水</u>。（衍簋，西中，《铭图续》0455）

易（赐）<u>于亡</u>一田，易（赐）<u>于口</u>一田，易（赐）<u>于隊</u>一田。（8·4327 卯簋盖，西中）

二　定语的意义类型

根据定语与所修饰的中心语之间的语义关系，一般把定语分为两大类型：描写性定语和限制性定语。

（一）描写性定语

这类定语主要用以描写中心语的性质、状态等，多由形容词性成分充当。

<u>穆穆</u>王才（在）镐京，乎（呼）渔于大池。（8·4207 通簋，西中）

阑阑龢钟，用匽（宴）台（以）喜。（1·285 叔夷钟，春晚）

虩虩（赫赫）成唐（汤），又（有）敢（严）才（在）帝所。（1·285 叔夷钟，春晚）

（二）限制性定语

这类定语主要用于表明中心语的类属、范围、时间、处所、数量等，多由名词性词语、动词性词语和数量词语充当。（例见前）

三　定语的位置

两周金文中定语一般在所修饰的中心语之前（如前各例），有时定语也可以位于所修饰的中心语之后，但用例很少，如：

懋父赏御正卫马匹自王，用乍（作）父戊宝尊彝。（7·4044 御正卫簋，西早）

毛公易（赐）朕文考臣自厥工。（8·4162 孟簋，西中）

雷事（使）厥友弘以告于白（伯）懋父，才（在）芳。（5·2809 师旟鼎，西中）

易（赐）女（汝）井人奔于量，敬夙夜用事。（5·2836 大克鼎，西晚）

四　多层定语

如：

中（仲）师父乍（作）<u>好旅</u>簋。（7·3753-3754 仲师父簋，西中）

穆公对王休，用乍（作）<u>宝皇</u>簋。（8·4191 穆公簋盖，西中）

用乍（作）<u>朕皇文考益白（伯）宝</u>尊簋，牧其万年寿考。（8·4343 牧簋，西中）

对乍（作）<u>文考日癸宝</u>尊罍，子子孙孙其万年永宝。（15·9826 对罍，西中）

<u>宏鲁</u>卲（昭）王，广惩楚刑（荆），佳（唯）寏南行。（16·10175 史墙盘，西中）

敢对扬<u>天子不（丕）显休</u>命。（16·10170 走马休盘，西中）

中（仲）义父乍（作）<u>新客宝</u>鼎。（5·2541-2545 仲义父鼎，西晚）

<u>不（丕）显桓桓皇且（祖）</u>穆公，克夹召先王，奠四方。（5·2833-2834 禹鼎，西晚）

用乍（作）<u>朕皇考龏叔皇母龏始（姒）宝</u>尊簋。（8·4332-4339 颂簋，西晚）

淮尸（夷）<u>旧我帛晦（贿）</u>人，母（毋）敢不出其帛其积其进人其贾。（16·10174 兮甲盘，西晚）

苏敢扬<u>天子丕显鲁</u>休，用作<u>元鯀锡</u>钟。（晋侯苏编钟，西晚）

作<u>朕皇考龏叔鯀</u>钟。（逑编钟，西晚）

夹召<u>文王武王挞殷</u>，膺受<u>大鲁命</u>。（逑盘，西晚）

敢对扬<u>天子丕显鲁</u>休，用作<u>朕皇祖考庚孟尊</u>鼎。（吴虎鼎，西晚）

杨姞乍（作）<u>羞醴</u>壶，永宝用。（杨姞壶，西晚，《近出》3：960）

旱用其良金，自乍（作）<u>其元</u>戈。（17·11400 嚣仲之子伯口戈，春早）

<u>穆穆鲁辟</u>，徂省朔旁（方）。（5·2746 梁十九年亡智鼎，战国）

梁伯可忌作<u>厥元子仲姞滕镈</u>。（梁伯可忌豆，战国后期，《近出》2：543）

第三节　状语和中心语

一　状语的构成

两周金文中充当状语的主要有副词、时间名词、处所名词、助动词、形容词、介宾词组等。

由副词充当，如：

文考遗宝责（积），弗敢丧，旂用乍（作）父戊宝尊彝。（5·2555 旂鼎，西早）

隹（唯）殷边侯田（甸）雩（与）殷正百辟，率肆于酉（酒）。（5·2837 大盂鼎，西早）

隹（唯）珷（武）王既克大邑商，则廷告于天。（11·6014 何尊，西早）

胡其万年永畯尹四方，保大令（命）。（2·358 五祀㑌钟，西晚）

其朝夕用亯（享）于文考，其子子孙孙永宝用。（7·4089 事族簋，西晚）

王孔加（嘉）子白义。（16·10173 虢季子白盘，西晚）

使其老策赏中（仲）父，者（诸）侯皆贺。（15·9735 中山王壶，战早）

由时间名词充当，如：

白（伯）中父夙夜事囗考，用乍（作）厥宝尊簋。（7·4023 伯中父簋，西中）

载乃且（祖）考事先王，司虎臣。（虎簋盖，西中）

比其万年子子孙孙永宝用。（8·4278 鬲比簋盖，西晚）

才（载）昔先王小学，女（汝）敏可事（使）。（8·4324-4325 师𩵋簋，西晚）

昔先王既命女（汝），今余唯或（又）申就乃命。（宰兽

簋，西晚）

余（徐）子氽之鼎，<u>百岁</u>用之。（4·2390 徐子氽鼎，春中）

<u>凤莫</u>（暮）不貧（忒），顺（训）余子孙。<u>万枼</u>（世）亡疆，用之勿相（丧）。（1·144 越王者旨於赐钟，战早）

由处所名词充当，如：

佳（唯）珷（武）王既克大邑商，则<u>廷</u>告于天。（11·6014 何尊，西早）

由数词充当，如：

柞伯<u>十</u>称弓无废矢。（柞伯簋，西早）

<u>叁</u>拜，稽首于皇考烈祖。（郑大子之孙与兵壶，春秋后期）

由形容词充当，如：

王<u>大</u>省公族，于庚振旅。（12·6514 中觯，西早）

<u>新</u>赐厥田，以牲马十又五匹、牛六十又九款，羊三百又八十又五款。（姊季姬尊，西中）

驭方狯狁<u>广</u>伐西俞，王令我羞追于西，余来归献禽。（8·4328-4329 不其簋，西晚）

虔凤夕敬朕死事，肆天子<u>多</u>赐逨休。（逨盘，西晚）

父母嘉寺（持），<u>多</u>用旨食。（5·2750 上曾大子鼎，春早）

<u>广</u>司四方，至于大廷，莫不来【王】。（16·10342 晋公盆，春秋）

由助动词充当，如：

我不能不眔县白（伯）万年保。（8·4269 县改簋，西中）

多友敢对扬公休，用乍（作）尊鼎。（5·2835 多友鼎，西晚）

齐陈曼不敢逸康，肇堇（谨）经德。（9·4595-4596 齐陈曼簠，战早）

用兵五十人以上，必会君符。（18·12109 杜虎符，战晚）

由介词词组充当，如：

王大省公族，于庚振旅。（12·6514 中觯，西早）

雩若翌日，才（在）璧雍，王乘于舟为大豊（礼）。（11·6015 麦方尊，西早）

于卲（昭）大室东逆（朔）营二川。（5·2832 五祀卫鼎，西中）

女（汝）以我车宕伐狁犹于高陵，女（汝）多折首执讯。（8·4328-4329 不其簋，西晚）

亲命晋侯苏：自西北隅敦伐勲城。（晋侯苏编钟，西晚）

于南宫子，用璧二、备（佩）玉二笥、鼓钟一肆。（15·9730 洹子孟姜壶，春秋）

王四月，郯孝子台（以）庚寅之日，命铸飤鼎鬲。（5·2574 郯孝子鼎，战中）

陈侯午台（以）羣者（诸）侯献金乍（作）皇妣孝大妃祭器口錞。（9·4646-4647 十四年陈侯午敦，战晚）

为鄂君启之府造铸金节。（18·12110-12112 鄂君启车节，战国）

多层状语：

敏朝夕入諫，亯（享）奔走，畏天威。（5·2837 大盂鼎，西早）

追虔夙夜恤厥死事，天子多易（赐）追休。（8·4219-4224 追簋，西中）

敬夙夕勿灋（废）朕令。（8·4343 牧簋，西中）

效不敢不迈（万）年夙夜奔走扬公休，亦其子子孙孙永宝。（10·5433 效卣，西中）

敬夙夕勿废朕令。（四十三年逨鼎，西晚）

乃敢拜稽首，弗敢不对扬朕辟皇君之易（赐）休命。（1·285 叔夷钟，春晚）

二　状语的意义类型

（一）限制性状语

用来表示时间、范围、处所、程度、否定等，如：

天子万年世孙子受厥屯（纯）鲁，白（伯）姜曰受天子鲁休。（5·2791 伯姜鼎，西早）

隹（唯）十月月吉癸未，明公朝至于成周。（11·6016 夨令方尊，西早）

既围城，令蔡侯告徵虢仲、遣氏曰。（柞伯鼎，西晚）

卫姒乍（作）鬲，以从永征。（3·594 卫姒鬲，春早）

任蔑历，使献为于王，则畢买。（任鼎，西中）

武文咸剌（烈），永世母（毋）忘。（1·157-161 戁羌钟，战早）

冶币（师）绍圣差（佐）陈共为之。（5·2795 楚王酓忎鼎，战晚）

佳（唯）珷（武）王既克大邑商，则廷告于天。（11·6014 何尊，西早）

自作龢钟，龢龢仓仓，孔乐父兄。（邵编镈，春秋后期）

母（毋）敢不龗（善）。（5·2825 膳夫山鼎，西晚）

（二）描写性状语

主要用于描写动作行为的状态，多由形容词或名词充当。如：

追虔凤夜卹厥死事，天子多易（赐）追休。（8·4219-4224 追簋，西中）

阤阤降余多福、宪杰、宇慕、远猷。（8·4317 胡簋，西晚）

用召匹辝（予）辟，每（敏）扬厥光剌（烈）。（5·2826 晋姜鼎，春早）

余虽小子，穆穆帅秉明德，烈烈桓桓，迈（万）民是敕。（8·4315 秦公簋，春早）

霖霖（潸潸）流涕，不敢盗（宁）处。（15·9734 中山𡧎䇅壶，战早）

三　状语的位置

（一）句中状语

位于主语后，谓语中心词前。两周金文中主要是此类状语，它可以由各种成分充当。（例见前）

（二）句首状语

位于主语或一个分句前，主要由时间词语充当。

或者是由表示时间的干支字充当，如：

隹（唯）王四年，虢姜乍（作）宝簋，其永用亯（享）。（7·3820 虢姜簋，西晚）

隹（唯）十又一月既生霸庚戌，郑虢中（仲）乍（作）宝簋。（7·4024-4026 郑虢仲簋，西晚）

或者是由表示时间的名词充当，如：

昔才（载）尔考公氏克逑玟（文）王，肆玟（文）王受兹【大】【命】。（11·6014 何尊，西早）

【乃】来岁弗赏（偿），则付册秭。（5·2838 曶鼎，西中）

昔先王既令女（汝）乍（作）宰，司王家，今余隹（唯）申就乃令。（8·4340 蔡簋，西晚）

自今余敢扰乃尖（小大）事，乃师或以女（汝）告，则伾（致）乃便（鞭）千。（16·10285 训匜，西晚）

第四节　补语和中心语

一　补语的构成

两周金文中的补语皆由介词短语充当。多数为介词"于"引进的介词短语，如：

更乃且（祖）考乍（作）冢司土（徒）于成周八师。（15·9728 智壶盖，西中）

搏伐玁狁于洛之阳，折首五百，执讯五十。（16·10173 虢季子白盘，西晚）

其用田狩，湛乐于原隰。（晋侯对盨，西晚）

诸楚荆不听命于王所，子犯及晋公率西之六师搏伐楚荆。（子犯编钟，春晚）

其次是介词"自"引进的介词短语，如：

在十又一月，公返自周。（保员簋，西早）

佳（唯）正二月初吉，王归自成周。（1·107 应见公钟，西中或晚）

乃且（祖）克逑先王，异（翼）自它邦。（8·4331 乖伯归夆簋，西晚）

二　补语的意义类型

（一）表示处所

如：

公逨省<u>自东</u>，才（在）新邑，臣卿易（赐）金。（7·3948
臣卿簋，西早）

女（汝）其以成周师氏戍<u>于古师（次）</u>。（10·5419 录冬
卣，西中）

作尊鼎，其万年，子子孙孙永宝，用享<u>于宗庙</u>。（5·2631
南公有司鼎，西晚）

余肇建长父，侯<u>于采</u>。（卅二年逨鼎，西晚）

庚捷其兵甲车马，献之<u>于戴公之所</u>。（15·9733 庚壶，春晚）

（二）表示对象

如：

中乎归（馈）生凤<u>于王</u>。（5·2751 中方鼎，西早）

王降征命<u>于大（太）保</u>，大（太）保克敬亡谴。（8·4140
太保簋，西早）

雷事（使）厥友弘以告<u>于白（伯）懋父</u>。（5·2809 师旂
鼎，西中）

（三）表示来源或范围

如：

剂（赍）<u>用王</u>乘车马、金勒、冂衣、市、舄。（11·6015 麦方尊，西早）

王呼殷厥士，齎叔矢<u>以裳</u>、衣、车、马、贝卅朋。（叔矢方鼎，西早）

矩白（伯）庶人取堇（瑾）章（璋）<u>于裘卫</u>，才（裁）八十朋。（15·9456 裘卫盉，西中）

商（赏）之台<u>（以）邑</u>，司衣裘车马，于灵公之壬（廷）。（15·9733 庚壶，春晚）

女（如）檐徒，屯廿檐台（以）堂（当）一车，台（以）毁<u>于五十乘之中</u>。（18·12110–12112 鄂君启车节，战国）

第五章　两周金文特殊句式

两周金文因特定内容的关系，在语言运用方面相对程序化，句式方面呈现特殊性的比较有限，主要有下述几种特殊句式。

一 宾语前置句

有以"是"和"唯"为标志的两种。

（一）"是"字宾语前置句

有以代词"是"充当前置宾语和以"是"为标志两种。

1. 以代词"是"充当前置宾语

"是"主要充当动词的前置宾语，如：

子子孙孙其万年永是宝用。（晋侯鞁马壶，西晚）

用祈眉寿，万年无疆，子孙是尚（常）。（7·4107 丰伯车父簋，西晚）

陈公子子叔邍父作旅献（甗）……子孙是尚（常）。（3·947 陈公子叔邍父甗，春早）以上 2 例"尚"通"常"，为"守"义。

惟此壶章，先民之尚。余是楙是则，允显允异。（曾伯桼壶，春早）

作其造鼎十……以御宾客，子孙是若。（5·2732 吕大史申鼎，春晚）

自作龢钟，子子孙孙，永保是从。（1·93 臧孙钟，春晚）

从形式上看，以上各例中"是"出现的语境极其相似，都是前面说作器，中间说用此器做什么，最后说"子孙"如何，"是"出现在最后一句中指代前面提到的器物。所不同的只是"是"后的动词略有差异。

少数时候充当介词的前置宾语，"是以、是用"或表示原因，如：

肆毋有弗竟，<u>是用</u>寿考。（5·2724 毛公旅方鼎，西早）

不（丕）显子白，壮武于戎工（功），<u>是以</u>先行。（16·10173 虢季子白盘，西晚）

余为大攻厄、大事（史）、大徒、大（太）宰，<u>是台（以）</u>可事（使）。（1·271 素镈，春中或晚）

或表示凭借，如：

王赐乘马，<u>是用</u>左（佐）王。（16·10173 虢季子白盘，西晚）

用诈（作）大孟姬縢彝盘，禋享<u>是台</u>（以）。（16·10171 蔡侯盘，春晚）

由"是"充当前置宾语的用例主要见于春秋时期。裘锡圭谓："我们检查了一下西周、春秋金文里'是'字作宾语用或者可能作宾语用的二十来个例句，发现'是'字全部是前置的。……连一个例外也没有。由于这一事实的启发，我们又检查了一下古书里把'是'字用作宾语的句子，发现凡时代可靠的西周、春秋时代的作品（如《诗经》和《尚书》中时代可靠的各篇），所用的宾语'是'也全部是前置的……所以我们可以得出一条规律：在西周春秋时代（春秋晚期也许要除外)，代词'是'用作宾语时必定置于动词或介词前。这是代词'是'不同于'之''此'等词的一个重要特点。"①

2. 以"是"为标志的宾语前置式

如：

剌剌（烈烈）桓桓，迈（万）民是敕。（8·4315 秦公簋，春早）

畯保其孙子，三寿是利。（5·2826 晋姜鼎，春早）

易（赐）害（匄）眉寿，曾郢氏（是）保。（曾伯克父簠甲，春早，《铭图续》0518）

令尹子庚，㲿民之所亟（极），万年无期，子孙是制。（5·2811 王子午鼎，春中或晚）

台（以）乐我者（诸）父，子孙用之，先人是娱。（2·426 配儿钩鑃，春晚）

至于万年，分器是寺（持）。（1·149 邾公牼钟，春晚）

此类亦多见于春秋时期。特点是"是"本身不充当句子的宾语，宾语为"是"前面的成分。

(二) 代词"之"充当前置宾语

此类很少见，如：

用祈眉寿，万年无疆，子孙是尚（常），子孙之宝。

---

① 裘锡圭《谈谈古文字资料对古汉语研究的重要性》，《中国语文》1979 年第 6 期 440 页。

（7·4107 丰伯车父簋，西晚）①

惟此壶章，先民之尚。余是楙是则，允显允异。（曾伯霥壶，春早）

（三）"唯"字宾语前置句

有下述三种具体形式。

1. "唯·宾·动"式，如：

令敢扬皇王宠，丁公文报，用稽后人享，唯丁公报。（8·4300 作册夨令簋，西早）

曶或（又）以匡季告东宫，曶曰：弋唯朕【禾】赏（偿）。（5·2838 曶鼎，西中）

2. "宾·唯·动"式，如：

历肇对元德，考（孝）友唯井（型）。（5·2614 历方鼎，西早）

福余顺孙，叁寿唯利。（1·260 㝬钟，西晚）

宗妇楚邦，晋邦唯翰，永康宝。（16·10342 晋公盆，春秋）②

3. "唯·宾·是·动"式，如：

寡人幼童，未甬（通）智，唯傅姆氏（是）从。（5·2840 中山王鼎，战晚）

① 潘玉坤《西周金文中的宾语前置句和主谓倒装句》（《中国文字研究》第四辑 116–118 页）认为"之"和"是"一样是宾语前置。

② 于省吾《双剑誃吉金文选》（227 页）谓："宗妇楚邦，晋邦唯翰，是以楚为晋之藩翰也。"

据学界研究，古汉语中宾语前置各式的产生顺序大体为：唯·宾·动——→宾·唯·动——→唯·宾·是·动。我们的调查结果是：两周金文中"唯·宾·动"式见于西早、西中，"宾·唯·动"式均见于春秋时期，"唯·宾·是·动"见于战国时期。已有研究未提及"是（宾语）·动"式，据我们调查，此类集中于春秋时期，大体处于"唯·宾·动"式和"宾·唯·动"式之间。

（四）其他形式的宾语前置句

很少见，如：

我既（既）付散氏田器，有爽，实余有散氏心贼，则爰千罚千，传弃之。（16·10176 散氏盘，西晚）[1]

二 被动句

殷墟甲骨文中已有无形式标志的被动句，这是各家公认的，但是否已有用介词"于"引进施事者的被动句，各家意见尚有不同。两周金文中只有无形式标志和用介词"于"引进施事者的两种被动句：前者如"保侃母赐贝于庚宫"，

---

[1] 于省吾《双剑誃吉金文选》（215 页）谓："实余有散氏心贼，言我既付散氏田与器，如有爽变，实余仍有侵害散氏之心"；陈世辉、汤馀惠《古文字学概要》（218 页注 25）谓："有散氏心贼，即有贼散氏心的倒文。贼，害。"

（7·3743 保侃母簋盖，西早）形式简单；后者则有两种具体形式。

（一）主语＋动词"易（赐）"＋宾语＋"于"＋施事者

如：

息伯赐贝于姜，用作父乙宝尊彝。（10·5386 息伯卣，西早）

作册麦赐金于辟侯，麦扬，用作宝尊彝。（11·6015 麦方尊，西早）

能匋赐贝于厥口公，矢稟五朋，能匋用作文父日乙宝尊彝。（11·5984 能匋尊，西早）

厝赐贝于公仲，用作宝尊彝。（12·6509 厝觯，西早）

鬲赐贝于王，用作父甲宝尊彝。（11·5956 鬲作父甲尊，西中）

上述"于"前动词全部为"赐"，介词"于"引进的是"赐"这一动作的发出者（既施事者）。

（二）主语＋动词＋"于"＋补语（施事者）

如：

甚孳君休于王，自作器，孙子永宝。（7·3791 口口君簋，西早）

屯蔑历于亢卫，用作肆彝父乙。（4·2509 屯鼎，西中）

得纯亡愍，赐釐（釐）无疆，永念于厥孙辟天子。（5·2836

大克鼎，西晚）

率怀不廷方，<u>亡不闬于文武耿光</u>。（5·2841 毛公鼎，西晚）

<u>赏于韩宗，令于晋公，昭于天子</u>。（1·157 虣羌钟，战早）

"于"前动词有"休、宾、赏、蔑历"等。

关于两周金文中被动句的形式，《商周古文字读本》（282页）提及三种：一是"主语（间接受动者）+ 他动词 + 宾语（直接受动者）+ 于 + 补语（施动者）"，并谓"这种他动词带宾语的被动式为西周金文所特有"。二是"有时这个宾语在补语（施动者）之后"，所举一例为：余惠于君氏大璋。（琱生簋一）三是"有时宾语不出现"，所举一例为：兹褔人……赐于武王作臣（中齍），且谓"典籍中的'于'字句即属于此类"。周清海也归纳了用"于"引进施动者的三种形式：第一种是"于"和施动者位于表物宾语之后的；第二种是"于"字和施动者在表物宾语之前的，所举即为"余惠于君氏大章（璋）"这一例；第三种是"于"和施动者在外动词之后的，所举有：永念于厥孙辟天子（大克鼎）、牧师父弟叔囗父御于君（牧师父簋盖）、无不闬于文武之耿光（毛公鼎）、赏于韩宗，命于晋公，昭于天子（虣羌钟）四例[1]。今案：两家在第二种形式下所举"余惠于君氏大章（璋）"句，过去多视为被动式，认为"余"是受赏者。但潘玉坤据林沄的考释，认为

---

[1] 周清海：《两周金文里的被动式和使动式》，《中国语文》1992 年第 6 期。

"句中介词'于'的作用在介引动作行为的对象，而不是引进施动者"[1]。此说可信。则此例不当视为被动式，两周金文中亦不存在第二种形式的被动式，所剩则只有本文如上所述的两种形式。其中第一种形式与传世文献中典型的被动式不同，是在动词后出现了宾语，陈永正以传世典籍中的典型形式来比照两周金文中的用例，故认为此种形式不是被动式。《商周古文字读本》（282页）则谓"这种他动词带宾语的被动式为西周金文所特有"。第二种形式中各家一致同意为被动式的为《虢羌钟》中的一例，认为上古汉语中被动式晚出的各家也多举此例为证。

另有用介词"於"和"为"引进施事的被动句，如：

闻於天下之勿（物）矣，犹迷惑於子之而亡其邦，为天下戮。（5·2840 中山王鼎，战晚）

三　处置式

只有用介词"以"引进处置对象一种形式。形式上，多数时候"以"后出现所引介的对象，如：

以匡季告东宫……智或（又）以匡季告东宫。（5·2838 智鼎，西中）

鬲比以攸卫牧告于王。（8·4278 鬲比簋盖，西晚）

---

① 潘玉坤：《西周金文语序研究》20页，华东师范大学出版社 2005 年。

余告庆，余以邑讯有司，余典勿敢封。（8·4293 六年琱生簋，西晚）

谷（欲）汝弗以乃辟畐（陷）于艰。（8·4342 师询簋，西晚）

少数时候"以"后省略所介引的对象，如：

使厥友引以告于伯懋父……引以告中史书。（5·2809 师旂鼎，西中）

乃以告事（吏）兄、事（吏）智于会。（16·10285 训匜，西晚）

世世子孙，永以为宝。（1·225-237 郎黛钟，春晚）

关于以上用法的"以"字句，陈初生认为是汉语中最早见的处置式，并且是西周金文中始见的[①]。陈文还将西周金文中出现的"以"字处置式分为三种类型：一是"施动者＋以＋直接受动者＋他动词"；二是"施动者＋以＋直接受动者＋他动词＋间接受动者"；三是"施动者＋以＋直接受动者＋他动词＋处所"。《商周古文字读本》（283 页）亦谓："西周金文还出现了另一种表示施受关系的句式——处置式。凡用介词把动词谓语的宾语提到动词谓语的前面，以表达一种有目的的行为、一种处置者，我们称之为处置式。处置式的概念，是王力先生最早提出来的。（见《中国现代语法》及《汉语史稿》）他开始提出时只有'把'字句，祝敏彻认为还有更早

———————

① 陈初生:《早期处置式略论》,《中国语文》1983 年第 3 期。

的'将'字句。(见《论初期处置式》,《语言学论丛》第一辑)
我们更认为'以'字句是处置式的更早期形式。"章也通过对
相关语料的调查分析,"论证了早在上古汉语中就已经产生了
完备的处置式,它以介词'以'作为标志"[①]。张玉金也同意
西周时代有"以"字处置式[②]。当然也有人不同意两周金文中
相应的"以"字句为早期处置式,如张华文从"以"字并无
提宾作用、"以"字句不能同"把"字句相提并论、关于几句
金文译例的辨析三个方面论证了"以"字句并不是早期的处
置式[③]。

四　双宾语句

主要有如下几类。

(一)给予义动词构成的双宾语句

如:

余其舍女(汝)臣十家。(5·2803 令鼎,西早)

楷白(伯)令厥臣献金车。(8·4205 献簋,西早)

---

① 章也:《汉语处置式探源》,《内蒙古师大学报》(哲学社会科学版)1992
　年第 4 期 85-91 页。

② 张玉金:《西周汉语语法研究》286-287 页。

③ 张华文:《〈早期处置式略论〉质疑》,《广州师院学报》1984 年第 3、4
　期 43-49 页。

姜商（赏）令贝十朋、臣十家、鬲百人。（8·4300 作册
夨令簋，西早）

王令士道归（馈）貉子鹿三。（10·5409 貉子卣，西早）

王则畀柞白（伯）赤金十反（钣）。（柞伯簋，西早）

受（授）余屯（纯）鲁、通录（禄）、永命、眉寿、霝冬
（终）。（1·247 兴钟，西中）

凡用即智田七田、人五夫。（5·2838 智鼎，西中）

己（纪）侯貉子<u>分</u>己姜宝，乍（作）簋。（7·3977 己侯
貉子簋盖，西中）

易（赐）女（汝）玄衣黹屯（纯）、赤芾、朱黄、銮旂。
（8·4303 此簋，西晚）

<u>釐</u>（赉）女（汝）秬鬯一卣……（卌二年逨鼎，西晚）

王亲侪（赉）晋侯苏秬鬯一卣、弓矢百、马四匹。（晋侯
苏编钟，西晚）

<u>降</u>余多福、康口、屯（纯）右（佑）、永命。（逨编钟，
西晚）

召皇父王事徂成周，<u>遗</u>宾金，用作宝盨。（召皇父盨，西
晚，《铭图续》0472）

其乍（祚）福元孙，其万福屯（纯）鲁。（1·285 叔夷钟，
春晚）

两周金文因特定内容的关系，表给予义的动词特别丰富，
其中多数都以构成双宾语句为主要句法功能。其特点是间接
宾语皆为人物（由指人名词充当），直接宾语则主要为物品

（由指物名词充当），"授、降"二词比较特别，直接宾语皆为抽象事物，如厚福、纯鲁、纯佑、通禄、永命、眉寿、霝终"等。

（二）其他动词构成的双宾语句

如：

昔懂岁，匡众厥臣廿夫，寇智禾十秭。（5·2838 智鼎，西中）

告余先王若德。（5·2841 毛公鼎，西晚）

便（鞭）女（汝）五百，罚女（汝）三百夸（锊）。（16·10285 训匜，西晚）

用作余我一人殁（怨），不肖唯死。（卌三年逨鼎，西晚）

朕余名之，胃（谓）之少虡。（18·11696–11697 少虡剑，春晚）

余智（知）其忠信旆（也）而专赁（任）之邦。（15·9735 中山王壶，战晚）

除给予类动词外，其他能带双宾语的动词很有限。可以看出，两周金文中能带双宾语的动词高度集中于给予类动词。

五　连动句

主要由下述几类动词构成。

（一）趋止类动词构成的连动式

1. 用为连动式前项，如：

过伯<u>从</u>王伐反荆。（7·3907 过伯簋，西早）

定伯<u>入</u>右（佑）即。（8·4205 献簋，西早）

唯王<u>于</u>伐楚，伯在炎。（8·4300 作册夨令簋，西早）

唯公大保<u>来</u>伐反（叛）尸（夷）年。（5·2728 旅鼎，西中）

王客（格）于康宫，荣白（伯）右卫内（<u>入</u>）即立（位）。（8·4209–4212 卫簋，西中）

<u>即</u>井伯、大祝射……（15·9455 长由盉，西中）

受令册，佩以出，反（<u>返</u>）入（纳）堇章。（5·2825 膳夫山鼎，西晚）

命武公遣乃元士<u>羞</u>追于京师，武公命多友率公车<u>羞</u>追于京师。（5·2835 多友鼎，西晚）

厥非先告蔡，母（毋）敢疾又（有）<u>入</u>告。（8·4340 蔡簋，西晚）

遂不敢不俱畏王命<u>逆</u>见我。（9·4464 驹父盨盖，西晚）

晋侯率厥亚旅、小子、口人先<u>陷</u>入，折首百执讯十又一夫。（晋侯苏编钟，西晚）

穆穆鲁辟，<u>徂</u>省朔旁（方）。（5·2746 梁十九年亡智鼎，战国）

2. 用为连动式后项，如：

唯伯屖父以成师即东。（10·5425 竞卣，西中）

服子乃遣间来逆昭王。（1·260 胡钟，西晚）

戎大同，从追女（汝）。（8·4329 不其簋盖，西晚）

史免作旅匪，从王征行。（9·4579 史免簋，西晚）

受驹以出，反（返）入，拜稽首。（晋侯苏编钟，西晚）

虢宫父作盘，用从永征。（虢宫父盘，西晚，《近出》4:1003）

齐侯命大子乘遽来句（敂）宗伯。（15·9729 洹子孟姜壶，春秋）

趋止类动词一般都带有较为明显的方向性，所以容易构成连动式。

（二）征战类动词构成的连动式

1. 用为连动式前项，如：

唯伯夷父以成师即东。（10·5425 竞卣，西中）

亦唯噩（鄂）侯驭方率南淮尸东尸（夷）广伐南或（国）东或（国），至于历沤。（5·2833 禹鼎，西晚）

武公命多友率公车羞追于京师。（5·2835 多友鼎，西晚）

余命女袭追于口。（8·4329 不其簋盖，西晚）

2. 用为连动式后项，如：

唯王于伐楚伯，才（在）炎。（8·4300 作册矢令簋，西早）

伯买父乃以厥人**戍**汉中州。（3·949 中甗，西早）

王呼善夫驭召大以厥友入**攼**（捍）。（5·2807 大鼎，西中）

用肇事（使）乃子冬率虎臣**御**淮夷。（5·2824 冬方鼎，西中）

遣令曰：以乃族**从**父征。（8·4341 班簋，西中）

王令敔追**袭**于上洛口谷。（8·4323 敔簋，西晚）

敬明乃心，率以乃友**干**吾（捍御）王身。（8·4342 师询簋，西晚）

此类动词在连动式中的位置与其词义有密切关系，如表"率领"义的"以"和"率"常用为连动式的第一动词，表征战、防御类的动词则常用为连动式的第二动词。

（三）辅佐义动词构成的连动式

1. 用为连动式前项，如：

夙夕**召**我一人烝四方。（5·2837 大盂鼎，西早）

王各于大庙，井叔有（右—佑）免即令。（8·4240 免簋，西中）

王命同**左右**吴（虞）大父司易（场）林吴（虞）牧。（8·4270 同簋盖，西中）

王乎内史尹册令师兑：疋（胥）师龢父司左右走马。（8·4276 豆闭簋，西中）

效不敢不万年夙夜**奔走**扬公休。（10·5433 效卣，西中）

作厥肱股，用夹召厥辟奠大命。（8·4342 师询簋，西晚）

2. 用为连动式后项，如：

以乃师左比毛公……以乃师右比毛父。（8·4341 班簋，西中）

疋（胥）备中（仲）司六师服。（15·10169 吕服余盘，西中）

命汝更（赓）乃祖考友司东鄙五邑。（殷簋，西中）

女（汝）率多友以事。（5·2671 多友鼎，西晚）

王在周康宫夷宫，道入右（佑）吴虎。（吴虎鼎，西晚）

皇祖唐公膺受大命，左右武王。（16·10342 晋公盆，春秋）

（四）承继类动词构成的连动式

如：

伯懋父承王命易（赐）师率征自五口贝。（8·4238 小臣速簋，西早）

既令女更（赓）乃祖考司小辅，今余唯申就乃令。（8·4324 师𩬋簋，西晚）

作册封异（翼）井（型）秉明德，虔夙夕恤周邦。（作册封鬲，西晚）

苏拜稽首，受驹以出。（晋侯苏编钟，西晚）

帅用厥先祖考政德，享辟先王。（逨编钟，西晚）

余唯司（嗣）朕先姑君晋邦。（5·2826 晋姜鼎，春早）

此类只用为连动式的第一动词，第二动词多是"司、胥、事、辟"等治理义动词。

（五）言语类动词构成的连动式

如：

王<u>命</u>君夫曰：償求乃友。（8·4178 君夫簋盖，西中）

王乎（<u>呼</u>）史年册令（命）望，死（尸）司毕王家。（8·4272 望簋，西中）

王乎（<u>呼</u>）入（内）史曰：册令（命）虎。（虎簋盖，西中）

引以<u>告</u>中史书。（5·2809 师旂鼎，西中）

公亲曰（<u>谓</u>）多友曰：余肇事女（汝）。（5·2835 多友鼎，西晚）

六　兼语句

能构成兼语句的动词主要有两类：一类是言语类的"命、呼"，一类是含有使令意义的动词（如使、俾、遣）。其例如：

王<u>命</u>尹册命申，更（赓）乃且（祖）考疋（胥）大祝。（8·4267 申簋盖，西中）

王<u>命</u>膳夫丰生、司工雍毅申厉王命。（吴虎鼎，西晚）

王乎（<u>呼</u>）伊白（伯）易（赐）懋贝，懋拜稽首。（15·9714 史懋壶，西中）

宰智入右蔡立中廷，王乎（<u>呼</u>）史年册令蔡。（8·4340

蔡簋，西晚）

　　唯王祓于宗周，王姜史（使）叔事于大保。（8·4132 叔
簋，西早）

　　休，王自壳事（使）赏毕土方五十里。（16·10360 召圜
器，西早）

　　效父则卑（俾）復厥丝束……必尚（当）卑（俾）处厥
邑，田厥田。（5·2838 智鼎，西中）

　　矢卑（俾）鲜且口旅誓……乃卑（俾）西宫口武父誓。
（16·10176 散氏盘，西晚）

　　肆武公乃遣禹率公戎车百乘、斯驭二百、徒千……
（5·2833 禹鼎，西晚）

　　此类涉及的动词很有限，但出现频次较高。多见于册命
金文中，构成的格式比较固定。

七　双重否定句

　　构成双重否定的主要有否定副词"不""弗""毋"和无
指代词"亡"，如：

　　肆毋（毋）又（有）弗竟，是用寿考。（5·2724 毛公旅
方鼎，西早）

　　我不能不罖县白（伯）万年保。（8·4269 县改簋，西中）

　　文王孙亡弗裹（怀）井（型），亡克竞厥刺（烈）。
（8·4341 班簋，西中）

效不敢不迈（万）年夙夜奔走扬公休。（10·5433效卣，西中）

用总于公室、仆庸、臣妾、小子、室家，母（毋）又（有）不闻智（知）。（1·62逆钟，西晚）

女（汝）母（毋）弗帅用先王乍（作）明井（刑）。（5·2841毛公鼎，西晚）

司王家外内，母（毋）敢又（有）不闻。（8·4340蔡簋，西晚）

肆皇帝亡斁，临保我又（有）周，雩四方民亡不康静。（8·4342师询簋，西晚）

我乃至于淮，小大邦亡敢不口具（俱）逆王命。（9·4464驹父盨盖，西晚）

总司康宫王家臣妾仆庸，外入（内）母（毋）敢无闻知。（宰兽簋，西晚）

其佳（唯）我者（诸）侯百生（姓），厥贾母（毋）不即市。（16·10174兮甲盘，西晚）

乃敢拜稽首，弗敢不对扬朕辟皇君之易（赐）休命。（1·285叔夷钟，春晚）

《商周古文字读本》将金文中的双重否定状语，据其性质分为两类：强调性双重否定和周遍性双重否定[1]。大体而言，

---

[1] 刘翔、陈抗、陈初生、董琨：《商周古文字读本》278页，语文出版社2004年。

由无指代词"亡"构成的组合多属于周遍性双重否定，其他则多属于强调性双重否定，具体或由两个否定词直接组合而成，或中间加入助动词组成。出现的组合形式虽较多，但出现频率都不高。

综上，两周金文中出现的特殊句式已不少，传世文献中常见的特殊句式已基本具备。与殷墟甲骨文相比，可以看出其间明显的传承关系，即多数形式已见于甲骨文中。但在同中也表现出一些不同，如"是"字宾语前置句、处置式、"于"字和"为"字被动式就是周金文中始见的。又如带双宾语的动词，殷墟甲骨文和周金文中都主要是给予义动词，不同的是殷墟甲骨文中祭祀动词也常带双宾语（甚至是三宾语），但两周金文中已不见。连动式、兼语式、双重否定句三种已见于殷墟甲骨文的特殊句式，在周金文中则得到了进一步发展，表现为构成连动式、兼语式的动词范围更广，数量更多，双重否定的组合形式更丰富，表意更全面。

参考文献

敖弦弦:《新出钟镈类重器铭文集释》,贵州师范大学 2019 年硕士学位论文。

曹锦炎:《吴越青铜器铭文述编》,《古文字研究》第十七辑,中华书局 1989 年。

陈宝娟:《晋系彝器铭文词汇研究》,福建师范大学 2013 硕士学位论文。

陈初生:《早期处置式略论》,《中国语文》1983 年第 3 期。

陈初生编撰、曾宪通审校:《金文常用字典》,陕西人民出版社 2004 年。

陈公柔:《西周金文诉讼辞语释例》,《第三届国际古文字学研讨会论文》,香港中文大学 1997 年。

陈公柔:《西周金文中的法制文书述例》,载《容庚先生百年诞辰纪念文集》,广东人民出版社 1998 年。

陈剑:《青铜器自名代称、连称研究》,《中国文字研究》第 1 辑,广西教育出版社 1999 年。

陈剑:《甲骨金文考释论集》,线装书局 2007 年。

陈剑:《甲骨金文旧释“蕭”之字及相关诸字新释》,复旦网 2007-

12-29；又《出土文献与古文字研究》第二辑，复旦大学出版社 2008 年。

陈剑：《试为西周金文和清华简〈摄命〉所谓"舜"字进一解》，《出土文献》2018 年第 2 期。

陈林：《秦兵器铭文编年集释》，复旦大学 2012 年硕士学位论文。

陈梦家：《西周铜器断代》，中华书局 2004 年。

陈梦兮：《新出铜器铭文研究》，安徽大学 2013 年硕士学位论文。

陈年福：《甲骨文动词词汇研究》，巴蜀书社 2001 年。

陈佩芬：《夏商周青铜器研究》，上海古籍出版社 2004 年。

陈双新：《青铜乐器自名之修饰语探论》，《音乐研究》1999 年第 4 期。

陈双新：《青铜乐器自名研究》，《华夏考古》2001 年第 3 期。

陈双新：《两周青铜乐器铭辞研究》，河北大学出版社 2002 年。

陈双新：《乐器铭文"龢、协、锡、雷、霝"释义》，《古汉语研究》2006 年第 1 期。

陈顺成：《金文虚词研究综述》，《汉语史研究集刊》第 14 辑，2011 年。

陈斯鹏：《旧释"舜"字及相关问题检讨，《纪念清华简入藏暨清华大学出土文献研究与保护中心成立十周年国际学术研讨会论文集》，清华大学出土文献与保护中心 2018 年。

陈伟武：《旧释"折"及从"折"之字平议——兼论"慎德"和"慎终"问题》，《古文字研究》第二十二辑，中华书局 2000 年。

陈英杰：《金文中"叚"字及其相关文例的讨论》，《中国文字》新 30 期，台北艺文印书馆 2005 年。

陈英杰:《谈金文中"辟"字的意义》,《中国文字学报》第二辑,商务印书馆 2008 年。

陈英杰:《西周金文作器用途铭辞研究》,线装书局 2009 年。

陈永正:《西周春秋铜器铭文中的联结词》,《古文字研究》第十五辑,中华书局 1986 年。

陈永正:《西周春秋铜器铭文中的语气词》,《古文字研究》第十九辑,中华书局 1992 年。

程鹏万:《安徽寿县朱家集出土青铜器铭文集释》,黑龙江人民出版社 2009 年。

崔永东:《两周金文虚词集释》,中华书局 1994 年。

邓飞:《西周金文军事动词研究》,西南师范大学 2003 年硕士学位论文。

邓飞:《两周金文军事动词语法分析》,《乐山师范学院学报》2008 年第 6 期。

邓佩玲:《新出两周金文及文例研究》,上海古籍出版社 2019 年。

邓日飞、杨琴:《西周时期数量短语与中心名词考察》,《语文知识》2008 年第 2 期。

邓章应:《西周金文句法研究》,西南师范大学 2004 年硕士学位论文。

丁军伟:《毛国铜器铭文汇释》,江苏师范大学 2012 年硕士学位论文。

丁瑛:《西周金文语义系统研究》,华东师范大学 2010 年硕士学位论文。

董楚平:《吴越徐舒金文集释》,浙江古籍出版社 1992 年。

杜廼松:《金文中的鼎名简释——兼释尊彝、宗彝、宝彝》,《考古与文物》1988 年第 4 期。

房郑:《曾姬无恤壶的铭文集释》,《淮南师范学院学报》2014 年第 1 期。

冯胜君:《战国燕青铜礼器铭文汇释》,《中国古文字研究》第一辑,吉林大学出版社 1999 年。

冯胜君:《说"伐"》,《汉字汉语研究》2018 年第 4 期。

傅华辰:《西周金文形容词的句法功能》,《宿州学院学报》2011 年第 4 期。

傅华辰:《西周金文形容词的系统性》,《皖西学院学报》2011 年第 6 期。

傅华辰:《从西周金文看形容词的发展及其影响》,《淮南师范学院学报》2012 年第 1 期。

顾王乐:《秦公、秦子有铭铜器整理与研究》,吉林大学 2015 年硕士学位论文。

管燮初:《西周金文语法研究》,商务印书馆 1981 年。

郭国权:《河南淅川县下寺春秋楚墓青铜器铭文集释》,吉林大学 2007 年硕士学位论文。

郭莉:《两周金文副词初探》,华南师范大学 2004 年硕士学位论文。

郭沫若:《两周金文辞大系图录考释》,上海书店出版社 1999 年。

郭倩:《对〈殷周金文集成〉中旅器的考察》,《洛阳师范学院学报》2013 年第 3 期。

韩耀隆:《金文中称代词用法之研究》,《中国文字》第 22、23 册,1967 年。

何景成:《应侯簋"馨簋"解说》,《古文字研究》第三十一辑,中华
　　书局 2016 年。

何景成:《西周金文誓语中的诅咒》,《社会科学》2018 年第 1 期。

何景成:《西周铜器铭文"毋望"含义说解》,《青铜器与金文》第四
　　辑,上海古籍出版社 2020 年。

何琳仪:《吴越徐舒金文选译》,《中国文字》新 19 期,台北艺文印文
　　馆 1994 年。

何翎格:《西周金文形容词研究》,华东师范大学 2017 年硕士学位
　　论文。

洪莉:《殷周金文名物词研究》,华东师范大学 2007 年硕士学位论文。

胡长春:《新出殷周青铜器铭文整理与研究》,线装书局 2008 年。

华东师范大学中国文字研究与应用中心编:《金文引得》(殷商西周
　　卷),广西教育出版社 2001 年。

华东师范大学中国文字研究与应用中心编:《金文引得》(春秋战国
　　卷),广西教育出版社 2002 年。

黄德宽:《甲骨文"(S)惠 OV"句式探踪》,《语言研究》1988 年第
　　1 期。

黄德宽:《说"也"》,《第三届国际中国古文字学研讨会论文集》,香
　　港中文大学 1997 年。

黄锦前:《楚系铜器铭文研究》,安徽大学 2009 年博士学位论文。

黄盛璋:《释旅彝——铜器中"旅彝"问题的一个全面考察》,《中华
　　文史论丛》1979 年第 2 辑。

黄伟嘉:《甲金文中"在、于、自、从"四字介词用法的发展变化及

其相互关系》,《陕西师范大学学报》1987 年第 1 期。

黄载君:《从甲文、金文量词的应用考察汉语量词的起源与发展》,
《中国语文》1964 年第 6 期。

蒋红:《两周金文时间范畴研究》,西南大学 2015 年硕士学位论文。

蒋晴:《金文考释汇纂（1990—1999 年）》,吉林大学 2017 年硕士学
位论文。

蒋书红:《金文动词研究述评》,《殷都学刊》2012 年第 1 期。

蒋书红:《金文动词性义项集注》,暨南大学出版社 2019 年。

蒋玉斌:《释西周春秋金文中的"讨"》,《古文字研究》第二十九辑,
中华书局 2012 年。

蒋玉斌:《释甲骨金文的"蠢"兼论相关问题》,《复旦学报（社会科
学版）》2018 年第 5 期;原载"出土文献与学术新知"学术研讨会
暨出土文献青年学者论坛论文集,长春,2015 年 8 月;又复旦网
2019-10-23。

金信周:《两周颂扬铭文及其文化研究》,复旦大学 2006 年博士学位
论文。

金信周:《两周祝嘏铭文研究》,台湾师范大学 1991 年硕士学位论文。

鞠焕文:《〈金文形义通解〉订补》,东北师范大学 2014 年博士学位论文。

孔令通:《叔虞鼎和晋公盠铭文集释》,吉林大学 2016 年硕士学位
论文。

寇占民:《西周金文动词研究》,首都师范大学 2009 年博士学位论文。

寇占民:《西周金文动词语法化初探》,《天津大学学报（社会科学版）》
2014 年第 5 期。

寇占民:《西周金文动词研究综述》,《理论观察》2014 年第 8 期。

李爱民:《2010 年以来新出商周金文的整理与研究》,中山大学 2019 年博士学位论文。

李刚:《三晋系记容记重铜器铭文集释》,吉林大学 2005 年硕士学位论文。

李杰群:《连词"则"的起源和发展》,《中国语文》2001 年第 6 期。

李零:《楚国铜器铭文汇释》,《古文字研究》第十三辑,中华书局 1986 年。

李琦:《东周青铜器称谓与功用整理研究》,吉林大学 2019 年硕士学位论文。

李山川:《西周金文虚词系统研究》,华东师范大学 2007 年硕士学位论文。

李晓峰:《天马—曲村晋侯墓地出土青铜器铭文集释》,吉林大学 2003 年硕士学位论文。

李晓红:《洹子孟姜壶铭文集释》,安徽大学 2008 年硕士学位论文。

李学勤:《说"兹"与"才"》,《古文字研究》第二十七辑,中华书局 2002 年。

李学勤:《释金文"亡尤"等词》,《青铜器入门》,商务印书馆 2013 年。

李学勤:《由沂水新出盂铭释金文"总"字》,载《出土文献》第三辑,中西书局 2012 年。

李未然:《两周郑国青铜器铭文汇考》,天津师范大学 2016 年硕士学位论文。

李义海:《西周长铭金文中的自释》,《阜阳师范学院学报(社会科学版)》2013 年 5 期。

梁春妮:《春秋战国铭文句法研究》,华东师范大学 2010 年硕士学位论文。

梁华荣:《西周金文虚词研究》,四川大学 2005 年博士学位论文。

林宛蓉:《殷周金文数量词研究》,台湾东吴大学 2006 年硕士学位论文。

凌宇:《金文所见西周赐物制度及用币制度初探》,武汉大学 2004 硕士学位论文。

刘彬徽、刘长武:《楚系金文汇编》,湖北教育出版社 2009 年。

刘翠翠:《战国金文词汇研究》,华东师范大学 2010 年硕士学位论文。

刘芳:《西周邢国和井氏铜器铭文整理与研究》,河北大学 2020 年硕士学位论文。

刘俊俊:《新出铜器铭文的整理与研究》,安徽大学 2015 年硕士学位论文。

刘秋瑞:《河南所出战国文字辑考》,安徽大学 2011 年博士学位论文。

刘书芬:《西周金文中的颜色形容词》,《华南师范大学学报(社会科学版)》2012 年第 2 期。

刘翔、陈抗、陈初生、董琨:《商周古文字读本》,语文出版社 2004 年。

刘晓苗:《近十年新出青铜器及铭文整理》,西北师范大学 2018 年硕士学位论文。

刘兴钧、周文德、龚韶:《商周金文名物词厘析》,《汉语史研究集刊》第 28 辑,四川大学出版社 2020 年。

刘漪迪:《眉县杨家村窖藏青铜器铭文集释》,吉林大学 2019 年硕士学位论文。

刘影:《两周金文先王先祖修饰语及相关问题研究》,河北大学 2007 年硕士学位论文。

刘雨、卢岩:《近出殷周金文集录》,中华书局 2002 年。

刘雨、严志斌:《近出殷周金文集录二编》,中华书局 2010 年。

龙正海:《西周赏赐铭文用词与句式研究》,西南大学 2012 年硕士学位论文。

柳菲菲:《浅论西周金文联合短语的归类及连接词有无的影响因素》,第三届中日韩(CJK)汉字文化国际论坛,华东师范大学 2011 年。

柳菲菲:《西周金文几种短语及其相关语序研究》,华东师范大学 2012 年硕士学位论文。

雒萌萌:《西周金文中的车马与车马器研究》,安徽大学 2016 硕士学位论文。

麻爱民:《近三十年两周金文语法研究述评》,《安庆师范学院学报(社会科学版)》2010 年第 11 期。

马承源主编:《商周青铜器铭文选》(第三册),文物出版社 1988 年。

马承源主编:《商周青铜器铭文选》(第四册),文物出版社 1990 年。

马飞:《西周成王时期铜器铭文集释》,吉林大学 2017 年硕士学位论文。

马国权:《两周铜器铭文代词初探》,《中国语文研究》(三),香港中文大学 1981 年。

马国权:《两周铜器铭文数词量词初探》,《古文字研究》第一辑,中华书局 1979 年。

马丽:《〈近出殷周金文集录〉释文校订》,吉林大学2005年硕士学位论文。

马薇顾:《彝铭中所加于器名上的形容字》,《中国文字》第43册,1972年。

孟蓬生:《师袁簋"弗叚组"新解》,复旦网2009-2-25首发。

孟蓬生:《越王差徐戈铭文"就"字补释》,复旦网2008-12-9日首发。

牛清波、王保成、陈世庆:《晋侯苏钟铭文集释》,《中国文字学报》第五辑,商务印书馆2014年。

潘玉坤:《西周金文中的宾语前置句和主谓倒装句》,《中国文字研究》第四辑,广西教育出版社2003年。

潘玉坤:《西周金文语序研究》,华东师范大学出版社2005年。

潘玉坤:《西周铜器铭文中连接分句的连词》,《汉字研究》第一辑,学苑出版社2005年。

潘玉坤:《西周金文中的同位语结构及其语序》,《古籍整理研究学刊》2005年第2期。

潘玉坤:《西周铭文介宾结构补语考察》,《中国文字研究》第二辑,广西教育出版社2007年。

彭一涵:《叔夷钟铭文集注与释义》,重庆师范大学2019年硕士学位论文。

邱冬梅、温远鹤:《两周金文中评价语的使用考察》,《殷都学刊》2012年第1期。

裘锡圭:《说金文"引"字的虚词用法》,《古汉语研究》1988年创刊号。

裴锡圭:《甲骨文中的见与视》,台湾师范大学国文系、中央研究院历史语言研究所编《甲骨文发现一百周年学术研讨会论文集》,台北文史哲出版社 1999 年。

容庚:《周金文中所见代名词释例》,《燕京学报》第 6 期,1929 年。

单利勤:《〈殷周金文集成〉兵器铭文校释》,安徽大学 2012 年硕士学位论文。

单育辰:《试论〈诗经〉中"瑕"、"遐"二字的一种特殊用法》,复旦网 2009-2-28。

单育辰:《新见三种金文探微》,《古文字研究》第三十二辑,中华书局 2018 年。

商艳涛:《金文中的俘获用语》,《语言科学》2007 年第 9 期。

商艳涛:《西周军事铭文研究》,华南理工大学出版社 2013 年。

邵琦:《春秋金文语义研究》,华东师范大学 2010 年硕士学位论文。

沈春晖:《周金文中之双宾语句式》,《燕京学报》第 20 期,1936 年。

沈林:《金文中数量词组作主要谓语的情况初探》,《川东学刊(社会科学版)》1998 年第 1 期。

沈培:《西周金文中的"繇"和〈尚书〉中的"迪"》,《古文字研究》第二十五辑,中华书局 2004 年。

沈培:《再谈西周金文"叚"表示情态的用法》,香港中文大学、上海博物馆编《中国古代青铜器国际学术研讨会论文集》,2010 年;又复旦网 2010-6-16。

沈培:《试论西周金文否定词"某"的性质》,香港浸会大学中国语言文学系、中国传统文化研究中心编《"吉金与周代文明"国际论坛论文集》，2012 年；又见《历史语言学研究》第七辑，商务印书馆 2014 年。

施谢捷编著：《吴越文字汇编》，江苏教育出版社 1998 年。

时兵：《古汉语双宾结构研究——殷商至西汉年代相关地下语料的描写》，安徽大学 2002 年博士学位论文。

石帅帅：《毛公鼎铭文集释》，吉林大学 2016 年硕士学位论文。

石小力：《东周金文与楚简合证》，上海古籍出版社 2017 年。

石伟：《〈殷周金文集成〉钟镈类铭文校释》，安徽大学 2014 硕士学位论文。

苏影：《山东出土金文整理与研究》，华东师范大学 2014 博士学位论文。

孙海燕：《黄淮间中原十国金文整理与研究》，西南大学 2020 博士学位论文。

孙苗苗：《霸国三器铭文集释及相关问题研究》，陕西师范大学 2017 年硕士学位论文。

孙元成：《夨国有铭铜器整理与研究》，吉林大学 2017 年硕士学位论文。

孙稚雏：《天亡簋铭文汇释》，《古文字研究》第三辑，中华书局 1980 年。

孙稚雏：《保卣铭文汇释》，《古文字研究》第五辑，中华书局 1981 年。

孙稚雏：《虢羌钟铭文汇释》，《古文字研究》第十九辑，中华书局 1992 年。

汤梦甜：《班簋铭文集释》，华东师范大学 2017 年硕士学位论文。

汤馀惠：《战国铭文选》，吉林大学出版社 1993 年。

汤馀惠：《金文中的"敢"和"毋敢"》，《中国古文字研究》第一辑，吉林大学出版社 1999 年。

唐光荣：《西周金文"曰"字句型二题》,《殷都学刊》2000 年第 1 期。

唐兰：《西周青铜器铭文分代史征》,中华书局 1986 年。

唐钰明：《论上古汉语被动式的起源》,《学术研究》1985 年第 5 期；
　　又收入《著名中年语言学家自选集·唐钰明卷》,安徽教育出版社
　　2002 年。

唐钰明：《古汉语被动式变换举例》,《古汉语研究》1988 年第 1 期。

田珂萌：《近十三年新发表殷商西周金文的整理与研究》,华东师范大
　　学 2013 年硕士学位论文。

王宝利：《殷周金文颜色词探析》,《河南社会科学》2011 年第 6 期。

王丹娜：《西周金文单音节形容词研究》,河北大学 2012 硕士学位
　　论文。

王谷：《〈鄂君启节〉集释及其相关问题研究》,湖北省社会科学院
　　2016 年硕士学位论文。

王辉：《秦铜器铭文编年集释》,三秦出版社 1990 年。

王辉：《商周金文》,文物出版社 2006 年。

王晶：《西周涉法铭文汇释及考证》,中国社会科学出版社 2013 年。

王苛：《周代青铜容器自名限定语研究》,郑州大学 2020 年硕士学位
　　论文。

王丽娜：《子范编钟集注与释义》,重庆师范大学 2017 年硕士学位
　　论文。

王睿：《〈殷周金文集成〉（修订增补本）鼎类铭文释文校订及相关问
　　题研究》,东北师范大学 2017 年硕士学位论文。

王沛:《西周重要法律金文资料集释及研究》,中国社会科学院 2010
年博士后论文。

王赛:《战国记容铭文的整理与研究》,河北大学 2017 年硕士学位
论文。

王文亚:《近出商周铜器铭文的整理与研究》,河北大学 2020 年硕士
学位论文。

王文耀:《简明金文词典》,上海辞书出版社 1998 年。

王依娜:《西周金文兼语句研究》,《殷都学刊》2017 年第 4 期。

王依娜:《西周金文句式研究》,华东师范大学 2018 年硕士学位论文。

王依娜:《西周金文连动式研究》,《殷都学刊》2018 年第 2 期。

王祎伟:《殷周金文集成(修订增补本)七类青铜容器铭文校订》,东
北师范大学 2018 年硕士学位论文。

吴红松:《西周金文赏赐物品及其相关问题研究》,安徽师范大学
2006 年博士学位论文。

吴红松:《西周金文赏赐动词初探》,《安徽农业大学学报(社会科学
版)》2016 年第 3 期。

吴劲松:《近十年新出殷周青铜器铭文的整理与研究》,安徽大学 2011
年硕士学位论文。

吴振武:《赵钹铭文"伐器"解》,(台湾)中山大学中国文学系、中
国训诂学会主编《训诂论丛》第 3 辑(第一届国际暨第三届全国
训诂学学术研讨会论文集),台湾文史哲出版社 1997 年。

吴振武:《"𢧵"字的形音义》,台湾中研院史语所、台湾师范大学国
文系编《甲骨文发现一百周年学术研讨会论文集》,台北文史哲出

版社 1998 年。

吴振武:《试说平山战国中山王墓铜器铭文中的"旆"字》,《中国文
　　字学报》第 1 辑，2006 年。

吴振武:《试释西周再簋铭文中的"馨"字》,《文物》2006 年第 11 期。

吴铮:《殷周汉语名量词辨析》,《殷都学刊》2009 年第 3 期。

武玉博:《新见商周金文整理与研究（2015—2019）》，曲阜师范大学
　　2020 年硕士学位论文。

武振玉:《两周金文虚词研究》，线装书局 2010 年。

武振玉:《两周金文动词词汇研究》，商务印书馆 2017 年。

谢明文:《谈谏簋"今余唯或嗣（嗣）命汝"中所谓"嗣（嗣）"——
　　兼论西周金文中表"继"义的"嗣""赓""纉/纂"的异同》，
　　2017 年"出土文献与传世典籍的诠释"国际学术研讨会论文集，
　　复旦大学出土文献与古文字研究中心。

徐力:《春秋金文词汇系统研究》，华东师范大学 2007 年硕士学位
　　论文。

徐力:《春秋金文量词考析》,《浙江海洋学院学报（人文科学版）》
　　2007 年第 2 期。

徐中舒:《金文嘏辞释例》,《中央研究院历史语言研究所集刊》第 6
　　本第 1 分，1936 年。

徐子黎:《西周关涉土地制度类金文集注及疑难字词专题研究》，华东
　　师范大学 2018 年硕士学位论文。

闫华:《西周金文动词研究》，安徽大学 2008 年博士学位论文。

颜敏玉:《战国前期楚国兵器铭文集释笺证》，华东师范大学 2014 年

硕士学位论文。

杨逢彬:《殷墟甲骨刻辞的词类研究》,花城出版社 2003 年。

杨怀源:《西周金文词汇研究》,四川大学 2006 年博士学位论文。

杨明明:《殷周金文集成所见叠音词的初步研究》,北京语言大学 2006 年硕士学位论文。

杨树达:《积微居金文说(增订本)》,中华书局 1997 年。

杨五铭:《西周金文被动句式简论》,《古文字研究》第七辑,中华书局 1982 年。

杨欣:《陈蔡两国铜器铭文整理及相关问题研究》,华东师范大学 2018 硕士学位论文。

应萌:《金文所见西周贡赋制度及相关问题的初步研究》,中国社会科学院研究生院 2004 硕士学位论文。

余沛芝:《东周金文代词研究》,华东师范大学 2016 年硕士学位论文。

于省吾:《双剑誃吉金文选》,中华书局 1998 年。

于秀玲:《金文文字考释汇纂(2000—2015)》,吉林大学 2016 年硕士学位论文。

于洋:《西周涉祭礼铭文校释与研究》,吉林大学 2019 年硕士学位论文。

喻遂生:《甲金语法札记三则》,《古汉语研究》1995 年第 2 期。

喻遂生:《两周金文"至"语法研究》,《古文字研究》第三十三辑,中华书局 2020 年。

喻遂生:《两周金文"眔"字语法研究》,《古汉语研究》2020 年第 1 期。

虞晨阳:《〈近出殷周金文集录二编〉校订》,复旦大学 2013 年硕士学位论文。

曾繁宜:《多友鼎铭文集释及相关问题研究》,华东师范大学 2019 年硕士学位论文。

查飞能:《商周青铜器自名疏证》,西南大学 2019 年博士学位论文。

张晨:《〈近出殷周金文集录〉和〈二编〉西周金文整理与研究》,苏州大学 2013 年硕士学位论文。

张桂光:《商周金文量词特点略说》,《中山大学学报（社会科学版）》2009 年第 5 期。

张国光:《两周金文被动句于字式质疑》,《贵州文史丛刊》1997 年第 6 期。

张晗:《楚铜器铭文整理与研究》,华东师范大学 2015 年硕士学位论文。

张恒蔚:《霸伯铜器群研究》,台南大学 2012 年硕士学位论文。

张景霓:《西周金文的连动式和兼语式》,《广西民族学院学报》1999 年第 3 期。

张美兰、刘宝霞:《西周金文的双宾语》,《中国文字研究》第 14 辑,大象出版社 2011 年。

张世超:《论"是"、"之"复指的宾语前置句》,《古汉语研究》1994 年第 3 期。

张世超、孙凌安、金国泰、马如森:《金文形义通解》,日本（京都）中文出版社 1996 年。

张秀华:《西周金文六种礼制研究》,吉林大学 2010 年博士学位论文。

张亚初:《殷周青铜鼎器名、用途研究》,《古文字研究》第十八辑,
中华书局 1992 年。

张亚初:《殷周金文集成引得》,中华书局 2001 年。

张艳辉:《洛阳金村古墓出土器铭集释》,吉林大学 2011 年硕士学位
论文。

张依萍:《不其簋铭文集释及相关问题研究》,华东师范大学 2019 年
硕士学位论文。

张玉金:《西周汉语语法研究的回顾暨展望》,《语言研究》2003 年第
3 期。

张玉金:《西周汉语语法研究》,商务印书馆 2004 年。

张再兴:《〈殷周金文集成〉青铜器定名问题》,《古籍整理研究学刊》
2003 年第 2 期。

张振林:《先秦古文字材料中的语气词》,《古文字研究》第七辑,中
华书局 1982 年。

赵鹏:《春秋战国金文量词析论》,《汉字文化》2004 年第 4 期。

赵鹏:《西周金文量词析论》,《北方论丛》2006 年第 2 期。

赵平安:《两周金文中的后置定语》,《古汉语研究》1990 年第 2 期。

赵平安:《论金文中的一种特殊句型》,《古汉语研究》1991 年第 4 期。

赵平安:《试论铭文中"主语 + 之 + 谓语 + 器名"的句式》,《古汉语
研究》1994 年第 2 期。

赵平安:《金文释读与文明探索》,上海古籍出版社 2011 年。

郑刚:《古文字资料所见叠词研究》,《中山大学学报(社会科学版)》
1996 年第 3 期。

中国社会科学院考古研究所编:《殷周金文集成》,中华书局1984——
　　1995年。

中国社会科学院考古所编:《殷周金文集成释文》,香港中文大学中国
　　文化研究所2001年。

周宝宏:《西周青铜重器铭文集释》,天津古籍出版社2007年。

周清海:《两周金文里的被动式和使动式》,《中国语文》1992年第
　　6期。

朱丹:《商周金文名词初探》,中国社会科学院2005年硕士学位论文。

朱凤瀚主编:《新出金文与西周历史》,上海古籍出版社2011年。

朱刚焄:《西周青铜器铭文复音词研究》,山东大学2006年博士学位
　　论文。

朱均筼:《近二十年新见战国标准器整理与研究》,中山大学2010年
　　硕士学位论文。

朱其智:《西周铭文篇章指同及其相关语法研究》,中山大学2004年
　　博士学位论文。

祝振雷:《安徽寿县蔡侯墓出土青铜器铭文集释》,吉林大学2005年
　　硕士学位论文。

庄惠茹:《两周金文助动词词组研究》,台湾成功大学2003年硕士学
　　位论文。

庄惠茹:《两周军事动词研究》,台湾成功大学2010年博士学位论文。

卓越:《建国以来出土秦系非兵器铭文整理与研究》,华东师范大学
　　2017年硕士学位论文。

邹芙都:《楚系铭文综合研究》,巴蜀书社2007年。